〈不思議〉に満ちた ことばの世界 上

高見健一　行田 勇　大野英樹 ［編］

開拓社

は　し　が　き

　私たちは日頃，何の不自由もなく日本語を使っていますが，ふと立ち止まって考えてみると，いろんな「不思議」に出会います。「午前中」とは言うのに，「午後中」とはどうして言わないのでしょうか。鉛筆など「3本」は，「さんぼん」と言うのに，「4本」はどうして「よんぼん」と言わず，「よんほん」と言うのでしょうか。この数え方の疑問は，以前ある学生さんに質問されたものですが，それに答えると，その学生さんは，「あー，そうだったんですねー！」と目を輝かせていました。ことばの不思議が分かると嬉しくなり，ことばって面白いと感じますね。

　本書は，英語や日本語などのことばに見られる様々な「不思議」を取り上げて，それを解き明かそうとしたものです。私たちは日本語で，例えば次のような疑問を感じます。

(1) 一週間の「月火水木金土日」を発音すると，「火」と「土」は，「か」，「ど」のように1つ分の長さのはずなのに，どうして「かー」，「どー」のように母音を長く発音するのでしょうか。

(2) 「子供を寝かせる」とも「子供を寝させる」とも言いますが，両者は意味が同じなのでしょうか，違っているのでしょうか。

(3) 「花見に行こう」は，バラやコスモスを見に行くのではなく，どうして「桜の花」を見に行こうという意味になるのでしょうか。

私たちは英語を勉強すると，次のような不思議にも直面します。

(4) 英語のネイティヴスピーカーが数字の6，six を発音すると，sex と言っているようでびっくりすることがありますが，これはどうしてでしょうか。

(5) 命令文で **Know** the answer. とは言えないのに，**Know** that I will always be with you. だと，まったく適格な命令文なのはどうしてでしょうか。

(6) a smoking man（たばこを吸っている人）とは言えないのに，a smoking volcano（煙を出している火山）だと問題ないのはどうしてでしょうか．

(7) 「フランスの首都はどこですか」を **Where** is the capital of France? とすると間違いで，**What** is the capital of France? としなければいけないのはなぜでしょうか．

本書は，(1)-(7) を含む 95 ものことばの不思議を取り上げ，それを分かりやすく解説します．きっとみなさんは，「〈不思議〉に満ちたことばの世界」を旅して，ことばの面白さや楽しさを満喫されることでしょう．本書は，〈上〉と〈下〉の2巻から成ります．〈上〉では，ことばとそれに関係する領域の「不思議」を6つのジャンル（ことばの面白さ，ことばの発達と障害，ことばの誕生と変化，ことばと社会，ことばの教育，ことばの音と発音）に分けて取り上げます．一方〈下〉では，ことばそのものの「不思議」を「ことばの仕組み」として，3つのジャンル（文法，意味，語用）に分けて取り上げます．そして〈上〉，〈下〉ともに，それぞれの論考は，一般的なテーマから専門的，個別的なテーマへと進み，同時に，日本語を扱う論考から日英語，そして英語を扱う論考へと配列されています．本書を通じて，読者のみなさんが，〈不思議〉に満ちたことばの世界を旅し，納得と満足の気持ちで帰ってこられることを心より願っています．

最後になりますが，本書にご寄稿いただいた方々に心よりお礼を申し上げます．また，本書の出版をご快諾いただいた開拓社に感謝申し上げます．さらに編集から校正，出版までの長期間に渡って細やかな配慮と有益な助言や指摘をいただいた編集課の川田賢氏に心よりお礼を申し上げます．なお本書は，学習院大学文学部教授 中島平三氏の2017年3月末の退職を記念して編まれたものであることを申し添えます．

2016年初秋　　編　者

目　次

はしがき

I. ことばの面白さ

文字と言語学 …………………………………… 鷲尾龍一　　2

日本語の表記と読み方の〈不思議〉…………… 奥田博子　　7

事物としての言葉の研究を探って ……………… 浜口　稔　　12

くびき語法に見る多義のしくみ ………………… 小野尚之　　17

文化による日本語と英語の違い ………………… 瀬田幸人　　22

植物，ヒト，ことば ……………………………… 松本マスミ　27

英語と日本語の比較
　——否定命令文に対する応答を通じて—— …… 水野謙二　　32

ことばと感情
　——英語の間投詞—— …………………………… 河野　武　　37

数字の話 …………………………………………… 野村美由紀　42

生成文法研究と方言 ……………………………… 漆原朗子　　47

v

不思議に満ちた言語の世界との遭遇 …………………… 北川千里　52

II.　ことばの発達と障害

「は」に点々がついたら「が」
　――子どもの言語獲得にみられる過剰一般化―― …………… 伊藤たかね　58

子どもの「しか〜ない」の習得について ……………………… 山腰京子　63

幼児の意味解釈はなぜ大人のそれと異なるのか ……………… 藥袋詩子　68

母語習得の発達過程について …………………………………… 根本貴行　72

「私たちは左半球で話している」のか？
　――意図的な発話と偶発的な発話―― ………………………… 毛束真知子　77

III.　ことばの誕生と変化

ヒトはいつごろことばを持ったのだろうか
　――言語の起源と進化をめぐって―― ………………………… 池内正幸　84

「併合」と言語進化 ……………………………………………… 藤田耕司　89

言語の古い形が残っているのは中心の地あるいは周辺の地？
　……………………………………………………………………… 野村忠央　94

動詞 rain をめぐって
　――非人称用法と人称用法の狭間で―― ……………………… 保坂道雄　99

Amazing Grace の "Than when we first begun" …………… 井出　光　104

英語の音変化と方言差 ………………………………… 松下知紀　109

日本手話の源流と変種の拡大 ………………………… 神田和幸　113

IV.　ことばと社会

日本語と英語の事態把握の違い
　——子どもの言語表現をもとに—— ………………… 櫻井千佳子　120

「うるさい」と'Be quiet!'どう違う？
　——場中心と人間中心—— …………………………… 藤井洋子　125

それは排除か協調か
　——語りの動的仕組みを考える—— ………………… 秦かおり　130

依頼表現・呼称表現にみられるポライトネス
　——映画『プラダを着た悪魔』と『英国王のスピーチ』より——
　………………………………………………………………… 都築雅子　135

ヒトラー演説における「女性」
　——母親という位置づけから総力戦の労働要員へ—— ………… 高田博行　140

V.　ことばの教育

「国語」「日本語」どう違う？
　——実体のあることばとしての統一体とは—— …… 鎌田　修　146

英語教育研究における「複雑系理論」の意義と魅力 ………… 冨田祐一　151

Learner Autonomy and Language Pedagogy ………… Alison Stewart　156

ディクトグロスによるフォーカス・オン・フォーム ……… 竹内まりや　161

ことばの力と生きること
　——東日本大震災の被災地の教育活動から—— ……………… 山崎友子　166

日本語を意識した外国語発音指導 ………………………… 奥野浩子　171

見えているのか，いないのか
　——隙間だらけの書きことばとそれを補う想像力の働きについて——
　……………………………………………………………… 真野　泰　176

過去形と現在完了形の違いはどう捉えたらよいか ………… 田子内健介　181

二重目的語構文と to 前置詞句構文の意味の違い
　——英語教育への活用—— ……………………………… 児玉一宏　186

「a small black cat」と「a black small cat」，どちらが正しい？
　——英語における形容詞の順序とその習得について—— …… 平川眞規子　190

日本人が書く英文は「下手」なのか
　——日本人英語学習者（大学生）の英文に見られる言語的特徴——
　……………………………………………………………… 成田真澄　195

文法知識に橋を架ける ……………………………………… 増渕佑亮　200

VI.　ことばの音と発音

日本語と英語の音節量 ……………………………………… 窪薗晴夫　206

音の世界の不思議
　——子どもの脳内スイッチの話—— …………………… 山田英二　211

「ユーキ」は「勇樹」か「由紀」か
　——日本語と英語の長さ感覚—— ……………………………… 川越いつえ　216

日本語と英語の音節頭部
　——似たモノ同士は並ばない—— ………………………………… 本間　猛　221

濃厚味アイスクリームのネーミングの秘訣
　——Frish or Frosh?—— …………………………………………… 遊佐典昭　226

はなの精からの伝言
　——櫻の色の不思議・櫻のうたの不思議—— ……………………… 平賀正子　231

索　　引 ……………………………………………………………………………　237

I. ことばの面白さ

文字と言語学

鷲尾　龍一

　アメリカの Steven Roger Fischer という著名な学者が書いた A History of Writing（邦訳『文字の歴史』）という本の中に，

　　「日本語は，これまで地球上に存在した文字のなかで最も複雑な文字に
　　よって表記される」　　　　　　　　　　　　　　　　　　（邦訳：255）

という一文があります。いま私が書いているこの文章は，紛れもなく日本語を表記したものですが，これが「地球上に存在した文字のなかで最も複雑」と言われると，「えっ，そうなんですか？」と思わず確認したくなります。
　世界の諸言語が，見た目にも異なる様々な文字で表記されていることは，漠然とではあっても，誰もが知っていると思います。テレビを見ていれば，ロシアのニュース映像には Владимир Путин のようなキリル文字が映りますし，韓国や北朝鮮のニュース映像なら 판문점 のようなハングル，ミャンマーなら ြ のようなビルマ文字を目にするかも知れません。中国はもちろん漢字ですが，少数民族には独自の言語と文化があり，例えば内モンゴル自治区で使われているモンゴル語は，右の枠内に示したような，縦書きのモンゴル文字で表記されます。こうした様々な文字は，どれもそれなりに複雑そうに見えるわけですが，日本語の文字について Fischer 博士が上の引用のように述べているのは，「種類の異なる表記システムが併用される」という，日本語表記の特徴に注目しているためです。
　文字の種類について，「表音文字」と「表意文字」のような分類があることは学校でも習うと思いますが，これは一つ一つの文字が何を表すのかを基準にしています。漢字は表意文字と言われますが，一つの文字が一つの単語を表すので「表語文字」とも呼ばれます。これに対して，英語などを表記するアルファベットは，一つの文字が一つの音（単音）を表すので「単音文字」と呼ばれ，日本語の仮名は，一文字が一音節を表すため「音節文字」と呼ばれます。「音節」というのは，一つのまとまりとして意識される音声の単位

を指す用語ですが，日本語では，例えば "kami" という音連続は "kam-i" ではなく "ka-mi" と了解されます。この場合の "ka" や "mi" のような単位が音節と呼ばれ，仮名一文字は，このような意味での音節一つを表します。

さて，世界で使われている様々な文字表記のシステムは，単音文字，音節文字，表語文字のいずれか一つを基本としていますが，日本語は，表語文字（漢字）と音節文字（仮名）を併用して表記され，音節文字には二系列（平仮名と片仮名）があり，場合によっては単音文字（ローマ字）も併用し，漢字には音読みと訓読みがあります。こうした表記法の特徴を指して，Fischer博士は「歴史上最も複雑」，「世界で最も習得困難」（p. 268）などと述べているわけですが，言われてみれば，私のこの文章も，博士が指摘するとおりの複雑さで書かれています。漢字については，本来の意味を無視した当て字のような表記さえあり（「野暮」「丁度」など），日本語の表記法は，外国の学習者にとっては確かに難しいかも知れません。

このような表記法が世界でも珍しいという事実は，古今東西の文字の仕組みを研究し，比較しなければわからないことですが，そのような研究は，広く言えば「言語学」という分野に属し，これまで多くの学者が文字論に取り組んできました。ただし，言語学の研究対象は驚くほど多様であり，世界の諸言語の親族関係，言語能力と他の認知能力との関係，言語の普遍性と個別性，言語と文化の関係，そして音韻論・形態論・統語論・意味論などで扱われる言語の仕組みなど，相互に連関する様々なテーマが研究されています。文字論は，このように広汎な研究領域のごく一部に過ぎないのですが，実を言えば，文字や文字表記は言語学の一義的な研究対象ではないという立場もあり，現代言語学において文字論は，比較的地味な，周辺的な位置を占めてきました。その最も根本的な理由は，人間の言語は「音声」によって意味を表す仕組みであり，文字による表記を言語そのものと混同してはならない，という考え方に求めることができます。

この考え方は，書き言葉に対する「話し言葉の優先」と表現されることもあり，しばしば言語学における根本原則の一つと位置づけられます。「話し言葉」は「音声言語」とも呼ばれ，「書き言葉」は「文字言語」あるいは「書記言語」とも呼ばれますが，書記（英 writing，仏 écriture）と言語の関係について，20世紀の言語学者たちは大体次のような立場を採ってきました。

「書記は，言語ではない。目に見えるしるしによって言語を記録する手段にすぎない。」　　　　　(Bloomfield (1933: 21)；邦訳：24，一部改変)

「話され，聞かれる語が言語の第一義的な形式であって，書かれたり（印刷されたり），読んだりするのに用いられる第二義的な形式よりも，はるかに重要である …」　　　　　(Jespersen (1924: 17)；邦訳：28)

同様の見解は，現代言語学を基礎づけたソシュールにも見られますが(Saussure (1916: 45)；邦訳：40)，これが妥当な見解であることは，次のような事実を考えてみれば納得できるのではないかと思います。

　まず，世界に 6000 以上もあると言われる言語は，すべて音声言語であるという事実があります。他方で，これらの言語の中には，かつて文字を持ったことがなく，現在でも持っていない言語が多数存在するという事実があり，これらの事実は，人間の言語にとって文字は必要不可欠なものではない，ということを意味します。どのような言語社会であれ，子供は自然に母語を身につけてしまいますが，これは音声言語を駆使できるようになる過程であって，読み書きができるようになる過程とは本質的に異なります。前者は特別な教育や意識的な学習を必要としませんが，後者は教育を受けなければ決して身につきません。

　そもそも文字表記は，音声言語を前提として人為的に考案された仕組みですから，文字表記の仕組みを人為的に変えることも可能であり，そのような変更はこれまでにもしばしば行われてきました。

　例えばモンゴル語は，ウランバートルを首都とするモンゴル国の言語であるだけでなく，上でも触れた中国の内モンゴル自治区に居住するモンゴル族の言語でもあり，両者に方言差はあるものの，同じモンゴル語であることに変わりはありません。ところが，両者はまったく異なる文字表記の仕組みを採用しており，内モンゴルでは，すでに例示した伝統的な縦書きのモンゴル文字が使われていますが，モンゴル国では，ロシア語と同様に Чингис хаан のようなキリル文字が使われています。モンゴル国はモンゴル人民共和国の時代に，自国語の表記法をモンゴル文字からキリル文字に変更したのですが，1940 年代に行なわれたこの変更を境として，書記言語は一変しました。しかし，これによって「モンゴル語」という言語が変化したわけではなく，同じ音声言語を書き写す仕組みが変わったにすぎません。このような

文字表記の変更で特に有名なのは，トルコ共和国におけるアラビア文字からローマ字への変更ですが，この場合にも，表記体系の人為的な変更とは無関係に，人々は同じ「トルコ語」によって日常会話を続けていたわけです。

このように見てくると，上で引用した「書記は言語ではない」（"Writing is not language."）という言葉の意味も，それが妥当な主張であることもわかります。そこで，この点を理解した上で，改めて本章の冒頭で紹介したFischer博士の指摘に立ち戻ってみたいと思います。

Fischer博士によれば，日本語の文字体系は世界でも珍しく，歴史上最も複雑であるとのことでした。これもまた，本章で解説したような意味で妥当な指摘と思われるわけですが，このような指摘を根拠として，**だから日本語は世界でも珍しい言語である**，と述べてしまうと，歴代の言語学者たちが注意を喚起してきた誤謬に陥ってしまうことになります。文字による表記，すなわち書記は，Bloomfieldの言う意味において「言語ではない」からであり，どのような表記体系を採用しようとも，また，仮に日本が無文字社会であったとしても，人々が日本語によって日々の言語活動を行うことに変わりはないからです。本章をここまで読んでくださった読者にとっては，もはや当り前のことかと思いますが，上のような誤謬を含む文章を筆者は一度ならず目にしてきましたので，この点を改めて確認しておくことは，あながち無意味ではないと思っています。さらに付け加えるなら，文字表記からは独立した「日本語」という言語の性質を，語形成や文形成の方式など様々な角度から分析し，世界の諸言語と比較してみると，**日本語は特に珍しい言語ではない**，という結論に至ります。一つの視点を挙げるなら，例えば世界の諸言語は伝統的に「孤立型」（isolating），「膠着型」（agglutinative），「屈折型」（inflectional）などと呼ばれる類型に分類され，日本語は膠着型として知られていますが，トルコ語や朝鮮語をはじめとして，同じ類型に属する言語は世界に多数存在するため，日本語はむしろ普通の言語であるとさえ言えることになります。

これまで本章では，話し言葉（音声言語）と書き言葉（書記言語）の関係について述べてきましたが，言語学において話し言葉が優先されるからといって，書き言葉が無関係になるわけではありません。例えば，現在では消滅してしまった過去の言語や，現存する言語の過去の姿を研究する際には，残された書記言語が最も直接的で有力な資料となります。もちろんこの場合

にも，文字によって記録された，当時の人々の「言語」に，言語学者の関心は向けられているのですが，残された文献から当時の言語の性格を知るには，文献で採用されている文字表記の仕組みを正確に理解する必要があり，そのための文字研究は，当然ながら言語研究の重要な一部となります。

現在では，千年以上も前の「上代日本語」がどのような言語であったのか，詳しい事実関係が明らかになっています。『古事記』や『万葉集』の時代ですが，仮名による表記体系が成立する以前の段階では，日本語はもっぱら漢字によって表記されていました。古典の授業で習う上代の和歌は，例えば「春の野に」や「愛しけやし」のように仮名と漢字を用いて表記されていますが，これらを原文で見ると，「波流能努尓」「春野尓」「波之家也思」（万葉集）あるいは「波斯祁夜斯」（古事記）のような，いわゆる「万葉仮名」で表記されています。複雑な万葉仮名の仕組みを解明することが，日本語の過去の姿や歴史的変化のありようを理解するために不可欠であったことは言うまでもありませんので，万葉仮名という表記システムの研究は，日本語学・言語学における重要な研究対象となってきました。日本語の母音の数は，現代より上代の方が多かったのではないかという有名な問題提起も，この万葉仮名の研究に基づくものでした。上代日本語の母音数については，よく知られている「八母音説」がありますが，これに異を唱える強力な議論もあり，なかなか興味深い論争に発展しています。専門的で難しい議論ですが，書記言語に基づく音声言語研究の一端に触れてみたい読者は，例えば大修館書店の『月刊言語』（1975年6月号〜12月号）に掲載された，松本克己，服部四郎，大野晋の諸碩学による論文などが参考になると思います。

参考文献

Bloomfield, Leonard (1933) *Language*. Holt.［三宅鴻・日野資純（訳）『言語』大修館書店，1969］

Fischer, Steven Roger (2001) *A History of Writing*. Reaktion Books.［鈴木晶（訳）『文字の歴史』研究社，2005］

Jespersen, Otto (1924) *The Philosophy of Grammar*. George Allen & Unwin.［安藤貞雄（訳）『文法の原理』上，岩波書店，2006］

Saussure, Ferdinand de (1916/1985) *Cours de linguistique générale*. Payot.［小林英夫（訳）『一般言語学講義』岩波書店，1972］

（学習院大学）

日本語の表記と読み方の〈不思議〉

奥田　博子

● **はじめに**

　日本語ということばは，なにをどのように伝えるコミュニケーションの道具（ツール）として機能しているのでしょうか。ここではまず，縦書きと横書きという書き方による違い，次に，漢字，カタカナ，ひらがなという文字表記による違い，そして最後に，訓読みと音読みという読み方による違いに焦点をあてて，話しことばである「言（パロール）」と書きことばである「文（エクリチュール）」が混同されやすい日本語の特徴を捉えなおしてみます。そしてあらためて，アルファベット文明圏ではなく，漢字文明圏にある日本語を考えていきます。

● **日本語の〈不思議〉**

　「日本語はどういう言語ですか」「日本語とはどういう言語ですか」と尋ねると，「五つの母音があります」"l"と"r"の区別がありません」「兄と弟，姉と妹を区別する語彙があります」といった点を指摘する声が上がります。しかし，よく考えてみると，話しことばと書きことばの特徴が混在していることがわかります。

　現代日本語は「五つの母音」から構成されています。しかし，「い」には「ゐ」，「え」には「ゑ」，そして「お」には「を」という異なるひらがな表記，「イ」には「ヰ」，「エ」には「ヱ」，そして「オ」には「ヲ」という異なるカタカナ表記があります。各々後者の表記は，五十音図ワ行の第二段，第四段，そして第五段の仮名表記にあたります。たしかに，現在は「い」「え」「お」と発音上の区別がなく，現代仮名遣いにおいて「ゐ」「ゑ」ないし「ヰ」「ヱ」という仮名表記を用いることはほとんどありません。しかし，歴史的仮名遣いとして，これらの二重母音の跡（トレース）をのこす仮名表記は現在でも用いられています。

　また，昭和29年12月9日内閣告示第一号「ローマ字のつづり方」やローマ字による日本語表記方法の一つである（修正ヘボン式，または標準式とも

呼ばれる）「ヘボン式ローマ字つづり」では，ラ行は "ra" "ri" "ru" "re" "ro" とつづることが規定されています。しかし，発音上は "ra" "ri" "ru" "re" "ro" と巻き舌で発音するよりもむしろ，"la" "li" "lu" "le" "lo" と側音で発音するほうが日本語として自然に聞こえます。巻き舌 "r" を使って発音すると，少し外国語訛りの響きがする日本語に聞こえるかもしれません。

そして最後の「兄と弟，姉と妹を区別する語彙があります」という日本語の特徴は，「伯父と叔父」「伯母と叔母」といった漢字表記によって区別する同音異義語を含んでいます。ここでは，話しことばと書きことばが完全に混同されていることがわかります。

表音文字であるアルファベット文字語圏において，母音の数や発音は，言語を分類するうえで，重要な要素になります。その一方，表意文字である漢字語圏にある日本語では，音声よりもむしろ文字による違いがことばの意味を生み出していることが少なくありません。そのため，音声中心のアルファベット言語圏に対して漢字言語圏では，日本語のように，書字を中心に言語を形成する傾向があると言うことができるかもしれません。

● 「縦書き」と「横書き」

日本語を書く時は，英語・フランス語・ドイツ語などを書く時とは異なり，二つの選択肢があります。一つは，学校教育の現場で「日本語」の授業や「習字」ないし「書道」でしか使われなくなりつつある縦書きです。縦書きの場合，上から下へ，そして右から左の方向へと筆が動きます。上から下へ書く垂直方向という重力のベクトルは，重さや硬さといった印象を形象（かたち）づくります。また，話しことばではなく，書きことばという改まった表現である印象が強くなります。私たちが日常生活のなかで縦書きを目にするのは，現在では，新聞や小説，手書きの封書や葉書きといったところでしょう。

もう一つは，横書きです。横書きの場合，左から右の方向へと筆が動きます。この左から右へ書く水平方向のベクトルは，軽やかさや滑らかさ，柔らかさといった印象を形象（かたち）づくります。また，書きことばというよりむしろ，話しことばという形式張らない，くだけた表現である印象が強くなります。実際，私たちの日常生活のなかには，ケータイやスマホ，メールで頻繁に目にする横書きが氾濫しています。さらに，横に書く水平書きの場

合，縦に書く垂直書きの重力ベクトルとは異なり，文字が書字方向のベクトルに，つまり左右に伸びる傾向があります。

　たしかに，縦に書くか横に書くかは，書字方向のささいな違いにすぎないかもしれません。読み手にとっては，読みやすさや読み慣れているかどうかといった心理的な問題といえるでしょう。しかし書き手にとっては，文字を立てるか寝せるかという違いは異なる表現や文体をもたらすことがあります。意識しているか否かは別に，縦書きの思考と横書きの思考では，求心的に働くベクトルか，あるいは遠心的に働くベクトルかという違いが生じます。

● 「漢字」「ひらがな」「カタカナ」
　日本語には，漢字，平仮名（ひらがな），そして片仮名（カタカナ）という三つの異なる文字表記の方法があります。この「漢字」「ひらがな」「カタカナ」という文字表記は，各々，異なる印象を与えます。左右対称で，中心のある立体的構造をもつ漢字は，意味をもった一語として完結しています。表意文字として，原則，一字一音節で一語を表しています。その垂直の美は，質実剛健といった堅実さを表象する一方，官公庁で多用されることから政治的，形式的，官僚的な印象を拭いきれません。

　曲線的かつ回転的なひらがなには，よく見ると，左右対称の文字が一つもありません。子どもが最初に学ぶ丸みを帯びたひらがなは，稚拙さや幼稚さとともにどこか懐かしさを抱かせます。その一方，万葉仮名を簡略化したひらがなは，"書"という芸術性の探究を通して，その字形の優美さや曲線美の華麗さを洗練させています。「大和ことば」を連想させるひらがなは，そのため，和や雅（みやび）といった日本らしさを象徴するとも言われます。

　直線的かつ鋭角的なカタカナには，左払い「ノ」のベクトルを含む文字が多くあります。カタカナは，元々，漢文を訓読するための文字として創られました。また，「ひらがな」が万葉仮名の全画を書きくずしたものであるのに対して，「カタカナ」は万葉仮名の一部の字画を省略したものです。漢詩・漢文を前提にした補助文字としてのカタカナは，後に，日本語に入ってくる外国語の文字表記に限定的なかたちで使われるようになります。そのため，発信型というよりむしろ受信型コミュニケーション機能を果たしています。

　このように日本語は，三つの文字表記の違いよって，目で見て文体の違いを実感的に区別することができます。漢字は，漢詩や漢文を意識させます。

それに対してひらがなは，和歌や和語を意識させます。外国語を借用語として受け容れるカタカナは，漢字やひらがなと違って，日本語のなかにある異文化を絶えず意識させます。

歴史的に，漢字は政治や法律の世界で多用され，ひらがなは女性にも開放されたコミュニケーションの道具（ツール）でした。そのため，現在でも，ひらがなは女手（おんなで）と呼ばれ，楷書体あるいは行書体の万葉仮名や漢字は男手（おとこで）と呼ばれます。日本語では，比喩的に表現すると，漢語・漢詩・漢文に使われる漢字は男性性を象徴し，和語・和歌・和文に使われるひらがなは女性性を象徴し，そして純粋音写文字の役割をになうカタカナは他者性を象徴していると言うこともできます。

● 「訓読み」と「音読み」

日本語のあいさつには，和歌に代表される和語・和文といった訓語の流れと，漢詩に代表される漢語・漢文といった音語の流れが混在しています。「おはよう」という朝のあいさつは，訓読みの訓語です。その一方，「今日は」「今晩は」という昼と夜のあいさつは音読みの音語です。日本語のあいさつは，このように，漢字をその字体の意味に基づいて訳した日本語で読む訓読みと，漢字を字音で読む音読みを併用してきた歴史を映し出しています。

漢字表記されている「風車」「春風」をどのように読むかを尋ねると，答えとして訓読みと音読みによる読み方が返ってくるでしょう。訓読みをすると，「かざぐるま」「はるかぜ」という訓語になります。しかし音読みをすると，「フウシャ」「シュンプウ」という音語になります。訓語の場合，「かざぐるま」は「子どものおもちゃ」，「はるかぜ」は「陽気が日増しに暖かくなってきた時に吹く春の穏やかな風」といった印象を与えます。それに対して音語の場合，「フウシャ」は「羽根車に風を受けて回転させ，動力を得る発電用の大きな装置」，「シュンプウ」は「春に吹く強い風」といった印象を与えます。

同一の漢字表記であっても，前述したように，読み方によってことばのニュアンスに違いが生じます。実際，「かざぐるま」や「はるかぜ」という訓読みは「近い」「小さい」「温かい」「具象的」という印象を抱かせます。それに対して，「フウシャ」や「シュンプウ」という音読みは「遠い」「大きい」「冷たい」「抽象的」といった印象を抱かせます。言い換えると，訓語がク

ローズアップ的な描写を印象づけるのに対して，音語はパノラマ的な描写を印象づけます。

　たしかに，訓読みは和語圏に拡がりをもち，音読みは漢語圏に拡がりをもちます。しかし，日本語としての和語は，あくまで漢字を前提にして，音語に対応する訓語として生まれました。そのため，和語のなかに漢文体が構造的に組み込まれていることを忘れてはならないでしょう。

● おわりに

　日本語の書き方，文字表記，そして読み方に焦点をあてて，日本語の特徴を東アジア漢字文明圏における書字言語の現象の一つとして捉えなおしてみました。とりわけ，音声中心主義のアルファベット文字文明圏のまなざしでは捨象されてしまう，構造的に書字に対する依存度が高い表意文字としての日本語の構造を浮き彫りにすることを試みました。

　近年では，漢字，ひらがな，カタカナという三つの文字表記にアルファベット文字も加わって，異なる文体表現が日本語を形象（かたち）づくっています。アルファベット文字は，カタカナのもつ受信型コミュニケーション機能を埋め合わせるかたちで，発信型コミュニケーション機能を志向しています。具体的には，日本文化や伝統を積極的に海外へ輸出しようとするなかで，2020年東京オリンピック招致の際にキャッチコピーとして使われた「*omotenashi*」や，ユネスコの無形文化遺産に登録された「*washoku*」といった例が挙げられます。

　その一方，日本の「カタカナ」がデザイン的に「クール」だというイメージが世界的に拡がっていることも考慮して，カジュアル衣料品店「ユニクロ」は，国際社会において「日本企業」としてのブランド力を高めようとしています。ユニクロの赤いカタカナのロゴには，「漢字」「ひらがな」「カタカナ」に「アルファベット」も加えた四つの書字と字体をもつ日本語の潜在的な可能性を指摘することができるでしょう。

参考文献
石川九楊（2015）『日本語とはどういう言語か』講談社学術文庫．
三浦つとむ（1976）『日本語はどういう言語か』講談社学術文庫．

（関東学院大学）

事物としての言葉の研究を探って

浜口　稔

● はじめに

　私たちの社会が「言葉を介した社交の空間」であることは，誰も否定しないでしょう。そんな空間の中で，言葉は音や文字などの「知覚できる媒体」となって人間同士の見えない心を仲介します。さらに言葉によって人間は，環境世界を細やかに読み解き，思考や情意に形を与え，現実界と想像界を拡充し精緻にしていきます。人間の成長とは，言葉を日々用いていく中で，音と音，語と語などの要素を次々に組み合わせ，着想に新奇な表現をあて，創意を加えながら世界の編集──つまりは世界の言語化，あるいは命名と構文化──を繰り返していくことであると言えるでしょう。

● 骨肉の器官から生まれる言葉

　言葉を意識するのは，文字という視覚メディアに浸りきった近現代の私たちにとっても，まずは「声」でしょう。声の器官と言うと，一番目立つのは「舌」。英語では tongue と書いて言葉の意味にも用いますね。language にしても，その語源であるラテン語の lingua は「舌」を意味します。舌が麻痺すると呂律(ろれつ)がまわらなくなります。また喉が嗄(しゃが)れると声が出なくなるし，「歯」が抜けると発音に切れがなくなり，「顎」が疲れると口腔をうまく按配できなくなりますが，それにより滑舌も悪くなりますね。人間の言葉が骨肉の現実に立脚していることを端的にあかす事実ではないでしょうか。

　言葉の器官については古くから知られていました。発声器官の解剖学的な仕組みには，早くは医学の祖ヒポクラテスが注目。同じ頃，プラトン著『クラテュラス』では，ソクラテスがギリシャ語の「r の文字の発音に際して，舌が，他の場合に比べて静止することが最も少なく，振動することが最も多い」とか，d と t は「舌を圧縮し，歯の裏側へ押しつける」とか，l は「舌が一番よくすべる」とか，言語音の作られ方について語っています。本格的な記述は解剖学の創始者ガレノスからと言われていますが，レオナルド・ダ・ヴィンチも，音の生成について手記を残しています。舌をのばしたりちぢめ

たり，膨らませたり広げたりする舌の運動を観察し，a, u, o などの母音がどうやって作られるのか，さらには唇や歯や顎などが子音の生成にかかわる調音の仕組みについて，思いのほかリアルな観察をしています。

● **肉声が言葉へと変容する不思議**

横隔膜の筋肉活動による肺の収縮と拡張がもたらす空気の出し入れを「呼吸」と言います。通常は無意識の活動ですが，それを意識的に加減して「声帯」を振動させると，言葉の原料となる「声」が生まれます。声帯とは，解剖学的には甲状軟骨・披裂軟骨から成る二条の靱帯。ただ，そこで生み出される振動は言語音としての価が定まらない雑音でしかありません。それが唇から出るまでには言語音へと変わっているのです。まずはこれが不思議。

こうした骨肉の組織が生み出す振動を言語音へと加工することを「調音」と言います。肺の空気が唇から出るまでの声道には，咽頭腔，口腔，鼻腔のような空洞があり，声帯からの振動波がこれらの空洞を通過するとき，それぞれの形状変化に合わせて共鳴します。その際生まれる音響の一定幅の周波数帯の中に際立つ部分が幾つも計測されます。これをフォルマントと言うのですが，それが様々な価の音，たとえば，「ア」や「イ」や「ウ」などの母音の「聞こえ」を条件づけるのです（実際には，第1と第2のフォルマントで十分）。子音については，舌，唇，歯，口蓋などによって声道内の各所で呼気を塞き止めたり解き放ったり，狭めたり摩擦させたりすると，たとえば，閉止音，摩擦音，破擦音が生成されます。ちなみに，声帯の振動や呼気圧を按配すると，声に強弱や高低が生まれ，声そのものに喜怒哀楽が加わります。上手な話し手や歌手はそれを利用して，小節をきかせて熱弁や熱唱にメリハリを付けますね。声帯は表現や意思疎通に欠かせない繊細で豊かな情意をまとわせる器官でもあるのです。

● **音結合によりもたらされる概念と言語の形成**

母音は言葉の実質的な「聞こえ」を条件づけ，子音は肉声を単位に切り分ける標識のようなものです。連続体としての肉声は，これにより離散的情報へと変わります。こうした離散性あるいは**非連続性**に関連して，人間言語には以下のような2つの相が観察されます。1つは，有意味な語や句などの言語形式として認知される相。2つ目は，これらの言語形式を構成する，いわ

ゆる「音素」の相。たとえば，æ, ʌ, ə, o, e, i, u, k, b, n, d, h, t, g, s, t, v, g, k, l, ʃ などの記号で表わされる音群。定義上意味を担わないこれらの音を任意に選んで結合したり組み替えたりすると，bənænə (banana) や gudlʌk (good luck)，steifu:liʃ (stay foolish)（アクセント記号は省略）など，物や事態を表現する有意味な音列を，語から句，句から文へと階層を上げながら続々と生み出していけます。これを**二重分節**と呼び，人間言語の特徴の最たるものの1つに数えます。

この特性により，人間を事物世界の制約から解き放つ興味深い性質である**恣意性**が生まれるのです。簡単な例を挙げましょう。「犬」は音表記すると inu（これ以降は便宜的にアルファベットの綴りで）。ところが，英語だと dog，ドイツ語では Hunt，フランス語は chien，中国語は kou（「狗」）と，同じ「犬」に複数の異なった音列があてられます。1つの対象に1つの言葉だけという制約はありません。こうした「言葉と事物」の一見無制約な結びつきを，17世紀ヨーロッパの知識人たちは普遍哲学への障碍だと嫌悪して，事物に即応する文字——英語では real characters（real のラテン語語源 res は「事物」の意）——を考案し，事物世界と不可分の「普遍言語」を構築しようと汎欧的な運動を繰り広げたのでした（多くの理由から頓挫しました）。

いかなる言語にも特有の音配列規則や意味秩序の制約があるので，実際には無制限に語や句が形成されたりはしませんが，恣意的な音列の組み合わせにより事物や精神の分類も恣意的になり，恣意的分類にかかわる言語そのものも恣意的になり，そんな言語を介して各民族の世界認識も多種多様なものになりますね。さらに恣意性により，事実も幻想も嘘も分け隔てなく表現されます。具象と抽象，肯定と否定，未来と過去と現在のいずれも，融通無碍に語彙化したり文章化したりできます。これによる強力な**創造性**は，二重分節や恣意性がもたらす特性に他なりません。時間にも空間にも縛られず，空想や非存在までも認識し表現する人間言語は，今でいう拡張現実などよりも，はるかに劇的に人間の世界を押し拡げてきたと断言できます。

● **肉声から言語の構造を聞き取る？**

発音の器官だけでなく，音の聴取の仕組みにも骨肉が絡む現実があります。物理的に伝播してくる音波は「外耳」で集音されると，「中耳」との境にある鼓膜を叩いて振動させます。中耳には3つの小骨（槌骨，砧骨，鐙骨）

があり，連結して梃子(てこ)のように振動を増幅させ，最後の鐙骨が「内耳」との境にある「前庭窓」を叩き，それによる振動が内耳にある「蝸牛(かたつむり)」という神経組織内の毛状細胞を刺激して電気を発生させます。それが信号となって大脳の聴覚中枢に届き，音一般として認知されます。その中から言語音だけを抽出処理するのが，いわゆる言語中枢なのですが，ひとまず本論で確認しておきたいことは，はじめ空気媒体を波立たせていた音響が，骨肉や脳細胞などの解剖学的な信号へと切り替わりながら，どこまでも事物世界の出来事であり続けていることです。このことに筆者は格別の感慨を抱くのです。

しかしながら，こうした神経解剖学的な経路をいくら精緻に辿っても，「聞く」という経験が解明されるわけではありません。まずは話し手と聴き手のあいだに言葉専用の伝導路が張り巡らされてはいません。発声器官によって生成された言葉は音波となって別の音波が数多く行き交う物理空間を伝わり，非言語音とまぜこぜになります。工事現場や渋滞時の騒音も，寄せ波や野風の音も同じ音波にすぎません。人間の声にしても，男か女か，子どもか大人か，年寄りか幼児かによって，音源である声帯には硬さや大きさなどにばらつきがあり，それだけでも外世界は複雑な音響の混沌となるはずです。

そんな外界から，私たちはどうやって自分の言語の音だけを一元的に聞き取るのでしょうか。単純な音響計測を経た統計処理にはなりませんね。したがって，そんな錯雑した音群から母語だけを選り分けるための専用コードのような何かを考えたくなります。言語学の観点からは，それは音韻規則から統語構造や意味形式に至るまでの，複雑な言語表現の規則性や整合性の拠り所となる規則体系というか，情報コードのようなものになります。

● 事物としての言葉の研究を求めて

とはいえ，そもそも知覚対象物ではない言語コードが，音響そのものに織り込まれるはずはありません。外世界では音が継起しているだけですから，この世に生まれ落ちたばかりの子どもが，そんな中から統語論的な構造や階層を読み取るための規則なりコードなりをじかに習得するとは思われません。おまけに日常の発話は多くの場合，言い淀み，言い間違い，切れ切れの状態のまま，言語学的には劣悪な状態にあると言われます。それなのに，結果的には文法に則った精確な知識が誰彼の別なく身につくのです。

不思議なことには違いありません。しかし，人間のコミュニケーション空間は，一般的な適応能力では言語コードを築く手掛かりが得られぬほど劣悪なのでしょうか。劣悪であれば言語に特化した強力な能力を生得のものとする議論が説得力をもちます。しかしそのような論法は，生物学，霊長類学，人類学，脳神経科学，行動生態学などの非言語学的な知見を取り込んだ新たな研究法が，言語の習得と生態と進化についての実質的な材料を提供するようになった今日では，現実味を感じられなくなっています。

　こんなことも考えてみましょう。重力が支配する地球上で直立歩行の人類の足は地面に接し，頭部の一面にだけ顔があり，顔が向かう方角に歩けば「前後」と「左右」が定まります。天を見上げて地べたを見おろせば「上下」が，家屋を「出入り」すれば「内外」が概念化されます。他にも両手や両目，耳鼻や口唇などの身体部位と五感が，動作につれて複雑な事物世界と織り成す関係は，精神世界にも写し取られて概念化し，人間にとっての現実を拡充していきます。そうであれば，劣悪に見える言語コミュニケーションも，豊かな表情や視線や仕草と必ず共起していることに，もっと精緻な分析を施すべきではないでしょうか。そこから肉声を構造的に読み込む手掛かりが得られるかもしれないのですから。

　これらを今後の言語学の課題として遠望しながら，言葉は発声器官や聴取器官が幾重にもからむ「肉声」に由来し，学術的な抽象化や一般化にしても，人類が共有している骨肉の器官を足場にして遂げられるのだという生々しい現実を，筆者は絶えず意識していたいと思うのです。

参考文献

浜口稔（2011）『言語機械の普遍幻想——西洋言語思想史における「言葉と事物」問題をめぐって』ひつじ書房.

藤田耕司・岡ノ谷一夫（編）(2011)『進化言語学の構築——新しい人間科学を目指して』ひつじ書房.

ロイ・ハリス & タルボット・J・テイラー（1997）『言語論のランドマーク』（斎藤伸治・滝沢直宏 共訳）大修館書店. (Harris, Roy and Talbot J. Taulor (1989) *Landmarks in Linguistic Thought: The Western Tradition from Socrates to Saussure*. Routledge.)

（明治大学）

くびき語法に見る多義のしくみ

小野　尚之

● くびき語法

　もう数年前のことになりますが，法律が改正されて車の後部座席でもシートベルトを締めることが義務化されたことを憶えているでしょうか。その時全国のタクシー会社が，どうしたら乗客にシートベルトをきちんと締めてもらえるかということで頭を悩ませました。その頃たまたま乗ったタクシーにはこんな掲示がしてありました。

　(1)　私たちはお客様の命も法令も守ります

これは乗客にシートベルトを締めることを促す呼びかけの文ですが，この一文を見たとき，何となくしっくりこないものを感じました。確かに「命を守る」とは言いますし，「法律を守る」とも言います。しかし，その二つをこのようにくっつけてしまうと，何か異質なものを無理矢理くっつけたようなぎこちない印象を受けたのです。つまり，この二つの「守る」は本当は違うものなのではないかと感じたわけです。

　実は，このような表現のしかたは「くびき語法」と呼ばれ，古くから表現技法（これをレトリックとか文彩と言います）の1つとされています（佐藤他（2006））。「くびき」というのは，牛や馬を横に並べて車を引かせるときに用いる道具のことです。つまり，上の例で言うと，「命」と「法令」を並べて「守る」という動詞につないでいることからこう呼ばれるわけです。

　くびき語法は必ずしも悪文を指すものではありません。それどころか，ちょっとした異質性を感じさせることによって伝達効果を生む高度な表現技法と考えられており，場合によってはユーモアさえ感じさせることもあります。これからいくつか「くびき語法」の例を見ながら，くびき語法を使った表現が成り立つ理由を考えていきたいと思います。その理由とは，言葉の「多義性」に関わる意味の問題と考えられています。そこでまず「多義」ということについて考えてみることにしましょう。

● **多義性とは？**

　私たちは普段あまり意識することはありませんが，大抵どの単語でも2つ以上の意味を持っています。例えば「高い靴」と言った場合，2通りの解釈ができます。1つは「値段が高い靴」という解釈，もう1つは「ヒールが高い靴」という解釈です。これは「高い」という形容詞が「高価であること」を意味する場合と「垂直方向の長さ」を意味する場合があるからです。つまり，「高い」は複数の意味を持つ単語，すなわち多義語であるということになります。

　辞書を見ると分かりますが，このような2つの意味は別々の項目としてあげてあります。独立した項目としてあげることのできる意味を一般に語義と呼びますが，この言い方を使えば，「高い」は2つ（またはそれ以上）の語義をもつ多義語と言えるわけです。これを次のように表してみましょう。

　(2)　高い　①垂直方向の長さがあること　　②高価であること

この2つの語義は独立していますが，明らかに「空間的に上方にあること」という概念によって結びついているところに注意しておきましょう。

　ところで，このように独立した語義は，一方がその単語の意味として出てきたときには他方は引っ込むという性質を持っています。つまり，①と②の語義が1つの単語の意味として同時に表れることはありません。そのため「高い靴」と言えばヒールの高さか値段の高さかいずれか一方を表し，「ヒールが高くて値段が高い靴」を表すことはありえません。また，同じ理由で，「高い靴とネックレス」のように2つの名詞を「高い」が同時に修飾する場合は，「靴」にも「ネックレス」にも同じ語義が適用します。「靴」には「ヒールの高さ」が適用し，「ネックレス」には「値段」が適用するということは決してありません。仮にこのような解釈が成り立つとすると，「高い」という一つの単語から二つの語義を同時に取り出すことになるからです。これは図示すると次のようになります。

　(3)　高い　　　　　　　靴　　と　　ネックレス

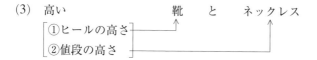

多義語は，複数の語義をもつ単語ですが，複数の語義を同時に表すことがで

きないという原則に従っていることがお分かりになったでしょうか。

● **多義語とくびき語法**

多義性ということを以上のように理解しておくと，先ほど述べたくびき語法においてどのようなことが起こっているのかが分かりやすくなります。先ほどの(1)の例では，「守る」という動詞が多義語だったわけです。そして，異なる語義がそれぞれ「法令」と「命」に結びついて表出する状況になっていたのです。「法令を守る」と言うときには「遵守する」のような語義，「命を守る」というときには「保護する」のような語義と考えられます。これを(3)と同じように図示すると次のようになります。

(4)　法令　と　命を　守る

したがって，くびき語法の場合は，1つの単語から2つの語義を取り出してはいけないという原則に反していることになります。原則に反することが行われるので，何らかの不自然さ，ぎこちなさを感じるわけです。

しかし，それが直ちに悪文になるわけではありません。ここが面白いところです。くびき語法によって2つの語義が取り出される場合，それらの間にどれほどの相違を感じるかは人によってかなり差があるかもしれません。また，その差を利用して違和感を生み出し，それがあえて伝達効果を高めるはたらきをするのがくびき語法でもあるわけです。この点を次のような例によって確かめてみましょう。

(5) a.　ぼくは今朝，彼女に手紙とメールを出した
　　b.　ぼくは今朝，ゴミとメールを出してきた
　　c.　彼は新しい事業に資金と口を出した

3つの例を比較してみると，(5a)の「手紙」と「メール」の組み合わせに違和感を感じる人はいないと思います。これは「出す」が同じ語義を表すと考えられるからです。しかし，(5b)の「ゴミを出す」と「メールを出す」の組み合わせには大多数の人が違和感を感じるのではないでしょうか。これに対して，(5c)はやや微妙だと思います。「カネは出しても口は出さないでく

れ」といった表現は異質なものをつないだような感じがします。しかしそのことで，むしろうまい言い回しとして感じる人もいるでしょう。

　ところで，日本語では多義語の語義をそれぞれ別の漢字を当てて区別することがあります。例えば，次の表現の「さめる」は「冷める」「醒める（覚める）」「褪める」のどれでしょうか。

　(6)　恋もスープもさめないうちに

おそらく大部分の人はこの例に「冷める」という漢字を当てるでしょう。「恋」も「スープ」も温度が下がるものであれば，これは自然につなぐことができます。しかし，この表現にはどこか異質なものをわざとつなぐことによって洒落た言い回しにしているような効果が感じられます。別の見方をすると，「恋」には夢のように「醒める（覚める）」を当てることも考えられます。国広（1982）は，異なる漢字を当てたそれぞれの語義は「常温より高い温度が常温にもどる」ことが基本で，それが「異常な状態から常態にもどる」意味に転用されたと述べています。とすると（6）の例は，「冷める」と「醒める」が1つの動詞に表されたくびき語法だと考えることもできます。

● さらなるくびき語法

　さて，ここまで見てきたように，くびき語法は一種の省略です。同じ単語（上の場合は動詞）をくり返す代わりに一方を省略するわけです。そして，そこには対比によって伝達上の効果が生まれると考えられます。しかし，省略せずに同じ単語をくり返しても，くびき語法と同じような対比効果が得られる場合もあります。次の例には今まで述べてきたくびき語法と同じような効果が感じられませんか。

　(7)　命落とすな，スピード落とせ

この表現は「落とす」という動詞が2度使われているので，くびき語法ではありません。しかし，少し異質なものが対比されてうまく表現効果を上げているという点では似ています。実は，「スピードを落とす」の「落とす」と「命を落とす」の「落とす」には若干違いがあります。この違いは「スピードが落ちる」とは言えても「命が落ちる」とは言えないことから分かります。前者は上から下へ物が移動するという意味を含んでいますが，後者はそうで

はありません。「命を落とす」とはむしろ「失う」に近い意味で，何かが上から下へ移動したわけではありません。この2つの「落とす」が異なることは，くびき語法を用いて次のように表現してみるとわかります。これは（7）と比べるとかなり変です。

(8) 彼は命もスピードも落としはしなかった

そう考えると（7）は，くびき語法にはできないが，対比的な意味を表すことで伝達効果を得ている表現の例と見ることができます。
　最後に次の例を見てみましょう。これもくびき語法になっています。

(9) 恋も革命も気づく前に起きる

この表現は最近新聞で見つけたもので（2015年11月22日付朝日新聞），とてもうまい表現だと思いました。これはよく見ると普通の表現を少し逸脱しています。というのは，「革命が起きる」とは言うでしょうが，「恋が起きる」とは言わないからです。ところが，（9）ではこの二つを強引につないでいます。動詞がどのような名詞を主語や目的語として取るかは，ある程度慣用的に決まっていて，それに逸脱するととても変わった表現に聞こえます。「恋」には普通「起きる」という動詞は使いません。しかし，（8）の表現では「恋」と「革命」の対比のもたらす印象が強烈で，なんだかその勢いに納得させられてしまうようなところがあります。これもくびき語法のもつ伝達効果でしょう。多少の逸脱は超越して印象深い表現を作ることができるわけです。
　この章では，くびき語法を取り上げて，そこに見られる多義語の解釈のしくみについて考えました。くびき語法は言葉の意味の微妙な違いを利用して伝達効果を高める表現技法だということがご理解いただけたでしょうか。

参考文献
国広哲弥（1982）『意味論の方法』大修館書店.
佐藤信夫・佐々木健一・松尾大（2006）『レトリック事典』大修館書店.

（東北大学）

文化による日本語と英語の違い

瀬田　幸人

● 文化とは？

　まず、「**文化**（culture）」について確認しておきましょう。一口に文化と言っても今までに非常に多くの定義が提案されています。60年以上も前に既にクレーバーとクラックホーンの著書 *Culture*（1952）には160以上もの定義が収録されています。ここでは、比較的最近のコミュニケーション分野の定義を見ておくことにしましょう。

(1)　「その文化の構成員なら誰でも知っている、あるいは身につけている、いわば共通の知識とでも呼べるようなもの」

（池田・クレーマー（2000: 15））

この定義は、ある意味においては妥当なものと考えられますが、もちろん十分とは言えません。そこで、(1) の定義を踏まえて「文化」を次のように定義することにします（瀬田（2004）参照）。

(2)　意識的にせよ無意識的にせよ社会の中で学習されるもの

　さて、文化の要素には様々なものがありますが、上の (1) や (2) の定義を見れば、日本語や英語などの言語は**文化要素**そのものということが分かります。従って、当然のことながら、社会的習慣や発想の仕方などが言語表現に反映することになります。

　以下、3つのテーマを取り上げて論じることにしましょう。

● カテゴリー化とネーミング

　私たちは、日常生活の中で身近な物をグループに分けて認識し、必要に応じて名前をつけて記憶します。物をグループに分けるこのような認知能力は、専門的には「**カテゴリー化**」または「**範疇化**」と呼ばれ、名前をつけることは「**ネーミング**」と呼ばれます。語はネーミングによって誕生することになりますが、それぞれの文化にとって必要な物のみに名前がつけられるこ

とになります。例えば，有名な例ですが，日本文化は農耕を伝統とするため，「稲(いね)」「籾(もみ)」「米(こめ)」「ご飯(はん)」を区別する細かいグループ分けが必要不可欠です。しかし，欧米文化は農耕を起源としないため，これらの区別は必要ありません。このため，「稲」「籾」「米」「ご飯」のすべてが一括(くく)りにされて，英語では"rice"として大きくグループ分けされます。

これは，文化に応じて日本語の方が英語よりもより細かくグループ分けされている例ですが，この逆の場合もあります。例えば，日本は元々畳の文化であったため，「いす」を使用する習慣はありませんでした。いすは西洋文化の影響で明治維新以降に普及したと言われていますが，欧米では日常生活には無くてはならない存在でした。そのため，日本語では単に「いす」として大きくグループ分けしますが，英語では，1人用かどうか，背もたれがあるかどうか，移動可能かどうか，などによって細かくグループ分けされています。ちなみに，"1人用・背もたれあり・移動可能な"「いす」は"chair"，"1人用・背もたれなし・移動可能な"「いす」は"stool"として区別されています（小島（1988）参照）。

もう1つ少し複雑な例を見てみましょう。日本語では「転んでけがをする」場合も「喧嘩をしてバットで殴られてけがをする」場合もどちらも「けが」という語を用いますが，英語ではナイフなどの武器を用いて意図的につけられた傷には"wound"，意図的ではない偶然の行為によってつけられた傷には"injury"がそれぞれ用いられます（小島（上掲書）参照）。英語圏のように個人の自立を志向する文化では，個人の責任問題を重要視するため，意図的につけられた傷かどうかを区別することは必要なことだと考えられます。

● 高コンテクスト文化と低コンテクスト文化

米国の文化人類学者エドワード・ホール（Edward T. Hall）は，共有されている情報の量によって文化を2つに大別しています。日本文化のように言葉で言わなくても相手に言いたいことが伝わるような文化を「**高コンテクスト（High Context）文化**」，英語圏の文化のように言葉で表現しないと言いたいことが相手に伝わらないような文化を「**低コンテクスト（Low Context）文化**」と呼んでいます（Hall（1976）を参照）。日本文化は，よく「察しの文化」と言われますが，言語に頼らなくても場面や状況などから相手の

気持ちが分かるのが高コンテクスト文化の特徴です。ここで，日本のような高コンテクスト文化と英語圏のような低コンテクスト文化の違いについて言語表現の点から考えてみましょう。

(3) a. 何もありませんが，どうぞ召し上がってください。
    b. うるさい！

(3a)のような文はよく話題にのぼりますが，日本人なら「何もありませんが」の意味するところは「(御馳走はほかに) ありませんが」とか「(これ以上の料理は) ありませんが」のようなものであることは言葉で表現しなくても容易に理解できます。一方，言語化することが求められる英語圏の人たちにとっては，文字通りに "There is nothing, but please eat it." と言っても非論理的な文になるだけです。

次に (3b) を考えてみましょう。私たち日本人は静かにして欲しい時には「うるさい」とか「やかましい」と言い，それを聞いた相手は静かにするのが普通です。つまり，「静かにして」と言わなくても，言いたいことが伝わります。しかし，英語圏の場合は，単に "Noisy!" と言っても状況の説明として理解されるだけです。静かにして欲しい時には "Be quiet!" と言葉で伝えることが必要なのです。同様の例としては，ほかに「危ない！」などがあります。

● 直示の日英比較

直示（ダイクシス，deixis）とは，文中のある要素の指示が，発話における話し手と聞き手の関係などによって決まることを言いますが，ここでは英語と日本語の**指示詞**を比較することにしましょう。

まず，次の文を見てみましょう。

(4) a. My mother gave me this necklace.
    b. Put that box down before you drop it.
    c. Look at that building over there.

日本語では (4a) の "this" は「この」，(4b) の "that" は「その」，(4c) の "that" は「あの」で表現されます。これらの指示詞の例から分かるように，英語圏では，話し手の近くにある物には "this" が，また話し手から離れた，

聞き手の近くや話し手からも聞き手からも離れた所にある物には"that"がそれぞれ用いられます。それに対して，日本語の場合は，話し手の近くの物には「この」，聞き手の近くの物には「その」，話し手と聞き手の両方から離れた所にある物には「あの」がそれぞれ用いられます。これについては，次のような説明が可能です。個人の立ち位置は集団の中において決定され，どちらかというと個人の利益よりも集団の利益の方が優先される日本のような**集団主義的な文化**では，相手の領域（縄張り）に配慮する言い方が必要となります。「その／それ」という表現がまさにそれに相当します。一方，個人の立場は集団とは切り離され，個人の利益が（個人の目的が一致することでたまたま形成される）集団の利益よりも優先される英語圏のような**個人主義的な文化**では，自分の領域（"this"）とそれ以外の領域（"that"）の2つの領域を区別する言い方があれば十分なのです。（「個人主義」と「集団主義」についてはHofstede (1991) を参照。）

ところで，日英の直示についての違いはこのような話し手の物理空間的な認識の違いだけではありません。日本語話者と違って英語話者は，現在や未来を心理的に近く，また過去は心理的に遠いと認識しますが，実はこのような認識も指示詞で表すことが知られています。

新村 (2006) は，米国の漫画の一コマに描かれた，既に読み終えた本を手に持っている少女のセリフ "That was a wonderful book!" に基づいて "That" の箇所を空欄にして米国の教員と学生55名に空欄に入る指示詞を問う調査を行っています。調査結果は，Thatが49％，Thisが36％，Itが15％で，Thatが半数近くを占めていました。日本語話者なら手に持っている本はいつでも「この本」であって「あの本」とは言いません。

指示詞の用法に関しては，さらに興味深い認識の違いが見られます。次の例を見てみましょう。

(5) What's that?

(5) は，変わった，または不快な食べ物を口にした時の発話ですが，この "that" は上で見た時間に関係する例とは異なります。(5) の "that" が表しているのは，（全体ではなく食感や味のような一部分について）いわば「快・不快」，あるいは「好き・嫌い」の感情に関係する心理的な距離なのです。このように英語話者の場合は，感情的な認識も指示詞によって表しますが，

日本語話者の場合は口の中の物を指すのに「あれ」を用いる人はいないことから，指示詞で表現できる認識の範囲は，英語は日本語に比べてはるかに広いことが分かります。

● まとめ

　言語は文化そのものです。そのため生活様式や生活習慣，さらには発想の仕方などが言語に反映することは不思議ではありません。上で見たように，2つの文化におけるカテゴリー化が異なれば，その結果それぞれの文化に特有の，お互いの文化には見られない語が生まれることになります。また，直示に代表されるように，文化によって言語表現が担う認識の種類と範囲も違ってくることになります。

参考文献

Hall, Edward T. (1976) *Beyond Culture.* Anchor Books.
Hofstede, Geert (1991) *Cultures and Organizations: Software of the Mind.* Mc-Graw-Hill International (UK) Limited.
小島義郎 (1988)『日本語の意味 英語の意味』南雲堂.
新村朋美 (2006)「日本語と英語の空間認識の違い」『言語』Vol. 35, No. 5, 35-43.
池田理知子・エリック・M. クレーマー (2000)『異文化コミュニケーション・入門』有斐閣アルマ.
瀬田幸人 (2004)「異文化理解のための適用モデル」『岡山大学教育学部研究集録』第127号，101-108.

（岡山大学）

植物，ヒト，ことば

松本　マスミ

● **wave の 2 つの解釈**

ルイス・キャロルの『鏡の国のアリス』に，主人公のアリスがオニユリに出会う場面があります。

(1) 'O Tiger-lily,' said Alice, addressing herself to one that was waving gracefully about in the wind, …

(1) では，オニユリは「(風で) 揺れていた」と考えるのが普通です。しかし，その後の場面では，そのオニユリはヒトのように叫んで話し，(2) の wave は「(自分の体を) 揺らす」と解釈できます。

(2) 'Silence, every one of you!' cried the Tiger-lily, waving itself passionately from side to side, …

(1) の場合に私たちが wave を「揺らす」のではなく「揺れる」と解釈するのは，wave という動詞の主語がオニユリ，すなわち植物だからです。では，なぜ，主語が植物だと「揺れる」と解釈するのでしょうか。

● **ヒトと植物の比較**

ヒトと植物はともに生物です。塚谷 (2001) によると，植物は光・音・重力を感じ取る「感覚」を持ちますが，ヒトのような「感情」はありません。これに，言語学で動詞の意味を考える時にキーワードとして使われる意志，動作，移動，発話を加えると次の通りになります。

(3) ヒトと植物の生物学的・言語学的特徴付け

	生物	感覚	意志	感情	動作	移動	発話
ヒト	○	○	○	○	○	○	○
植物	○	○	×	×	△	×	×

(3) で植物の動作が△となっているのは，食中植物やオジギソウのような

例外があるからです。また，成長に伴い伸びることを「動作」と呼んでもいいかもしれませんが，これはほとんど目にみえないゆっくりとした動作であり，植物の「動作」はかなり限られていると言えるでしょう。

では，(3) の表を参考に，(1) (2) の wave について考えてみましょう。一般にユリの場合は，大多数の植物のように自分では「揺れる」という動作をしませんから，(1) では他の外的要因によって「揺れる」という解釈をするのです。一方，(2) では，発話をし，「情熱的に」という感情をもっていますから，オニユリは植物よりもヒトとして扱われており，その結果，意志を持つことが可能であるということから，wave を「揺らす」と解釈するわけです。このように，植物とヒトの共通点と相違点を理解することによって，ことばについてもより深く理解することができます。

● **スル動詞とナル動詞**

こんどは，ことばの研究において植物がどのような役割を果たしているのか見てみましょう。言語学では自動詞が「**スル動詞**」と「**ナル動詞**」に分けられるとされており，中島 (2011) では次のように説明されています。

(4) a. スル動詞　行為者の「**内発的な力**」が行使されるような動作を表す動詞
    b. ナル動詞　様々な次元でのモノの変化を表している動詞

(5) は，植物の発芽・生育について述べるために，英語の園芸書でよく見られる自動詞で，以下「**園芸自動詞**」と呼ぶことにします（sow のような他動詞の園芸動詞もあります）。Grow, thrive 以外は，比喩的な場合を除いて，主語が植物に限定されています。(6) に対応する日本語の動詞をあげましたが，self-sow, self-seed は対応するものがありません。

(5)　germinate, sprout, grow, flower, bloom, thrive, self-sow, self-seed
(6) a.　発芽する，生育する，開花する，繁殖する
    b.　（芽が）出る，育つ，（花が）咲く，茂る

では，(5) の園芸自動詞はスル動詞でしょうかそれともナル動詞でしょうか。まず，「内発的な力」による動作を表しているのでスル動詞に分類できるといえるかもしれません。この「内発的な力」とは，生物学的にみると，

植物の場合，代謝により作られたエネルギーと細胞の発達であるため，(6a)のように太陽のような**外的要因**によって「花が咲く」という動作が可能になるのではありません。その点，先ほどの wave とは区別されるべきです。

(7) a. *The sun bloomed the roses.
  b. The roses bloomed.　　　　　　　　　　　　　(Levin (1993))

しかし，(4a) の行為者は，「意志」を持つのですが，(3) で見たように植物には意志がありません。従って園芸自動詞はスル動詞としての定義を一部だけ備えているということになります。

同時に，園芸自動詞はナル動詞としての側面も持っています。植物の発芽からの成長の軸における様々な変化を述べているからです。しかもそれは自分自身における変化です。

以上をまとめると，園芸自動詞は植物が内発的な力を行使して自分自身を変化させることを述べている動詞であり，スル動詞とナル動詞の両方の側面をもっています。園芸自動詞が (4) の自動詞の分類にそぐわない理由は，(3) で示された植物の特徴にあります。(4a) では，内発的な力を行使するものは「意志をもつ」ということが含意されていますが，同じ生物でもヒトが「意志によって」内発的な力を行使するのに対し，植物には意志がありません。(4a) のスル動詞の特徴付けは，ヒト中心であるため，植物について述べる場合にはあてはまらないと言ってもいいかもしれません。言語学には「生物／無生物」という分類がありますが，意志がないのは無生物ととらえる風潮があります。植物は意志がなくてもれっきとした生物だということを再認識する必要があるでしょう。(園芸動詞についての詳細は，藤田・松本 (2005) を参照。)

● 日本語と英語の違い

英語の園芸自動詞と日本語の園芸自動詞を比べてみると，興味深い違いがあります。(6a) は漢語系の動詞，(6b) は和語系の動詞です。

(5)　germinate, sprout, grow, flower, bloom, thrive, self-sow, self-seed
(6) a.　発芽する，生育する，開花する，繁殖する
  b.　(芽が) 出る，育つ，(花が) 咲く，茂る

まず，英語の場合，かなり自由に名詞から動詞に転換されるといわれていますが，(5) においても sprout や flower のように名詞から品詞転換により作られた動詞があります。これらの動詞に対応する日本語の動詞「(芽が) 出る」「(花が) 咲く」と比較すると，植物の変化が起こっている部分の名詞が動詞として使われていることがわかります。

　また，self-sow と self-seed には，日本語には対応する動詞がありません。これらの動詞は，ホウセンカのように「自分で種を落として種をまく」という意味で使われています。あえて新しい語を作るとすると，スマホによる「自撮り」と同じように「自撒き (じまき)」としてもいいかもしれません。

● 状態

　(3) でヒトと植物の違いを見たときに，植物は成長したとしてもその動作はゆっくりしていて私たちの目にはとまらないと述べました。従って私たちは植物の成長を動作としてよりも成長の結果としての「状態」として眺める傾向があります。*The Secret Garden* を例にとって見てみましょう。

(8) "I think the roses have climbed and climbed until they hang from the branches and walls and creep over the ground."

　これは主人公の Mary が従兄弟の Colin に自分が見た秘密の花園を想像上の庭園として説明する場面で，実際は現在の庭の様子を述べています。Mary が述べているのは，バラが少しずつ伸びていく瞬間についてではなく，伸びて成長した結果であり，そのため have climbed and climbed という完了形が使われています。さらに until で始まる節では動詞は現在形が使われていますが，バラが枝や塀からたれさがっている状態や地面をはって広がっている状態を述べています。Bloom や flower という動詞には「状態動詞」としての用法もあると言われていますが，上に述べたような植物の特徴やヒトの植物の見方が影響しているのではないでしょうか。

● 花かヒトか

　『鏡の国のアリス』で今度はバラが次のように話しています。

(9) 'There's one other flower in the garden that can move about like you,' ...

鏡の国の花達はアリスを移動ができる「花」としてとらえているのです。このことを (3) の表にオニユリとアリスも加えてもう一度考えてみましょう。

(10)

	生物	感覚	意志	感情	動作	移動	発話
ヒト	○	○	○	○	○	○	○
植物	○	○	×	×	△	×	×
オニユリ	○	○	○	○	○	×	○
アリス	○	○	○	○	○	○	○

オニユリやバラなどの鏡の国の花は植物でありながら「移動」ができない以外はヒトと同じ特徴を持っています。そのオニユリからみたアリスは，人ではなく花すなわち植物でありながら「移動」をすることが可能です。

アリスや私たちから見ると，オニユリは「植物」から逸脱していますが，鏡の国では，アリスが「植物」から逸脱しているのです。鏡の国におけるアリスとオニユリ，すなわちヒトと植物の不思議な関係についても，植物を生物としてとらえると同時に，言語学におけるキーワードを手がかりにすることによって，謎をときほぐすことができるのではないでしょうか。

使用テキスト
Bernett, Francis Hodgson (1987) *The Secret Garden*. Signet Classics, New American Library.
Carroll, Lewis (1982) *Alice's Adventures in Wonderland and Through the Looking Glass*. Puffin Books.

参考文献
塚谷裕一 (2001)『植物のこころ』岩波書店.
中島平三 (2011)『ファンダメンタル英語学演習』ひつじ書房.
藤田耕司・松本マスミ (2005)『語彙範疇 (I) 動詞』研究社.
Levin, Beth (1993) *English Verb Classes and Alternations: A Preliminary Investigation*. University of Chicago Press.

（大阪教育大学）

英語と日本語の比較
―否定命令文に対する応答を通じて―

水野　謙二

● **はじめに**

英語の否定疑問文，つまり，「A は B ではないですか」に対する応答では，否定疑問文 A ≠ B? を受けて，事実が A ≠ B であれば No と，A = B であれば Yes と答えます。一方，日本語の否定疑問文 A ≠ B? の応答では，事実が A ≠ B であれば「はい」と，A = B であれば「いいえ」と答えます。

本章では，英語の否定命令文 Don't ～（～してはいけません／～するな）に対する応答の特徴について，否定疑問文 A ≠ B? に対する英語と日本語の応答の特徴と比較しながら考察していきます。

● **否定命令文に対する応答例**

否定命令文に対する次の応答例（イタリック体）では，どれも同意を表しますが，状況に応じて Yes と No の両方が使われています。

(1) "Don't forget my medicine." "*No,* Grandma."
(2) "Don't go near your office or apartment." "*I won't.*" Judd promised.
(3) "I want him held and isolated. He's probably armed and dangerous. Don't let him talk to anyone." "*Yes,* sir."
(4) "Don't lock the damn door!" "*Okay, Okay.* I'm sorry."

No は前言の否定命令文に対して，(1) のような同意だけでなく，(5) のように反論も表します。実際，否定命令文に反論する場合には，(6)，(7) のように Why not? や Why? がよく使われます。これは，これらが命令に同意できない理由を述べるための切り出し文句としての役割を担っているからだと思われます。

(5) "Never mind, Ian." "*No, no,* I do."
(6) "Don't say that!" groaned Wilbur. "Please don't say things like

　　　　that!"
　　　　"*Why not?* It's true and I have to say what is true. ..."
(7)　"Don't try to rob this chateau." "*Why?* Are you planning to do it first?"

● 否定命令文に同意する場合としない場合の応答
　例えば，否定命令文 "Don't go there."（そこへ行ってはいけません）に対する応答は概ね次のようになります（Yes と No はイタリック体）。

　　同意する場合
　　　Okay. / All right. / Sure. / *Yes.* または *Yes,* I won't go there. / *No,* I won't go there.
　　同意しない場合
　　　Why not? / Why? / *No!* または *No,* I will go there. / *Yes,* I will go there.

　Yes と No に限定すれば，同一の否定命令文に同意する場合にも，同意しない場合にも，応答として Yes と No の両方が使われることがあります。なぜでしょうか。例えば，"Are you sure he isn't injured?" に対して応答する場合，Yes と答えても No と答えても同意を表すことと関係があります。

(8)　Are you sure he isn't injured?（確かに彼は怪我をしていませんか）
(9) a.　*Yes,* I am sure (he isn't injured).（はい，確かに）
　　b.　*No,* he isn't injured.（はい，彼は怪我をしていません）

同一の疑問文 (8) に対する同意でも，(9a) のように Are you sure ~? に対して応答すれば Yes となり，(9b) のように he isn't injured に対して応答すれば No となります。

● Yes と No による応答
　こう考えると，否定命令文 "Don't go there." に対して同意を示す場合，"*Yes,* I won't go there."（はい，行きません）の Yes は「命令」という発話行為に対応し，"*No,* I won't go there."（はい，行きません）の No は命令内容である「否定命題」に対応していると言えます。だから，Yes と No で

応答をしても同じ内容（I won't go there）を伝えることになります。仮に命令という発話行為を I ORDER YOU と表せば，"Don't go there." は I ORDER YOU [you don't go there] となります。Yes は I ORDER YOU という命令に対する同意であり，No は you don't go there という否定命題に対する同意を表します。

　一方，"Don't go there." に同意しない場合の *"No!"*（いいえ／いやです）と *"No,* I will go there."（いいえ，行きます）の No は，I ORDER YOU に対応していて，命令そのものを受け入れないことを表明しています。*"Yes,* I will go there."（いいえ，行きます）は否定命題の you don't go there に対応し，命令に反する意思を表しています。したがって，この場合も No と Yes で応答しても，同じ内容（I will go there）を伝えることができます。

● 発話行為に対する応答
　Yes と No が否定命令文の応答として使われる例を見てきましたが，否定疑問文に応答する場合と違って，否定命令文では，前言に同意する場合は No 以外の応答がよく使われ，同意しない場合は Yes 以外の応答がよく使われます。同意を示す応答としては，Okay, All right, Sure, *Yes / Yes,* I won't 〜．があり，同意しない場合には，Why? と Why not? と *No! / No,* I will 〜．が使われます。このことから，否定命令文では命令という発話行為に対応する応答によって，命令や指示を受け入れるか否かの態度表明をすることが多いと言えます。Okay, All right, Sure, Yes は命令の発話行為を表す I ORDER YOU に対応する同意表現であり，Why? と No は不同意表現となります。Why not? については，否定命題の you don't go there に対応していて，反論することによって命令に対する態度表明をしています。

● 否定命令文と否定疑問文の応答の共通点と相違点
　"Don't go there." の応答として，同意する場合の *"No,* I won't go there." と同意しない場合の *"Yes,* I will go there." について言えば，否定命令文に応答する文の命題が肯定文であるか否定文であるかによって，Yes と No が決まるという意味では，応答の仕方が否定疑問文と共通しています。その際の Yes と No に対応する日本語についても，「はい」が No に，「いいえ」が Yes に対応していて，否定命令文と否定疑問文の応答は共通しています。

しかし，一般に "Don't go there." の応答については，同意する場合には Okay（了解しました），All right（わかりました），Sure（もちろん），*Yes,* I won't go there（はい，行きません）などの発話行為対応の応答が多く，同意しない場合でも，発話行為対応の応答である Why?（どうして），*No,* I will go there（いいえ，行きます）や，否定命題対応の応答である Why not?（どうしていけないの）が多く使われます。この場合の Yes と No については，日本語における応答と同じで，Yes は「はい」，No は「いいえ」に対応します。ここが，否定命令文と否定疑問文の応答の仕方の異なるところだと言えます。

〈否定命令文と否定疑問文の共通点と相違点〉

前言	応答文命題	対応	英語（命題対応 / 発話行為対応）	日本語
否定命令文	否定	同意	No, I won't ～. / Okay, All right, Yes または Yes, I won't ～.	はい
〃	肯定	不同意	Yes, I will ～., Why not? / Why?, No!（注）または No, I will ～.	いいえ
否定疑問文	否定	同意	No / －	はい
〃	肯定	不同意	Yes / －	いいえ

（注）No! については，発話対応では強調して発音することが多い。

● 否定命令文の応答に見る英語と日本語の共通点

　否定命令文では，命令に同意する場合もしない場合も，発話行為対応と否定命題対応の両方があり，それぞれで Yes と No が用いられるため，誤解を生むおそれがあります。特に発話行為としての命令に対しては，それを受け入れるか否かの態度表明が重要になります。否定命令文に同意する場合には，発話行為対応の態度表明として Okay, All right, Sure, Yes などが多く使われます。また，同意しない場合にも，発話行為対応の Why? と No が使われたり，否定命題対応の Why not? が使われます。英語の発話行為に対応する応答は，「了解しました／はい」が同意を表明し，「いいえ／いやです／どうしてですか」が不同意を表明する日本語の応答と共通しています。

〈否定命令文に対する応答 ── 英語と日本語の共通点 ── 発話行為対応〉

発話行為	命令文命題	対応	英語の応答	日本語の応答
命令	否定	同意	Okay, All right, Sure, Yes, I won't ～.	了解しました，はい
		不同意	Why?, No, I will ～.	どうして，いいえ

● おわりに

　英語の否定命令文に対する応答には命題対応と発話行為対応があり，両者では応答の仕方が異なります。特に Yes と No による命題対応の応答については，否定疑問文と共通していて，Yes は「いいえ」に対応し，No は「はい」に対応します。しかし，否定命令文では，命令を受け入れるか否かの態度を明確にするという観点から，命令という発話行為に対する応答が重要となります。発話行為対応では，同意する場合には Okay, All right, Yes などが使われ，同意しない場合には Why? や No などが使われます。これを Yes と No の使い方から見ると，Yes は「はい」に対応し，No は「いいえ」に対応していて，日本語と共通しています。

　応答の仕方を決定づける前言に関して言えば，否定疑問文にしろ，否定命令文にしろ，英語では命令や疑問，肯定や否定が「文頭」で発信され，日本語では逆に「文末」で発信されます。話し手と聞き手の関係を「発話行為」と「応答」というセットで捉えれば，言葉が前から後ろに流れ，聞き手にとって後の情報ほど新しく，記憶に残ります。言語の線状構造という特徴が対話にも敷衍され，前言の文末を受けて，英語では命題部分に，日本語では発話行為に応答しやすい環境が醸成されていると考えられます。こうした言語的な背景が，否定疑問文に対する応答では，No と「はい」が同意を表し，Yes と「いいえ」が不同意を表すという英語と日本語の応答の違いを生じさせているのではないかと考えられます。

　否定命令文に関して言えば，命令に対する態度表明の重要さから，英語でも命令という発話行為への対応が多く見られるものの，命題への対応が可能な環境にあるため，同意の場合も不同意の場合も，Yes と No の両方が使われます。しかし，日本語では，否定疑問文と同様に発話行為対応の応答がなされ，「はい」が同意を表し，「いいえ」が不同意を表すと考えられます。

（名古屋石田学園星城高等学校・中学校・元愛知県立西尾高等学校）

ことばと感情
―英語の間投詞―

河野　武

● 感情のプロフィール

　感情は心の中にあって意識に温もりを与えるものであり，人が生きている限りそこを離れることは出来ません。感情の流れの中では，見過ごすことが出来ない事態が絶え間なく起こります。そのような時，人はどのように心の内を開示するのでしょうか。英語を事例に取って見てみましょう。

(1)　Oh God, how embarrassing!
(2)　Oh hell, I've left my purse at home.
(3)　Wow! You look terrific!

　上の例は，それぞれ一つの感情的事態を表すプロトタイプのプロフィールを表しているものとしましょう。発話は oh のような極めて漠然とした感情の湧出(ゆうしゅつ)を表す要素で始まり，God や hell のような感情の対象へのスタンスを表す要素に引き継がれ，感情の対象がどのようなものであり，またどのような色合いを帯びた感情であるかの判断の証左となる記述で締めくくられます。ここで注意しておきたいのは，感情の対象は事物ではなく事態（＝出来事・状態）だということです。(1) では，it is のようなものが省略されていますが，〈当惑〉の感情は it の指示する事態です。(2) では，「家に財布を忘れて来た」ことへの〈腹立たしさ〉が hell の表す嫌悪感と相乗して伝えられています。(3) では，後の発話から推論可能な「あなたの姿が見事である」ことへの〈賞賛〉の感情が wow の歓迎的態度と呼応して表されています。

　感情のプロフィールの中核は意外にも感情の対象となる原事態にあることが分かります。その事態は文脈的に特定の感情と結び付きます。生々しくストレートな感情表現と見なされている oh/wow や God/hell 等の間投詞は，むしろいずれ明らかになる感情を予兆しているに過ぎないように思えます。しかし，それは発話のマーカーとして決して無益ではありません。発話者が発話の瞬間にある感情に捕われたことを述べておくことは後で提示される原事態への構えを作らせることに役立ちます。このようにして**発話処理**の効率

を高めるからです。しかしながら，問題の間投詞は原事態の支えがなければ役割を十分には果たせません。そのことは，上の例で間投詞のみが表出された発話形式の Oh God! / Oh hell! / Oh! / Wow! を考えて見ればすぐに分かるでしょう。Oh! の単独発話が如実に示すように，感情はあまりにも漠然としたものに映らざるをえず，せめて顔（とりわけ目，口，眉）の表情等の助けがなければ正体が不明になります。原事態が文脈的に理解されなければ間投詞は表現効果を上げることは出来ません。一方，原事態の提示のみでもある種の感情を暗示することは出来ます。(1) は感嘆文ですし，(3) は terrific のような評価的な形容詞を伴う**現象記述文**になっています。また，(2) は事物を忘れることに伴う想定によって典型的な感情が暗示されています。言うまでもなく，暗示された感情は間投詞によって表出された感情に較べて生彩さは劣ります。

● **Oh と Ah のクオリア**

英語における極めて一般的な感情表現に oh と ah がありますが，どのような棲み分けがあるのか見てみましょう。次の例を見て下さい。

(4) Oh/Ah, you're leaving tomorrow.
(5) Oh/*Ah look! There's Gladys!
(6) ?Oh/Ah, Tuscany in May!

oh と ah は生起した感情及び感情の対象である原事態が発話者にとって重要性をもつ（**関連性理論**で言えば「関連性をもつ」）ことを表す点では共通しています。違いは，生起した感情・原事態への単なる気づきを伝えるのか，それとも感情・原事態への認知的吟味が既になされていることを伝えるかです。oh が前者，ah が後者です。従って，(5) のように，発話場面の変化に触発されて生じた感情を伝えるには oh は適していますが ah は適しません。一方，(6) では，風光明媚で知られるトスカーナ地方でまさに評判に違わぬ快適さに浸っているとしましょう。あるいは評判が裏切られて皮肉って発話したとしましょう。この場合は，明らかに ah が自然なものとなります。原事態は少なくともトスカーナに関する**背景的想定**と照合されており，ことによったら原事態から引き出される新たな想定にも思い至っているかも知れません。このような〈詠嘆〉ないし〈失望〉といった分厚な質感を伴った感

情は認知的吟味の結果生じたものだと言えます。また，(4) のように oh でも ah でも自然となる場合が多くありますが，もちろん感情の質は異なります。oh は，例えば，相手の予定を知らされたり，相手が出発の準備をしているのが目に留まったりして発したと考えられます。ここでは，心の中に湧き出た，話者にとっては見過ごし難いものとしての〈興奮〉の感情が表されています。さらに言えば，この〈興奮〉なる感情は，話者の真性の感情かも知れませんし，話者によって演出されているに過ぎない感情かも知れません。oh は会話を弾ませるために表現過多になり易いといえます。(4) の ah は，対比的に，例えば，相手が出発してしまうことの自分への影響（さみしさや不都合さ等）と関連した想定に裏打ちされた場合等であり，やや軽めの〈詠嘆〉ないしは〈失望〉が表されています。当然ながら，背景的想定がどのように作用するかによって立ち現れる感情のニュアンスは変わります。

● ののしり語の働きかけ

既に (1)，(2) でも見たように，感情表現にはののしり語が大いに活躍します。もう少し具体例を拡げてみましょう。

(7)　Shit!　That's terrible.
(8)　Oh dear, I've broken the lamp.
(9)　Boy, is he mad!
(10)　Damn!　I've forgotten my keys.

ののしり語は口に出すのがはばかられる神・性・排泄物・死等を指示する語ですので，厳密には dear や boy は含まれないことになりますが，便宜的に同類とみなしておきます。ののしり語には，対象（＝原事態）に呼びかける類（God/Jesus/dear/boy/man 等），対象に威圧的に働きかける類（damn/fuck 等），対象を比喩的に記述する類（hell/heavens/shit 等）があります。考えて見れば，感情は不意に心の平穏を破るものであり，人は何とかしてそれと折り合いをつけ制御して行かなければなりません。対象への呼びかけは敬意（「**権力**」）と親しさ（「**連帯**」）の次元を反映します。(my) God/Jesus は絶対的な存在であり，その全能と慈愛に触れてひれ伏すのみですが，感情表現においてはそのように名指される対象を敬いつつ受け入れる態度を表しています。my goodness のような**婉曲表現**でも基本的なスタンスに変わりは

ないでしょう。man は同位の相手への，boy はやや下位の相手への呼びかけ表現なので，対象を気軽に，時にやや見下して受け入れる態度を表しています。dear（とその変種 my dear や dear me）は明らかに親しい相手への名指しですから，対象への親しみや愛着を表します。

　ののしり語の第二の類の damn や fuck には対象を迎え撃とうとする攻撃性が内包されます。damn は God damn it! から派生したもの（goddamnit は**語彙化**した形）であり，神の呪いを祈願する形を借りて対象を威圧しようとするものです。fuck は動作主が不明瞭ですが，明らかに対象を壊滅させようとする行為を源泉にしています。この類の攻撃性は，容易に**漂白化**して単なる強い感情と化し，ののしりは「本気」から「ふざけ」に変貌します。

　ののしり語の第三の類である hell/heavens/shit は，対象が名指されている事物の属性をもつものであることを比喩を借りて表現しています。例えば，hell は対象が「地獄（のよう）である」のようにメタファーやシミリによって特徴づけています。heavens や shit も全く同様です。こうして，対象が「地獄」のように救いのないものか，「天国」のように至福なものか，また「糞(けが)」のように穢らわしく取るに足らないものかが伝えられます。このように対象を同定することで感情のカタルシスを得るつもりなのでしょう。

● **Yes と no のスタンス**

　発話の伝える情報を話者がどのような**発話態度**で扱うかも感情表現の重要な側面です。以下，yes と no のスタンスについて順に検討してみましょう。

(11)　And so I tried phoning him … — Yes …
(12)　Where's my umbrella? Oh yes — I left it in the car.
(13)　It took ten years — yes, ten whole years, to complete.
(14)　Yes! Rivaldo's scored again!

yes と no は質問への返答，依頼や申し出の受諾・拒否，相手の意見への同意・不同意等も表しますが，ここでは発話態度に関わる場合のみに焦点を当てます。yes の発話態度は「発話が関連性が高く（重要で適切であり），発話要件や事態が〈好ましさ〉の期待を満たしていることを話者が〈主張〉（〈認定〉）する」ことにあるとみなせます。(11)では，相づちを打ったり相手からさらに発話を引き出そうとしたりすることで，相手の発話の関連性の高さ

を認定し、さらなる関連的な発話の提供を促しています。(12) では、話者が探していた関連性の高い発話内容をたった今想起したことが伝えられています。(13) では、話者の査定する関連性の高さを自ら肯定して見せることで度合いがいっそう強められています。(14) では、〈興奮〉効果をもたらす高度に関連的で〈好ましい〉発話内容であることが主張されています。

　上の yes とは対比的に、今度は no の発話態度に注目してみましょう。

(15)　No, Jimmy, don't touch that switch.
(16) a.　She's nearly fifty. — No, you're kidding.
　　 b.　Oh no, I've lost my wallet!
(17)　He's the director, no, the assistant director, of the company.

no は、「問題の事態が本来は起こらないか、起こるべきではないか、ないしは起こって欲しくない事態であると想定して話者がその事態を却下する態度を表している」とみなせます。yes とは異なり、発話要件や事態が〈好ましさ〉の期待を満たしていないことを表します。(15) は、相手のしそうな（あるいは既にしている）行為が本来すべきではない行為であるとの判断に立ち、制止を伝えています。(16a) は、話題の女性の年齢についての相手の判断が話者の想定からずれていて受け入れがたいことを表しています。(16b) は、財布を無くしたことが本来回避すべき事態であって、これを却下することで話者の〈落胆〉の情が浮かび上がって来ます。この例では、no が oh に先導されていることにも注目して下さい。湧き起こった感情が話者にとって多かれ少なかれ抜き差しならぬものである（つまり関連性がある）ことの表明が加わっています。(17) は言い直しの場合です。不適切だと判断される表現を自ら斥(しりぞ)けるのが no の役割です。

　全体として、yes が事態への〈満足感〉を表すのと裏腹に、no は〈不満足感〉を表すと言えます。Yes の〈肯定〉と no の〈否定〉は、真実性においてのみならず感情の次元においても対を成しているのです。

参考文献
Bolinger, Dwight (1986) *Intonation and Its Uses.* Stanford University Press.
Goffman, Ervin (1981) *Forms of Talk.* University of Pennsylvania Press.

（大妻女子大学）

数字の話

野村　美由紀

● **数について**

　数はどの言語でも共通なのかというと，そうでもありません。オーストラリア，南洋諸島，アフリカの人たちの中には，

(1)　1 → 1　2 → 2　3 → 2-1　4 → 2-2　5 → 2-2-1

と表現する人たちがいます。1, 2 はそのまま「1」,「2」なのですが，3 は「2, 1」, 4 は「2, 2」, 5 は「2, 2, 1」という言い方をします。そして，その人たちの多くが，「1」,「2」と数えて，その次は「沢山」と言うそうです。

　「1, 2, 沢山」という考えは私達の身近な言語の中にもその痕跡が見られます。日本語の「三つ」は「満つる」に由来すると考えられ，「三」も「沢山」を意味していたという説もあります。英語の thrice という語は「3 回, 3 倍」という意味以外に「幾度も，大いに，非常に」という意味があります。また，フランス語の「三」は trois ですが，「非常に」を意味する très と似ています。

● **算用数字の起源**

　算用数字 0, 1, 2, 3, 4, 5, 6, 7, 8, 9 は「**アラビア数字**」とも言われます。もともとはインドで考案されたのですが，アラビアを経てヨーロッパに伝わったために「アラビア数字」と言われるようになりました。ですから，「『**インド数字**』と呼ぶべきだ」と主張する人もいます。

　なぜ 0, 1, 2, 3, 4, 5, 6, 7, 8, 9 と表記されるのかというと，算用数字のもとの形では，それぞれの数字がその角の数を表しているからです。

(2)
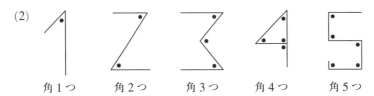

　　角 1 つ　　角 2 つ　　角 3 つ　　角 4 つ　　角 5 つ

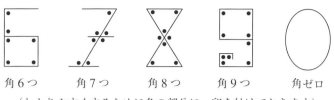

角6つ　　　角7つ　　　角8つ　　　角9つ　　　角ゼロ

（わかりやすくするために角の部分に・印を付けておきます）

　ついでながら，**漢数字**についても少し触れておきます。アメリカ人のお笑い芸人厚切りジェイソン氏が，「一, 二, 三, 四, why Japanese people?」と言うネタがあります。一, 二, 三は横線の数がその数を表していますが，四でパターンが変わるのが理解できないというものです。四はもともとは横線を4本並べた亖で表していたそうなのですが，三と紛らわしい為に，後に「四」という文字を使うようになったそうです。四という字の成り立ちは諸説あり，①口と八を組み合わせた文字で，口は「四方の囲い」を表し，八は「分ける」を表し，口を4つの部分に分けたことを示しているという説や，②元の四本の横画を縦にしたものからできたという説，③口の中に舌や歯の見える形で息の意味を表しているという説もあります。

　ちなみに，八という字は，2つに分かれているものをかたどっている象形文字で「分ける」を意味しますが，8という数は4, 2, 1というように順次2つに分けられるということを表しているとされています。

● **数の数え方**

　日本語には数の数え方が2つあります。**漢語**（中国語の発音に近い）由来の数え方，つまり「いち，に，さん，し，ご，ろく，しち，はち，きゅう（く），じゅう」という数え方と，**大和言葉**の数え方，つまり「ひい，ふう，みい，よう，いつ，むう，なな，やあ，ここの，とお」という数え方があります。

　実は大和言葉の数え方には隠れた**規則性**があるのです。訓令式のローマ字で書いてみると次のようになります。

(3)　hi　hu　mi　yo　itu　mu　nana　ya　kokono　to
　　　1　2　3　4　5　6　7　8　9　10

語頭の子音を見ると，1と2はhで，3と6はmで，4と8はyとなって

います。2は1の倍数で，6は3の倍数で，8は4の倍数で，それぞれ倍数の関係になっています。

　日本語では子音が同じで**母音を変える**ことによって倍数を表していますが，これと似たような現象が英語の複数形にも見られると中島（2015）で述べられています。英語の変則的な複数形では，foot-feet, tooth-teeth のように単数形が複数形になる際に子音が同じで母音だけが変化しています。

　数字を小さい順から急いで数える時，「いち，に，さん，し，ご，ろく，しち，はち，きゅう（く），じゅう」と発音しますが，カウントダウンの場合には，「じゅう，きゅう，はち，なな，ろく，ご，よん，さん，に，いち，ゼロ」と発音します。小さい順からの読み方は，全て漢数字の音読みになっています。それに対して，カウントダウンの場合には，4と7だけが「よん」と「なな」と訓読みになっていて，残りは音読みとなっています。実は，これは数字一つ一つを単独で読む時の読み方になっているのです。

● **日英語の数字の読み方の違い**

　数字の読み方で日本語と英語で違うところがあります。日本語では，以下の (4) のように，百，千が1である時，1を発音しません。

(4)　10　じゅう　*いちじゅう（cf. 20　にじゅう）
　　　100　ひゃく　*いっぴゃく（cf. 200　にひゃく）
　　　1,000　せん　*いっせん　（cf. 2,000　にせん）
　　　10,000（1万）　いちまん
　　　100,000（10万）　じゅうまん　*いちじゅうまん
　　　　　　　　　　　　　　　　　　（cf. 200,000　にじゅうまん）
　　　1,000,000（100万）　ひゃくまん　*いっぴゃくまん
　　　　　　　　　　　　　　　　　　（cf. 2,000,000　にひゃくまん）
　　　100,000,000（1億）　いちおく

それに対して英語では，以下の (5) のように，

(5)　100　one hundred　1,000　one thousand（cf. 2,000　two thousand）
　　　10,000　ten thousand　100,000　one hundred thousand
　　　1,000,000　one million　100,000,000　one hundred million

というように，1を発音します。

　分数の読み方も日本語と英語では異なります。日本語では分母を先に読みますが，英語では分子を先に基数で読んでから分母を序数で読みます。

(6) $\frac{1}{3}$　a.　三分の一
　　　　　b.　one third

分子が2以上の時は分母を複数形にします。

(7) $\frac{2}{9}$　a.　九分の二
　　　　　b.　two ninths

複雑な分数の場合は over を用いて，分子も分母も基数で読みます。

(8) $\frac{123}{456}$　a.　四百五十六分の百二十三
　　　　　b.　one hundred (and) twenty-three over four hundred (and) fifty six

　分数の読む順番が日本語では分母から読みますが，英語では分子から読むので，**日英語で逆**になっています。

　ついでに掛け算に触れますと，3×2＝6の場合，日本人は「3の2倍は6」つまり，3つずつのまとまりが2つあると考えます。りんごで言うなら「1袋にりんごが3個入ったものが2袋ある」となります。一方，英語の場合は，Three times two is (equals) six. となり，「2の3倍は6」となっていますので，りんごで言うなら「1袋にりんごが2個入ったものが3袋ある」ということになります。掛ける数と掛けられる数が日英語で逆になっています。

● 日英語の日常生活の数字

　住所の書き方も日本語と英語では順番が逆です。日本語では，県，市，町名，番地というように大きい方から小さい方へ書いていきますが（(9a)参照），英語では小さい方から大きい方へと逆の順番で書きます（(9b)参照）。

(9) a.　〒123-4567 神奈川県小田原市城山1丁目234-56
　　b.　234-56 Shiroyama 1-chome, Odawara-shi, Kanagawa 123-4567, Japan

そして，英語の文では狭い場所から広い場所へと書きますが（(10a) 参照），日本語では広い場所から狭い場所へと書いていきます（(10b) 参照）。

(10) a.　I am at Paris in France.　　b.　私はフランスのパリにいます。

また，日付の書き方も日英語で異なります。日本語では，年，月，日，曜日の順に大きい方から小さい方へ書いていきますが（(11a) 参照），イギリスでは，曜日，日，月，年の順番で（(11b) 参照），アメリカでは，曜日，月，日，年の順番に書きます（(11c) 参照）。

(11) a.　日本：2015 年 12 月 4 日金曜日
　　 b.　イギリス：Friday 4th December, 2015
　　 c.　アメリカ：Friday, December 4th, 2015

そして，英語の文では時間を表す際に狭い範囲から広い範囲に書き（(12a) 参照），日本語では広い範囲から狭い範囲へと書きます（(12b) 参照）。

(12) a.　I met him at 7 on the morning of April 5.
　　 b.　私は 4 月 5 日午前 7 時に彼に会いました。

ついでながら，時刻を表す時，「何時何分前」や「何時何分過ぎ」という表現も日英語で逆になります。日本語では「何時」を先に言いますが，英語では後になります。

(13) a.　It's ten to eleven.　　11 時 10 分前です。
　　 b.　It's five past ten.　　10 時 5 分過ぎです。

このように，日本語では「大から小へ」表現して，英語では「小から大へ」と表現するというように，日英語で逆になっています。

参考文献
窪薗晴夫 (2011)『数とことばの不思議な話』岩波書店．
中島平三 (2015)『これからの子どもたちに伝えたい　ことば・学問・科学の考え方』開拓社．
矢野健太郎 (1976)『数学の楽しさ』新潮社．

（北海道教育大学非常勤）

生成文法研究と方言

漆原　朗子

● 私の研究領域

　私の言語研究の枠組みは，N. チョムスキーによって提唱された生成文法という理論です。そこでは，種としてのヒトには普遍文法とよばれる言語能力が生得的に備わっているので，健常者が通常の言語環境に置かれれば，言語の中核的な部分は自然に発動されると考えます。そのため，言語は親などの保育者や周囲の人に「教えられて」，あるいはそれらの人々を「模倣して」学ぶという，一般的な考えとは異なる立場に立っています。

　しかし，それだけでは，世界の言語は単語のみが異なり，その他の側面，たとえば語順などは共通で，「私はパンを食べた。」は "I bread ate." と言うはずですが，実際には "I ate bread." です。それらの差異を説明するため，普遍文法には，通言語的に共通の原則（principles）と，言語によって値が設定される媒介変項／パラメータ（parameters）があると仮定します。上のような語順の違いは主要部パラメータによって説明されるとされています。

● 北部九州方言との出会い

　私は主に日・英・朝鮮語の形態統語比較を行ってきました。東京に生まれ育ち27年，1988年より5年間アメリカ・ブランダイズ大学大学院に留学，1994年2月に博士号を取得後，同年4月より福岡県北九州市にある現在の勤務校に着任し，生まれて初めて東京以外の日本に住むこととなりました。そして，やはり生まれて初めて出席した教授会で，ある教授が「その件に関しては，現在，○○学部教授会もあっていますので。」とご発言なさいました。私は，常日頃学生さんには「授業中の私語は厳禁」と厳命しているにもかかわらず，思わずお隣の先生（やはり，というか当然ながら九州出身）に「「あっている」っておっしゃるのですか。」と伺いました。すると，その先生はなぜそんなことを訊くのかといったようなお顔で「言いますけど，それが何か。」とおっしゃいました。そこで，私が「東京方言に基づく共通語では「ある」に「ている」はつかないのですが。」と申し上げると，逆に「じゃ

あ，こげな時は何て言うとですか。」とお尋ねになりました。「「会議が行わ
れている」か「会議をやっている」としか言えないんです。」とお答えすると，
先生は「やっぱり東京はしゃーしいですね（笑）。」とおっしゃるので，また
わけが分からず，「「しゃーしい」って何ですか。」「まあ，「せからしい」み
たいなもんですかね。」とのこと。ますますわけが分かりませんでした。そ
の後，日常会話から「最近，盗難があっています。」といった学内掲示や公
文書に至るまで，この手の表現に毎日のように遭遇して今に至っています。

このことは，生成文法理論の観点からは大変興味深いことです。つまり，
少なくとも 1980 年代まで私をはじめとする多くの生成文法研究者が自明の
ものとして捉えてきた「日本語」の中に，さらに細かい差異があるというこ
となのです。国語学／日本語学の方言学ではそのような差異も長く研究され
てきました。しかし，生成文法は長く「日本語」イコール東京方言に基づく
共通語を研究対象としてきたように思われます。国語学ですらやはり共通語
を基本とする傾向はあります。件（くだん）のやり取りでの私の指摘も，金田一 (1950)
が行った日本語動詞の 4 分類における「**状態動詞**とは進行・完了いずれの意
味においても「ている」は付加できない類の動詞を指し，「ある」「できる」
などが典型である。」という記述的一般化であり，それはまさしく金田一春
彦氏も私もその一員である東京方言話者の直観に基づいているのです。

● **方言間の差異**

差異は語彙と文法の側面に分けられます。前者はメディアでもよく取り上
げられます。それは，畢竟 F. ソシュールの「言語記号の恣意性」に鑑みれ
ば当然の状況です。日本語の「食べる」が英語では 'eat' となるのと同様で
す。上の「しゃーしい」「せからしい」は「面倒くさい」「うっとうしい」に
おおよそ相当する北部九州方言の形容詞というわけです。

一方，東京方言では非文法的である「教授会があっている」を北部九州方
言話者が文法的と考えているという事実は驚くべきことです。このような文
法面の差異はこれまであまり注目されていませんでした。しかも，「ている」
は**進行相・完了相**という基本的文法概念を担う要素であり，生成文法の日本
語研究ではほとんど論じられていませんでした。これを契機に私は分析を開
始，科学研究費補助金研究（漆原 (2005) 等）として発展させました。

東京方言では「ている」が進行相・完了相を担うのに対し，西日本方言の

多くには異なる形態素が存在し，北部九州方言の場合，前者は「よる / よう」，後者は「とる / とう」（およびそれらの変異形）で表されます。

(1) （東京方言）パンを食べている。（進行・完了）
(2) （北部九州方言）パンを食べよる（進行）／食べとる（完了）

そして，主語の存在を表す場合ではなく，主語が「教授会」「授業」「パーティー」など**イベント性**（cf. Higginbotham (1985)）を含む名詞の場合，「ある」にも「よる」「とる」の付加が可能です。

(3) a. *今，机の上にパンがありよる。（進行）
    b. *さっき机の上にパンがあっとる。（完了）
(4) a.　今，教授会がありよる。（進行）
    b.　さっき教授会があっとる。（完了）

そのため，北部九州方言話者は，当該方言で文法的な (4) を「ている」を用いて「翻訳」しているのでしょう。そう考えると，「あっている」は，第二言語 / 外国語学習理論における**中間言語**と位置づけることも可能です。北部九州方言話者が「共通語」として使用している表現は実は東京方言には存在せず，第一言語である北部九州方言の相の体系の**干渉**（**transfer**）を受けているのです。

「ている」と「よる / とる」の対応は金田一 (1950) の**瞬間動詞**，あるいは Vendler (1969)/ Dowty (1972) の **achievement verbs**（**達成動詞**）においても大変興味深い現象を呈します。「着く」'arrive'，「死ぬ」'die' などは，その行為に継続性がなく，時間軸上の一点において達成されます。そして，「ている」が付加した場合，進行相の解釈はなく，完了相のみです ((5))。一方，北部九州方言では進行相の「よる」も完了相の「とる」も付加し ((6), (7))，前者の場合，瞬間動詞の特性上「進行」ではなく「近接未来」を表します。これはまさに英語の達成動詞に進行相を表す形態素 -ing が付加した場合 ((8)) と同様です。東京方言では瞬間動詞＋「ている」は完了の解釈のみしか持たないため，近接未来を表すためには迂言的表現を用います ((9))。

(5) a.　電車が着いている。（完了）　　b.　虫が死んでいる。（完了）
(6) a.　電車が着きよる。（近接未来）　b.　電車が着いとる。（完了）

(7) a. 虫が死による。(近接未来)　b.　虫が死んどる。(完了)
(8) a. The train is arriving. (近接未来)
　　b. The bug is dying. (近接未来)
(9) a. 電車が着きそうだ／着くところだ。(近接未来)
　　b. 虫が死にそうだ／死ぬところだ／死にかけている。(近接未来)

ところで、名詞のイベント性は北部九州方言のみに存在する、あるいはそこでのみ活性化している要素であり、他方言には存在しないのでしょうか。そのような帰結は普遍性の観点からは好ましくありません。実は、(3) と (4) の間に見られるような名詞のイベント性は場所を表す付加詞の助詞／後置詞の選択を決定します。主語にイベント性があると「で」となり、一方、単に存在を表す場合は「に」となります ((10))。また、いわゆる助動詞「そうだ」の解釈は、主語にイベント性がある場合は「現在の可能性」「未来の可能性」の双方が可能であるのに対し、ない場合は「現在の可能性」のみです。

(10) a　会議室で／*に教授会がある。　b.　会議室に／*で机がある。
(11) a. いつも／明日　会議室で教授会がありそうだ。
　　b. いつも／*明日　会議室に机がありそうだ。

なお、イベント性がない点では異なるものの、関西方言の「今、隣の部屋に友達がいてる。」のような表現も関連があると考えます。

　日本語の諸方言には、明治時代に中央集権国家体制樹立のために作られた「標準語」が捨象してしまった細かい文法概念を表す形態が多く残っています。**可能表現**でも、東京方言では「泳げる／泳げない」という表現しかないのに、北部九州方言では可能／不可能が自己の一時的な状態によるのか、外部的要因によるのか、自己の属性／能力によるのかによって3つの表現 ((13)) が存在します。特に (13c) は関西方言における (14) と対応します。

(12) ｛今日は熱があるので／今日はプールが工事中なので／クロールは泳げるが、バタフライは｝泳げない。

(13) a. 今日は熱があるけん、泳げん。
　　b. 今日はプールが工事中やけん、泳がれん。
　　c. クロールは泳ぎきるばってん、バタフライは泳ぎきらん。

(14)　クロールは泳げるけど，バタフライはよう泳がん。

● 普遍文法と変異，あるいは中核と周縁

　一般言語学においては日本を含む世界の諸言語／諸方言の研究が多く行われているのに，日本における英語学，特に生成文法研究はともすると「標準的」な表現や中核的なデータのみを対象とする傾向があるようです。無論，普遍文法の中核部分の適正な分析が行われなければ，変異あるいは周縁的なデータを扱うための基盤もないという考え方は当然です。また，興味深くとも理論の精緻化には直接関係ない現象も多く存在するのも事実です。

　しかし一方で，周縁現象を丁寧に検証することで，中核部分では看過されてきた体系やメカニズムを可視化することも可能です。McDaniel (1989) による英語 wh- 疑問文の習得データとドイツ語方言の関連や，Murasugi (1991) の富山方言の観察による日本語の関係節の分析も先駆的な一例です。

　そして，これは，生成文法に限らず，20 世紀後半以降の学問全体の方向性とも一致しています。20 世紀前半までの人文・社会科学は西洋／先進国，中央／都市，男性といった軸を規範として展開していたとも言えます。それらが行き詰まりを呈するのと同時に，東洋／発展途上国，周縁／地方，女性といった視点からの新たな学問が展開されています。言語学もそのような意識をもって，より多角的・刺激的な知の探求を進められればと思います。

参考文献
Dowty, David (1972) *Word Meaning and Montague Grammar.* Reidel.
Higginbotham, James (1985) "On Semantics," *Linguistic Inquiry* 16, 547–593.
金田一春彦 (1950)「国語動詞の一分類」『言語研究』15, 48–63.
McDaniel, Dana (1989) "Partial and Multiple Wh-Movement," *Natural Language & Linguistic Theory* 7(4), 565–604.
Murasugi, Keiko (1991) *Noun Phrases in Japanese and English: A Study in Syntax, Learnability and Acquisition.* Dissertation, University of Connecticut, Storrs.
漆原朗子 (2005)「相の統語的認可と形態的実現——東京方言，北部九州方言および英語の比較による考察」大石強他（編）『現代形態論の潮流』175–197．くろしお出版．
Vendler, Zeno (1967) *Linguistics in Philosophy.* Cornell University Press.

（北九州市立大学）

不思議に満ちた言語の世界との遭遇

北川　千里

　僕がミシガン大学で言語学の博士論文の構想に取りかかったのは 1970 年です。日本語初級中級クラスの講師を務めながらのことでした。何について書くかいろいろと考えてもこれはと思うトピックがありません。その頃のミシガン大学の言語学科には博士課程の学生というのは大勢おり，言語学科の方針としてもすべての院生に質の高い論文を書かせながら素質を見，また学者としての訓練を積ませていくというようなやり方ではなかったのです。言語学科のクラスを大体終了した時点で，通常学年末に行われる筆記試験に登録し，試験を受けてパスすれば博士論文を書く資格を取得するというシステムでした。またその筆記試験というのが難関校への入学試験のようなもので，言語学に関する三つの分野で各々三時間に亘り，それをパスすれば良し，落ちればそれで終わりというものでした。僕は試験はやっと通った (Low Pass でした) ものの，それまで本格的な論文を書いたことはなかったし，「〈不思議〉に満ちた言語の世界」への漠然とした思い（殊に母語である日本語について）はあっても，それは特定の現象についてではなく，（いろいろな論文を受験勉強的に頭に詰め込んだ結果でしょうか）日本語文法に関する問題はもう語り尽くされているじゃないかという思いの方がむしろ強かったのです。

　そのように悩んでいたころ，たまたま教えている日本語初級のクラスの小クイズとして次の文の英訳を学生に提出してもらいました。「電話で話しても分かるように，スミスさんの日本語は上手です」という文です。これが思いがけなく僕を「〈不思議〉に満ちた言葉の世界」での現実問題へと誘導してくれたのです。英語を母語とする学生の殆どが次のような英訳をしてきたのがきっかけです。'Mr. Smith's Japanese is good in order to understand a telephone conversation.' これは文法的に許容される英文ですらない。この事象は僕にはとても奇妙に思えました。「スミスさんは日本で暮らせるように日本語を勉強している」なら英訳に in order to は使えるかもしれない。しかしクイズの文ではおかしい，何故か？　また「ように」ではなく「スミ

スさんは日本で暮らすために日本語を勉強している」とすれば述語は「暮らす」で良いが，それはどうしてなのか？　一方「暮らせる」が「ために」と共起する「スミスさんは日本で暮らせるために日本語を勉強している」は in order to 文ではなく because 文になってしまう。何故だろうか？　また，「スミスさんは日本で暮らす／暮らせるのに日本語を勉強している」のような「のに」文はどう関係してくるのか？　こうして考えていくうちに自分には全く何も分からないということが判り，博士論文のトピックが自ずと決まっていきました。これが僕にとって「〈不思議〉に満ちた言葉の世界」との初めての，はっきりとしたかたちをとっての，遭遇でした。幸い博士論文は "Expressions of Purpose, Emotive Response, and Contrariness to Expectation" というタイトルで 1972 年に完結し，その内容に手を入れ発展させたものも Kitagawa（1973, 1974, 1976, 1977）として学会誌に発表出来ました。

　僕が博士論文を書いている時何よりも感嘆したのは，目的文（英語で言えば in order to 節を持つ文）の場合明らかに或るはっきりした法則が働いていることでした。詳説は上記の論文を見ていただきたいのですが，目的文の主文の述語は［＿＿のを止めた］と言えるような（終点を表せる）動詞（つまり，主語である Agent が control 出来る動作を表すもの）でなければならず，従って「出来る，飽きる，上手だ」などはその条件を満たさないのです。これは 'in order to' 文にも「ために，ように，のに」文にも共通する一般規則です。

　特に興味深いのは「ために，ように，のに」節が目的節として働くために必要である節内の述語に関する条件です。「ために」と「ように」ではその条件は真反対になります。「ために」目的節の場合，節内の述語は主語である Agent または Experiencer にとって起動可能な event を表す動詞でなければなりません。例えば，「スミスさんは日本で暮らすために日本語を勉強している」の「暮らす」は［暮らし始める］と言える（つまり，その「始点」を確認出来るタイプの event を表す）動詞です。これで，「ために」目的文での，主節「スミスが日本語を勉強する」という出来事がドミノ現象的に目的節「(スミスが) 日本で暮らす」という出来事の起動へと繋がる Time Schemata 上の連動関係の下地が整います。主語である「スミス」はこの連動を意図的に設計し，行動に移します。「ために」目的文はそのような連動関係

の達成についての表白です。ところが,「スミスさんは日本で暮らせるように日本語を勉強している」という場合の「暮らせる」は状態動詞で,普通「暮らせ始める」とはあまり言いません。状態動詞というのははっきりした始点・終点というものを考えに入れない「状態」を表すのです。ということは,状態動詞は上記の「連動関係」のスキームに参加出来ない性質を持っているということになります。主語のスミスにとっては「自分が日本語を勉強する」という出来事が「(自分が)日本で暮らせる」という事態の起動につながる Time Schemata 上の連動関係を意図的にはつくれない,つまり,この二つの事象の連携は自分の意志で control できるものではない,ということです。だから,「ように」目的文というのは自分の望む事態が起こるようにという願望文に他ならないということになります。

　上記目的文の記述では日常の会話的な ordinary language の世界での文法判断によりました。しかし,例えば 'A giraffe is tall in order to (be able to) eat leaves on a tree' のような文では主文の述語が状態動詞であるにも拘らず許容されると思います。ここで注意すべきはこの文を許容するには主語の「キリン」を「種」として捉える進化論的な思考構造が前提になるのではないかということです。そうでなく,'Our son Ralph is tall in order to dunk a basket ball.' となれば,文の許容度は格段に落ちます。とは言っても,ラルフの父親が神がかり的人物で,息子が背が高いのはプロ選手として大成せよとの神の思し召しであると信じているような場合には,文の許容度も高くなるのではないでしょうか。その場合は,Time Schemata 的な連動関係を意図するのは「ラルフ」ではなく,人間世界の時間制を超越した「神」または「運命」ということになります。このような事情は日本語の「キリンは木の葉を食べるために首が長い」と「ラルフはボールを上からネットに沈めるためにあんなに背が高い」にも同じように認められるのではないでしょうか。つまり,'in order to' や「ために」目的文の解釈に於いてはどのような認識世界を前提としているかが文の許容判断に影響を及ぼすということです。ここで一つ読者に質問があります。英文の 'The child fears the dark in order to attract the parents' attention.' と和文の「子供は親の関心を引くために暗闇を怖がる」はどうでしょうか? 僕は昭和一桁の人間なのですが,僕の年代では英文の方は許容されても,日本語の方は(「子供が意識的に暗闇を怖がる(または怖がる真似をする)」という意が出てきて)あまりピンと

こないのではないかと思えます。フロイド的な深層心理学は日本人にはなかなか馴染み難い世界であると僕は理解しているのですが，それが或る程度正しければ，この日本語文がピンとこない理由はまさにそこにあると思うのです。しかし今の若い人たちにはこのような「ために」目的文はどう受け止められるでしょうか？ 深層心理学的な解釈が自然にとれる文であり得るでしょうか？ もしそうでなければそれは何をしめすのか？ もしかしたら，僕のこの疑問自体が的はずれなものかもしれません。それでも思うのですが，言語の世界はいつになっても不思議に満ちた世界です。

参考文献
Kitagawa, Chisato (1973) "Adverbial Clauses of Contrast and Reason," *Papers in Japanese Linguistics* 2, 75-101.
Kitagawa, Chisato (1974) "Purpose Expressions in English," *Lingua* 34, 31-46.
Kitagawa, Chisato (1976) "Purpose Expressions and Characterization of Volitive NPs," *Linguistics* 182, 53-65.
Kitagawa, Chisato (1977) "Semantics of Japanese Purpose Expressions," *Linguistics* 199, 57-74.

（マサチューセッツ大学アマースト校名誉教授）

II. ことばの発達と障害

「は」に点々がついたら「が」

―― 子どもの言語獲得にみられる過剰一般化 ――

伊藤　たかね

● 「は」に濁点がついたら？

　我が家の娘がひらがなを覚えはじめの時期，たしか2歳半くらいだったと思いますが，「○に点々（濁点）がついたら何だ？」という遊びをしていたことがあります。知っている字と知らない字が混ざっている時期でしたが，知らない字でも，その読み方をたとえば「す」だよと教えて，すぐに「それに点々がついたら何になる？」と聞くと，ちゃんと「ず」と答えられることに感心していました。

　ところが，なぜか，「は」に点々がつくと「が」になると言います。何回か聞いても答えはぶれません。言い間違いではないようです。どうして「は」のときだけ「間違う」のだろうかと考えて，ふと思いついて「ぱ」に点々がついたら何になるかとたずねたら，迷わず「ば」と答えました。なるほど！「ふ」に点々は「ぶ」で，「ひ」に点々は「ぎ」だそうです。ふむ。

● 有声化のマークとしての濁点

　何が「なるほど！」なんでしょう？　少し音声学の基礎におつきあいいただくとわかってきます。

　子どもが，「す」という字を知らなくても濁点がつけば「ず」になると答えられることから，濁点のある字とない字をばらばらに覚えているのではないことがわかります。「さ」と「ざ」，「た」と「だ」など既知のペアから，濁点の有無による対応について何らかの「規則」を発見して，それを濁点の機能と捉え，それを知らない字（「す」）にもあてはめていると考えられます。

　では，濁点の機能とは何でしょうか。「た」と「だ」，「か」と「が」など，濁点の有無のペアをゆっくり発音して，舌や唇がどのように動いているか，感じてみてください。「た」と「だ」では，舌先が歯茎か歯の裏側についていて，離れるときに音が出ますね。「か」と「が」では，舌の奥の方が上あごの奥の方（軟口蓋と呼ばれます）についていて，離れるときに音がでます。「さ」と「ざ」だと，舌先はどこにもつきませんが，歯茎の裏側に近づいてい

て，その隙間から空気が出ることで音がつくられています。重要なのは，これらのペアは口の中の動かし方が完全に同じだという点です。

どこが違うかというと，有声か無声かの違いです。「か・が」や「た・だ」は子音だけを延ばして発音することはできないので，「さ・ざ」の子音部分（[s], [z]）を長く発音してみてください。そのとき，「のどぼとけ」と呼ばれるあたりに軽く手を当ててみてください。[s]には感じられない振動が[z]では感じられますね。これが無声音と有声音の違いで，声帯の振動があれば有声ということになります。濁点は子音を**有声化**するマークなのです。

では，「は」と「ば」のペアではどうでしょうか。ゆっくり発音してみてください。口の動かし方が全く違いますね。「は」では唇も舌もどこにもつきませんが，「ば」では上下の唇がついていて，離れるときに音が出ます。では，上下の唇をつけて離す「ば」と同じ口の動きで無声音を出すと何になりますか？そう，「ぱ」になるはずです。

ですから，「ぱ」に濁点をつけると「ば」だと言った子どもは，「た」と「だ」，「す」と「ず」の関係を「ぱ」にあてはめれば「ば」になる，ということに気づいていたということになります。もちろん，2歳半の子どもが「子音」や「有声音」などの概念を知っているはずはありませんが，「濁点＝有声化のマーク」ということを無意識のうちに獲得していたと考えられます。

「は」，「ひ」，「ふ」については，少し音声学的に難しくなりますが，対応する有声音は日本語では使わない音です。日本語の中で一番近い音をさがすと，それぞれ，「が」，「ぎ」，「ぶ」になりますので，この点でも子どもの理解は正しかったと言えます。（詳細は音声学の入門書を読んでください。）

濁点は基本的に有声化のマークですが，現代日本語ではハ行の子音だけが「ずれ」ていることになります。（ちなみに，古い日本語ではこの「ずれ」がなく，ハ行音は[p]の発音であったと言われています。）このような「ずれ」を無視してすべての音に「濁点＝有声化」という規則を当てはめた結果，「は」に濁点がつくと「が」という子どもの「怪答」になったと考えられます。

● **子どもは規則が好き**

このエピソードは，「**過剰一般化**（あるいは**過剰規則化**）」と呼ばれる現象の例として捉えることができます。過剰一般化の良く知られている例として，英語を母語とする子どもたちが，たとえばgoやholdの過去形を

goed, holded（正しくは went, held）と発話する現象があります。これは，規則活用を「規則」として獲得し，それを不規則活用の go や hold にあてはめてしまったために起こると考えられます。-ed をつけるという「一般性・規則性」を「過剰」に適用してしまうので「過剰一般化・過剰規則化」と呼ばれます。

　日本語での一例を挙げると，鬼ごっこのような遊びで周りを取り囲まれたときに「とじこまっちゃった！」と子どもが言ったことがあります。これは，「止める・止まる」「掛ける・掛かる」「重ねる・重なる」等々のペアに見られる「語末の -eru/-aru が他動詞・自動詞の対応を表す」という規則を，子どもが過剰一般化で「閉じこめる」にあてはめた例だと思われます。興味深いことに，実際に存在する「閉じこもる」という自動詞は，主語の意図性が含意されるため，この場面で子どもが言いたかったこととは異なっており，「とじこまる」という造語の方が，意味的に合致しています。（大人なら，「閉じこめられた」と受け身で表現するところですね。英語でも日本語でも受け身文が子どもには難しいということは，実験によってわかっています。）

　過剰一般化の現象に関連して，子どもの言語獲得についてふたつの重要な点に注意して下さい。第一に，子どもの言語獲得は，聞いたり見たりしたことのあることを覚えて使っているだけではないということです。「ぱ」に濁点のついた文字など存在しませんから，子どもが見たことがあるはずがありません。それでも，彼女は「ぱ」に濁点がついたら「ば」だと，確信を持って答えていました。goed や holded，「とじこまる」も，周囲の発話からのインプットにそのような語形が入っているとは考えられません。

　第二に，子どもは規則から外れた例を聞いたり見たりしたことがあっても，無視する力を持っているということに注意してください。童話や昔話には「おばあさん」が頻繁に登場しますし，アンパンマンシリーズには「ばいきんまん」がいます。ひらがなを覚えはじめる時期までに「ば」という文字を見たことがなかったという可能性はないと思われます。「ば」が [ba] と発音されるのは，濁点が有声化のマークであるという一般化に反する例外です。この例外を無視しないと，「濁点＝有声化」という規則が成立しません。子どもは，いわば例外を無視することによって規則を成立させ，その規則を獲得し，使用し，場合によっては「過剰」に適用するわけです。went や held という例外（不規則活用）も，もちろん周囲からのインプットに入って

いるはずですし，-eru/-aru の対応規則にあてはまらない例もたくさんあります（たとえば，「付ける」の自動詞は「付かる」ではありません）。このような例外を無視することで子どもの規則獲得は成立しているのです。

つまり，子どもは規則が大好きで，規則を優先して成立させるために，インプットに存在する語を無視することもあれば，インプットにない語を造ることもあるのです。言語獲得のプロセスは，周囲の発話というインプットからまず一般化を探し出し，その一般化に反する例外をひとまず無視して規則を成立させてその規則を獲得し，そのあとであらためて例外を覚えていく，ということになるでしょう。大人は holded とは言いませんし，「は」に濁点がついたら「ば」であると考えますから，規則違反を許容してそれをおぼえているのが大人だ，ということになります。

なお，このような「規則の獲得」は，決して周囲の大人が教えるものではありません。一般に大人は子どもにこのような規則を教えることはしませんし，仮に動詞の活用などを（たとえば held が正しいと）教えても子どもは教わった通りには発話しないということが数多く報告されています。

● **無意識で獲得し，駆使する「知の体系」**

規則違反を許容するのが成長の証，と言うと何だかもっともらしく聞こえますが，これは子どもの成長のすべてにあてはまることではありません。一般的にはむしろ逆のようにも思えます。たとえば，使ったおもちゃは棚に戻すという規則が保育園にあったとして，普通，子どもはそういう規則を好んで守るわけではありません。成長するにつれて，そういう規則を守ることができるようになっていきます。

同じ「規則」といっても，このような社会的な規則と，言語使用にかかわる規則とは，全く性質が異なることに注意しましょう。社会的に決められた規則（ここには，交通規則やスポーツのルールも含まれます）は，意識的に知っているものです。初めて行うスポーツで，ルールを知らなければルールを守ることはできません。どういうルールかを学び，それから守るというのが順序でしょう。それに対して，言語使用にかかわる規則は，決して意識的に知っているわけではありません。子どもは規則が大好きだ，というときの「規則」は，このような無意識のうちに使われる規則を指しています。

子どもの言語獲得においてこのような規則を意識的に学ぶわけではないと

いうことに加え，不自由なく母語を使いこなしている大人も，実は無意識のうちに獲得した規則を無意識のうちに駆使しています。
　ふたつほど，例を挙げてみましょう。「1日おきに電話する」という場合，2日に1回電話をするという解釈が普通ですが，「24時間おきに電話する」になると，毎日1回になります。1日は24時間のはずなのに，なぜでしょう？　あるいは，東京方言（共通語）で，「ながのし」を，低高高低というアクセントで発音してみてください。市の名前ですね。では，高低低低と発音してみてください。「長野氏」という人の名前になりませんか。地名と人名とでアクセントが違うのでしょうか。「市」をつけずに町の名前として「長野」を発音してみてください。長野氏を呼び捨てに「長野」と発音したらどうですか？地名でも人名でもアクセントは同じですね。そうだとしたら，なぜ「ながのし」ではアクセントで地名か人名かの区別が出るのでしょう？
　こうした「不思議」の例は，他にもいくらでも挙げられますが，これらの問いにすぐに答えられる人はいないと思います。にもかかわらず，このような意味の相違は日本語の母語話者であれば瞬時に迷うことなく判断できます。解釈を導く規則は（意識としては）知らないけれども，無意識のうちにその規則を使いこなしているからこそ，判断できるのです。
　このような言語使用にかかわる規則は，「ルール・規則」という言葉で一般に思い浮かべるスポーツなどの規則ではなく，むしろ歩くといった動作にかかわる脳の働きに近いと言えます。私たちは歩く，ということは意識できますし，右足をあげて前に出し，次は左足，ということも（普通は意識しませんが）意識しようと思えばできます。けれども，どこの筋肉を収縮させればうまく歩けるか，一般には意識できませんし，子どもたちはそんなことは全く知らずに歩くことができます。同じように，私たちは話すということは意識していますし，ある文を受け身で言おうか能動文で言おうか，というくらいのことは意識しようと思えばできます。けれども，この章で例を見たような言語使用にかかわる規則は，一般の話者が意識することは不可能ですし，子どもたちはそんなことは全く知らずに話すことができます。言語使用にかかわる規則というのは，母語話者が意識的には知らないままで使いこなす「知の体系」なのです。そして，子どもたちは限られたインプットから短い期間でその「知の体系」を獲得する驚くべき力を持っているのです。

（東京大学）

子どもの「しか～ない」の習得について

山腰　京子

● 「しか～ない」,「しか～する？」,「やるしか！」

「しか」は，前にくる部分を特に目立たせて強調し，とりたてる機能があることから「とりたて詞」と呼ばれ，通常は否定を含む述語と共に使われます。ここ数年10～20代の人が否定の述語を共起させずに，「やるしか！」(やるしかない！という意味)のように使うのが流行っているそうです。「やる」といった特定の語に結びつく時に否定を伴わずに使われるようですが，他の場合には否定の述語が共起しないとおかしい感じもします。

「しか～ない」という表現を子どもはあまり使わないのでは，と思われるかもしれません。しかし，子どものことばのデータベース (The CHILDES database, MacWhinney (2000)) を調べてみると，(1a) のようなかわいい間違いも見られますが，(1b, c) のように2歳代できちんと使っている発話も見られます。

(1) a.　りょう：これしか　はしる？（2歳6ヶ月）(Endo (2004) より)
　　 b.　とみと：3こしか　ないの。（2歳11ヶ月）(CHILDES, Miipro より)
　　 c.　ななみ：おかおしか　はいらない。（2歳11ヶ月）(Miipro より)

私と近江郁子さんらの研究グループは，「しか～ない」に関する子どもたちの理解を調査したいと考えました。そこで次の先行研究（遠藤美香さん，佐野哲也さんの研究等）を参考にしました。

● 「ぞうさんしか」が「みかんしか」になる？

遠藤さんは「だけ」と「しか～ない」について3～6歳代の子どもたち32人に調査を行っています。その結果，主語についている「しか」と「だけ」を，子どもたちが目的語についているかのように理解している場合があることを明らかにしています。

調査方法の真偽値判断法は次のようなものです。保育園や幼稚園の先生方

と保護者の了解をいただき調査に伺います。子どもたち一人ずつに「動物さんたちのゲームを一緒にやってくれる？」とお願いし，園内の別の部屋に行きます。大人の調査者は2人で，1人は動物の人形を動かして短いお話をします。もう1人の調査者は，ミッキーなどの人形の役をします。子どもには，「動物たちを使って短いお話をするね。お話の後にミッキーがどんなお話だったか言ってくれるけど，間違えることがあるから，ミッキーに合っているか間違っているか教えてあげてくれる？」と指示を出します。いくつかのお話とテスト文を用いて，子ども1人に15分ほどの調査を行います。

　遠藤さんの調査は具体的には以下のようなものです。(2)のお話では，牛さんがバナナを2本，ぞうさんがみかんとバナナをとりました。そしてミッキー役の調査者がテスト文を音声のみで話します。

(2)　状況：牛がバナナを2本，ぞうがみかん1つとバナナ1本をとった。
　　　テスト文：ぞうさんしか　みかんを　とらなかった。

(Endo (2004) より)

　この状況ではぞうさんだけがみかんをとっているので，テスト文はお話に合っています。ところが，子どもたちは46.7％（30回答中14回答）の割合で合っていないと答えたのです。「どうして合っていないと思ったの？」と聞くと，「ぞうさんはバナナもとっているから」と答えたそうです。つまり，子どもたちは「しか」を「ぞうさん」ではなく，みかんにつけて「みかんしかとらなかった」と解釈することがあるようなのです（詳細はEndo (2004)を参照）。英語の *only* や日本語の「だけ」に関しても，子どもたちが類似の解釈をすると他の先行研究でも報告されています（Matsuoka (2007) 等）。次に「だけ」の文修飾に関する先行研究を見てみましょう。

● 主語についている「だけ」が文全体を修飾する？

　佐野さんの先行研究では，「だけ」を子どもたちが文全体に関連づけて解釈するかどうかを 3～6 歳代の 24 人に調査しています。英語の *only* と異なり，(3) のように日本語の「だけ」は文末に現れることができます。

(3)　太郎が踊っただけだ。

(3) では「太郎が踊った」という出来事のみが起こり，その他の出来事は起こっていないという解釈を大人はできます。

　次に (4) のように「だけ」が主語についている場合はどうでしょうか。

(4)　ぞうさんだけがトマトをとった。

(4) では「だけ」が主語の「ぞう」についているので，大人は「だけ」が文全体を修飾し「ぞうがトマトをとっただけだ」と解釈するということはなさそうです。

　子どもたちはどうでしょうか。主語についている「だけ」も文全体に関連づけて解釈するでしょうか。佐野さんは次のような調査を行っています。

(5)　状況：りすがみかんをとって，うさぎがりんごをとった。
　　　テスト文：りすさんだけがみかんをとった。

このテスト文はお話の状況に合っていますが，子どもたちは 41.6%（24 回答中 10 回答）の割合でテスト文はお話に合っていないと答え，その理由を「うさぎさんもりんごをとっているから」と答えています。すなわち，子どもたちは「だけ」が文全体を修飾していると考え，テスト文を「りすさんがみかんをとっただけだ」と解釈していると考えられるのです。お話の中では「りすがみかんをとっただけでなく，うさぎもりんごをとった」ので，テスト文がお話に合っていないと子どもたちは判断したのではないかと報告されています（詳細は Sano (2015) を参照）。

　「太郎が踊っただけだ」というように「だけ」は大人の日本語で文末に現れることができるので，子どもたちが主語の「だけ」も文全体に関連づけられると解釈してしまうのは不自然ではないかもしれません。

　「しか～ない」についてはどうでしょうか。「しか」は「だけ」と異なり，(6) のように文末に現れることは難しそうです。

(6) *太郎が踊ったしかない。

(6) のように「しかない」が文末に現れることはおかしいと思われますが，子どもたちは主語についている「しか」を文全体に関連づけて解釈するのでしょうか。私たちの研究グループがおこなった調査の結果を見てみましょう。

● **主語についた「しか」を，子どもたちが文全体に関連づけるだろうか？**

私たちは佐野さんの「だけ」の文修飾の研究に基づき，「しか」が主語についている場合に，子どもたちが「しか」を文全体に関連づけるかについて，4～6歳代の子どもたち19人と大学生13人に調査しました。

次の例を考えてみましょう。

(7) 状況：かえるがいちごを持っている。りすがみかんを持っている。
　　テスト文：かえるさんしか　いちごを持ってない。

もし子どもたちが，主語の「かえるさん」についている「しか」を文全体に関連づけているとすれば，「かえるさんがいちごを持っているだけだ」と(7)を解釈し，りすがみかんを持っているのでテスト文はお話の状況に合っていないと判断するかもしれません。

しかし先に述べたように，(3)のように「だけ」は大人の発話において文全体に関連づけられると分析されていますが，(6)のように「しか」は大人の発話において文全体に関連づけることはできないと考えられます。

もし子どもたちが「だけ」と「しか」の構造の違いをわかっているとすれば，「だけ」を文全体に関連づける解釈はしても，「しか」を文全体に関連づける間違いはしないかもしれません。調査結果はどうだったでしょうか。

今回の調査では，主語についている「しか」を文全体に関連づけていると

考えられる子どもの回答は 34 回答のうち 4 回答のみで, 11.8% に当たりました。その 4 回答は 19 人中 2 人の子どもが回答したものでした。「だけ」に関する佐野さんの調査では，子どもたちは主語についている「だけ」を 41.6% の割合で文全体に関連づけていました。「だけ」の割合と今回の「しか」の調査結果を比べると, 41.6% と 11.8% でかなり差があることがわかります。よって，今回調査に参加してくれた子どもたちは，「だけ」とは異なり，主語についている「しか」を文全体にほぼ関連づけていなかったといえそうです。また「しか」を文全体に関連づけた大学生の回答もありませんでした。

　この調査結果から示唆されるのは，「だけ」は文全体に関連づけることができるけれど「しか」は文全体に関連づけることができないという文法を，子どもたちは早くから習得しているのではないかということです。「だけ」と「しか」の文法構造の違いを，子どもたちがどの程度理解しているのかについてはさらに調査が必要です。しかし，「しか～ない」というような一見難しい表現を子どもたちが 2 歳代で使用し，さらに「だけ」と「しか」に関する文法構造の違いを早くから理解できているのだとすれば，これは子どもたちが持っている驚くべき言語能力の 1 つであると考えられます。このように，他のさまざまな言語現象についてもさらに研究が進み，子どもたちの素晴らしい言語能力が明らかにされていくことを願っています。

参考文献

Endo, Mika (2004) "Developmental Issues on the Interpretation of Focus Particles by Japanese Children," in Alejna Brugos, Linnea Micciulla and Christine E. Smith (eds.) *The Proceedings of the 28th Annual Boston University Conference on Language Development*, 141–152. Cascadilla Press.

MacWhinney, Brian (2000) *The CHILDES Project: Tools for Analyzing Talk.* 3rd ed. Lawrence Erlbaum Associates.

Matsuoka, Kazumi (2007) "Case / Focus Interaction in Young Children's Interpretation of *dake* (only) in Japanese,"『言語研究』132, 15–28.

Sano, Tetsuya (2015) "Another Argument for the Sentential Scope Analysis of a Focus Marker in Child Languages," 江頭浩樹・北原久嗣・中澤和夫・野村忠央・大石正幸・西前明・鈴木泉子（編）『より良き代案を絶えず求めて』357–367. 開拓社.

（お茶の水女子大学）

幼児の意味解釈はなぜ大人のそれと異なるのか

薬袋　詩子

● **幼児は文をどう解釈するか？**

　未就学幼児（主に3〜5歳児）の言語は，大人話者のそれとは大きく異なります。特に発話面においては，未発達な発音，少ない語彙，限定的な表現バリエーションなどに見られるように，大人との違いは明白です。一方，意味解釈に関してはどうでしょう。幼児の意味解釈は，発話同様，大人のそれとは異なっているのでしょうか。

　幼児はごく簡単な文であれば大人同様に意味を解釈できることが知られていますが，その一方で，幼児が大人とは異なる「誤った」意味解釈をする事例がいくつも報告されています。その一つに，**普遍数量詞**を含む文の意味解釈があります。普遍数量詞とは，「すべての」「どの〜も」などといった表現を指します。この表現を含む(1)の文の意味を，図1のような場面と照らして考えてみてください。(1)の文は図1の内容と合っている，すなわち，(1)の文の意味は図1のような状況において「真」であるといえるでしょうか。もしくは，(1)の文と図1の内容は合っていない，すなわち，(1)の意味は図1のような状況では「偽」となるでしょうか。

(1)　どの馬もバイオリンを弾いている

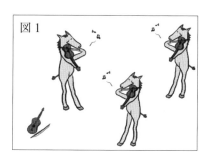

図1

図1の左端には，バイオリンが一つ余っています。一瞬そこに注意が向いてしまいがちですが，実はこの余ったバイオリンの存在は，(1)の真偽を決めるうえでは無関係です。つまり，(1)は，バイオリンが余っていようがいまいが，すべての馬がバイオリンを弾いている限り「真」です。大人話者であればこの論理に基づき，(1)は図1に照らすと「真」であるという解釈に自然にたどりつくことができます。しかし幼児は，非常に高い率で，(1)と図1が合っていないと判断，すなわ

ち，図1のような状況では (1) は「偽」であると判断し，その理由を，余ったバイオリンがあるためであると答えることが報告されました (Philip (1995))．

● 幼児は正しい意味を知らない？

なぜ幼児は，大人と異なる意味解釈をするのでしょうか．直感的に考えると，幼児は心身ともに発達途上段階にあるため言語面も未発達である，という見方が可能です．具体的には，幼児の未発達な言語知識においては，普遍数量詞の意味がまだ正しく習得されていないため，普遍数量詞の意味表象自体が大人のそれとは異なっている，という考え方です．このため幼児は，(1) は馬とバイオリンが余すところなく対にならなければ「真」にならない，という，大人とは異なる解釈にたどりつくのだという仮説が提唱されました (Philip (1995))．

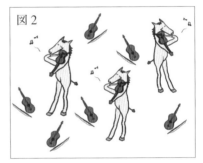

図2

しかし，その後の研究において，幼児の (1) のような文の解釈が，たとえバイオリンが余っている絵と照らしても大人同様に「真」となる状況があることわかりました．たとえば，(1) が図2のような絵と一緒に提示されるような状況です．図1同様，図2でもバイオリンが余っています．しかし，図2では馬の数よりもはるかに多くのバイオリンが余っています．このような場合，幼児はより高率に，正しく (1) を「真」であると判断することができるようになります (Sugisaki & Isobe (2001))．

● 「知らない」のではなく「知識を駆使できない」という可能性

では，幼児の普遍数量詞を含む文の解釈が，状況によって正しくなったり誤ったものになったりするのはなぜでしょうか．上述した仮説のように，もし幼児がまだ普遍数量詞の意味を正しく習得していないのであれば，状況によって正しい意味解釈ができるようになるという事実をうまく説明することができません．なぜなら，もし幼児が本当に「どの X も Y を持っている」を，X と Y が余すところなく対になっている場合においてのみ「真」にな

ると考えているのであれば，図2のような状況で（1）を「真」であると解釈できるとは考えられないからです。

　ここで，幼児が誤って（1）を「偽」と判断する図1のような状況と，（1）を「真」と判断できるようになる図2のような状況を改めて比べてみましょう。図1では，複数組の馬とバイオリンが対になっている中で一つだけバイオリンが余っている点で，このバイオリンは視覚的に非常に目立ち，見る者の注意を引きます。一方図2では，余ったバイオリンよりも，馬と対になったバイオリンの数のほうが少ないため，目立つのはむしろ馬と対になったバイオリンであることが考えられます（Sugisaki & Isobe (2001)）。こう考えると，図1において幼児が（1）を誤って「偽」と判断するのは，余ったバイオリンが視覚的に非常に目立つためであることが考えられます。この可能性は，幼児が図1を見て（1）を「偽」と判断する際に，バイオリンが余っていることを理由として挙げるという事実とも合致します。さらにその後の研究（Minai et al. (2012)）では，幼児が（1）のような文の意味解釈をしている際の目の動きを調べ，幼児は実際に，図1のような絵が提示されると余ったバイオリンを頻繁に注視することが報告されました。ここで，余ったバイオリンの存在が，論理的には（1）の真偽を決めるうえでは無関係であることを思い出してください——（1）の真偽判断には無関係であるにもかかわらず，視覚的に目立つがために，余ったバイオリンに注意を引かれ，それに基づいた誤った意味解釈（バイオリンが余っているから「偽」と判断）をしてしまう，というのが新しい仮説です。この仮説に基づくと，図2のように，バイオリンが余っていても視覚的にさほど目立たない場合には，幼児がより正しく（1）を「真」であると解釈できるようになることも説明がつきます。つまり，幼児は普遍数量詞の意味は知っているものの，文解釈とは無関係な情報に注意を引かれてしまうと，普遍数量詞に関する正しい意味知識を駆使することができず，注意を引かれた情報に基づいた誤った意味解釈をする傾向がある，ということを示唆しています。

● 意味解釈の発達と認知発達

　すぐ上に言及した研究（Minai et al. (2012)）では，面白いことに，（1）の文を図1に照らして誤って「偽」と解釈する傾向が，大人話者の一部にも見られたと報告されています。大人話者が普遍数量詞の正しい意味をまだ習

得できていないとは考えにくく，図1に基づく（1）の誤解釈は，意味解釈には無関係なはずの余ったバイオリンの視覚的インパクトによるものである可能性がより強まります。つまり，大人話者の中にも，視覚的インパクトに意味解釈を統制されやすい人とそうでない人の個人差があるということです。意味解釈における大人話者間の個人差は一般的に，言語外の認知面の個人差に起因するものと考えられます。認知面の個人差とは，注意力をどれだけ柔軟にコントロールできるか，不要な情報をどれだけ抑制することができるか，などです。こうした認知活動をつかさどる仕組みを，**実行機能**といいます。先述した Minai et al. (2012) の研究では，幼児が（1）を図1に照らしてどう解釈するかの測定とともに，実行機能の発達も同時に測定し，その結果から，（1）を正しく「真」と解釈できた幼児は実行機能もより発達している可能性が指摘されました。

　幼児が大人とは異なる意味解釈をすることを，言語以外の認知面の発達と関連付けようとする研究は，ここでふれたもの以外にも数多くみられるようになってきました。こうした新しい研究の流れは，言語能力の発達と非言語的認知能力の発達がどう関係するかを解明する可能性を秘めており，言語を含めた人の心の発達の本質をより明らかにするため，さらなる発展が期待されます。

参考文献

Philip, William (1995) *Event Quantification in the Acquisition of Universal Quantification*. Doctoral dissertation, University of Massachusetts.

Minai, Utako, Nobuyuki Jincho, Naoto Yamane and Reiko Mazuka (2012) "What Hinders Child Semantic Computation: Children's Universal Quantification and the Development of Cognitive Control," *Journal of Child Language* 39(5), 919-956.

Sugisaki, Koji and Miwa Isobe (2001) "Quantification without Qualification without Plausible Dissent," *The Proceedings of the First Conference on the Semantics of Under-represented Languages in the Americas*, 97-100.

（カンザス大学）

母語習得の発達過程について

根本　貴行

● **子供は生まれた時に言語知識を持っている**

　言語学者の Chomsky によると，人は生得的な言語知識をもとに母語を習得するので，言語経験が量と質の点で異なったり，不完全であっても，皆一様の母語発達過程を経ると考えられています。

　ここでは母語が発達する過程がどのような原理によって進んでいくのかを考え，いくつかの文法現象について考察してみたいと思います。

● **子供は経済的な操作から文法操作を始める**

　Chomsky によると，文を組み立てる過程は経済的に行われ，例えば，「外的融合」と呼ばれる語彙を結びつける操作は，文の中の語や句を移動させる操作である「内的融合」（以下，移動）より経済的であると仮定しています。次の例を見てみましょう。

(1) a.　There$_i$ is likely [t$_i$ to be a proof discovered].
　　b.　[to be a proof discovered].
　　c.　　　　　is likely [there to be a proof discovered].

(2) a.　*There is likely [a proof$_i$ to be t$_i$ discovered].
　　b.　[to be a proof discovered].
　　c.　*There is likely [a proof to be t discovered].

(1a) の文を作るために (1b) の段階まで派生が進んできたとしましょう。次に得られる操作を選ぶ際，(1c) のように外部から there を選択して埋め込み文の主語位置に外的融合をし，さらに there を主文の主語位置に移動させる派生は文法的な文になります。一方，(2a) は文法的な文ではありません。この文は (2b) の次の段階で (2c) のように既に文中にある a proof を埋め込み文の主語の位置に移動させて，最後に主文の主語位置に there を外的融合することにより派生されています。つまり，(1b) (2b) の次の操作では，

より経済的な手段が用いられないと文法的な文が得られないことが示唆されています。経済性の考え方は文を派生する際に重要な基準であると考えられており，人の言語機能に備わっている特徴の一つであると考えられます。

そこで，母語の習得順序も言語機能に備わっている経済性の原理に基づくと仮定してみましょう。

(3) 母語習得過程における経済性の原理
母語の習得過程では，より経済的な文法操作から利用可能になる。

外的融合について Chomsky (2000) は「無料の操作」であると述べており，これは文法操作の中でも最も経済的な操作ということを意味します。これを(3) の観点から考えると，母語習得の過程において，外的融合が最も早く用いられる文法操作であるということになります。

● どのような操作が経済的なのか

経済性の点からコストの違いが生じる操作に関して，外的融合の他にどのようなものがあるのでしょうか。Chomsky (1995) は，不可視的な移動は可視的な移動より経済的な操作であると述べています。

統語論では，語句の移動はその語句や移動先の要素が持っている素性の「照合」とか「一致」とよばれる確認のために義務的に生じると考えています。英語とフランス語を比較した次の例を見てみましょう。

(4) a. John often kisses Mary.
　　b. Jean embrasse souvent Marie.
　　　(John　kisses　often　Mary)
　　c. John [時制 (現在)[often [kisses Mary]]]
　　　　　　　　↑_____不可視的移動_____|

英語では動詞が頻度を表す副詞に後続し ((4a))，一方フランス語の動詞は副詞に先行します ((4b))。フランス語の動詞は「現在」を示している時制まで移動することで，現在時制を示すことが可能ですが，英語では動詞が可視的に時制まで移動しておらず，一見すると時制を受け取ることができないように見えます。しかし Chomsky (1995) は，英語の動詞は不可視的に時制まで移動することで動詞が適切な時制を持っていることが確認できると考

えています（(4c)）。

　語句の移動は可視的なものと不可視的なものに分けられ，統語論では後者がより経済的でコストのかからないものであると仮定されます。英語では動詞の移動を駆動する素性は弱く，故に経済的にコストのかからない不可視移動が選択されるため，(4a) の通り動詞は副詞に後続する語順になります。

● **母語習得過程における経済性の原理に基づいた言葉の発達**

　子供は生後 12 か月前後から単語を言えるようになり（一語期），さらに半年くらい経過すると，単語を結びつけて二語文を産出するようになります。(3) に基づけば，外的融合が最も早く利用可能になる文法操作なので，一語期に続いて二語期が母語発達過程で最初に現れる文法現象ということになります。ただし，二語期を導く外的融合よりも，音声を伴わない不可視的な外的融合があるとすれば，より経済的で，子供による文法操作としてより早く始まるかもしれません。事実，一語期の状態においても，発せられた語彙に文脈上の意味構造があるのではないかと考えられます。

(5) a.　Mother:　Where's Daddy?
　　　　Laura:　　Car.
　　b.　Mother:　What should we do?
　　　　Laura:　　Daddy. Dance.　　　　　　　　　(CHILDES)

(5) は 1 歳 5 か月の子供の発話です。(5a) の 'Car' は場所としての意味を表し，(5b) の 'Daddy' は 'with Daddy' を意味しており，さらに 'Dance' は主題を表していると考えられます。不可視的な外的融合によって見えない統語構造を仮定できるのかもしれません。

● **wh 疑問詞の習得時期と日英語比較**

　英語は疑問詞を文頭へ移動させる言語で，日本語は疑問詞が元の位置に留まる言語です（(6a, b)）。英語の疑問詞は，それが主語であっても主語より前の位置に移動すると統語論では考えられています（(6d)）。

(6) a.　太郎は何を食べたの。
　　b.　What did Bill eat?

    c. *Did Bill eat what?
    d. Who$_i$ [t$_i$ met Mary]?

　疑問詞疑問文の習得時期について，原田 (2003) は英語の母語話者は26ヶ月くらい，日本語の母語話者は23ヶ月くらいであると述べています。英語の母語話者が日本語の母語話者に比べて疑問詞疑問文の習得時期が遅いのは，英語では疑問詞を文頭へ移動させるタイプへとスイッチを変換しなければならず，日本語ではその必要がないからであると分析しています。(7) を見てみましょう。

(7)

	初出時月齢平均	初出時平均 MLU
日本語疑問詞疑問文	20.6 か月	2.0
英語目的語 wh 疑問文	25 か月	2.7
英語主語 wh 疑問文	23 か月	2.1

　(7) は CHILDES という子供の発話データベースをもとに，日英語それぞれの母語話者三名の疑問詞疑問文の初出時期とその際の文の長さ (MLU) を示したものです。これを見ると日本語母語話者は MLU 2.0 程度の短い文の時期に疑問詞疑問文が観察され，一方英語母語話者の場合，目的語に疑問詞のある疑問詞疑問文は MLU 2.7 まで文が長くならないと観察されません。しかし主語に疑問詞がある文では MLU 2.1 程度の長さで発現し始めます。同じ言語であるにもかかわらず，英語において主語に疑問詞がある疑問詞疑問文の習得時期は，日本語の疑問詞疑問文の習得時期により近いことが分かります。

　このことにより英語の主語に生じる疑問詞は，日本語の疑問詞と同じように可視的には移動していない可能性が考えられます。この考えは空移動仮説としてこれまでにも主張されてきたものですが，母語習得の観点からも同じことが結論付けられる可能性があることになります。

　英語は言語のタイプとして疑問詞を文頭の位置へ義務的に移動させるのではなく，疑問詞が生じる位置に応じて可視的，不可視的のどちらの移動が適切かを選択するシステムのあることが示唆されることになります。

● 動詞句削除がどのような操作なのかを予測する

(8) の but 以降の文のように，談話上既出のものを言わず，動詞より後ろの部分を削除することを動詞句削除と言います．

(8) a. Bill didn't see the man but John did.
b. *Bill didn't see the man but John.

削除現象とは，言うべき表現を言わず省略する現象ですので，一見するとこの文法操作は早い段階で習得されるのではないかと想像されます．しかし，(8) で見るように，but 以降において see the man が省略される際，did のような助動詞が出現して時制が示され，また主語と動詞の間で一致が行われる必要があるなど，複雑な操作が関わっています．

動詞句削除文の分析として，既出情報を解釈するために音声を伴わない既出部分の構造をコピーする方法と（LF コピー分析），省略の無い完全な文を派生して，既出部分を削除する方法（PF 削除分析）の二つが考えられます．動詞句削除文が LF コピーであれば，音声を伴わずより経済的な操作であり，その初出が早いと予測されます．しかし，根本 (2015) によれば，動詞句削除文が発現する前に音声を伴う代名詞が使えるようになり，その後主語と動詞の一致を示す助動詞の do が用いられるようになることが観察されます．動詞句削除文は複雑な構造を伴いコストのかかる操作であることが仮定され，故に LF コピーによる派生ではなく，PF 削除による派生をしているのではないかと考えられます．

参考文献
Chomsky, Noam (1995) *The Minimalist Program.* MIT Press.
根本貴行 (2015)「文法の発達過程における削除現象」江頭浩樹他（編）『より良き代案を絶えず求めて』279-287. 開拓社．
原田かづ子 (2003)「言語獲得——生成文法の立場から」*Viva Origino* 31 (2), 86-97. 生命の起源および進化学会．

（東京家政大学）

「私たちは左半球で話している」のか？
――意図的な発話と偶発的な発話――

毛束　真知子

● **重度失語の患者さんの発話**

　大気が凛と張りつめ，真っ白な富士山がひときわ美しく輝いている冬の日でした。
　「あの隣の山はなんていうの？」
　「ああ，あれですか。あれは…」
　患者さんの突然の質問に驚きつつも，私は深い感動のなかでその言葉を聴いていました。なぜならその言葉は，話せるはずがない患者さんの口から発せられたものだったからです。
　Sさんは要職を務めあげ，悠々自適の生活を送っていたときに脳梗塞を発症し，右半身の麻痺と重度な失語のためにリハビリ入院を余儀なくされていた70代の男性でした。言語の理解面も表出面も重度で，一言も意味をなす発話はできず，文字や数詞の写字さえ困難でした。当時言語訓練を担当していた私は，Sさんの表情やちょっとした仕草からかろうじて意思疎通を図っていました。そのSさんが富士山の隣にみえる小さな山の名前を私に尋ねてきたのです。しかも，かつてのような自然な淀みない発話で。それは，入院期間中に私が聞くことができたSさんの唯一の発話でした。

● **「我々は左半球で話している」**

　「我々は左半球で話している（"On parle avec l'hémisphere gauche"）」と語ったのはフランスの外科医ブローカ（Pierre Paul Broca, 1824-1880）です。ブローカは，左前頭葉の損傷で発話が困難になった症例を提示し，発話に重要な領域が左前頭葉にあるという学説を1861年に発表しました。この領域（左下前頭回弁蓋部および三角部）は，今日"運動性言語中枢"あるいは"ブローカ野"として知られています。ブローカの発見から十数年遅れて，もう一つの重要な言語中枢がドイツの精神科医ウェルニッケ（Carl Wernicke, 1848-1905）によって発見されています。ウェルニッケが話し言葉の理解に中心的な役割を果たしていると考えた左側頭葉のこの領域（左上側

頭回の後部二分の一から三分の一）は，"感覚性言語中枢"あるいは"ウェルニッケ野"と呼ばれるようになりました。ウェルニッケが唱えたのは次のような学説でした。左側頭葉には話し言葉の音響心像が蓄えられており，一方で左前頭葉にはその音響心像を語音に変換する運動心像がある，前者が感覚性言語中枢，後者が運動性言語中枢にあたり，これらは心的反射弓を作って一体となって機能しているというのです。この説は，同時代の神経科医リヒトハイムによって更なる深化がはかられ，「古典論」という失語学の中核的な概念として今日に至っています。

　このような言語中枢が同定された19世紀には，さらに大きな学問の進展がありました。それまでは，脳の様々な領域が固有の働きをしていると考えられてはいても，左半球と右半球に本質的な違いはなく，片方はもう片方のスペアであるとしか認識されていませんでした。19世紀の半ば過ぎに，ブローカやダックスによって言語機能が左半球に偏在しているという事実が見出され，脳の機能には半球優位性があるという新しい概念が提唱されたのです。以来，言語機能を司る半球（通常は左半球）は"優位半球"，もう片方の半球は"劣位半球"というあまり芳しくない名称で呼ばれるようになりました。"沈黙の半球"とさえ表現された右半球はその存在意義を問われることもなく，その後の一世紀あまり，言語の神経メカニズムを探求する研究者の意識と関心は，ひたすら"優位半球"に向けられることになったのです。

　今日，ブローカ野とウェルニッケ野が位置する左のシルビウス裂周辺領域は話し言葉の音韻的な処理を担っており，その周りを取り囲む連合野が単語の意味の貯蔵庫になっていることが次第に明らかにされつつあります。話し言葉の音韻，文法，意味は言語知識として左半球に蓄えられ，それらの言語の神経ネットワークが損なわれた時に「失語」という病態が引き起こされるわけです。

　Sさんも左半球に広範な損傷を受けて，このような言語の神経ネットワークが正常に働けなくなり，重度な失語が引き起こされました。そんなSさんの口からなぜあのような言葉が生みだされたのでしょうか。

● **言語の階層性**

　ブローカの業績が高く評価され，左半球の機能に脚光が当たっている時代にあって，そのような立場には立たず，右半球に積極的な役割を求めた研究

者もいました。イギリスの神経科医ジャクソン (John Hughlings Jackson, 1835-1911) です。彼は，ブローカの功績を認めつつも，失語症状に対して全く異なる解釈をしていました。

　ジャクソンが着眼したのは，失語ではしばしば発話が多様に障害されるという事実です。あるものは正しい単語の代わりに異なる単語を言い誤りやすくなり（錯語），あるものは同じ言葉しか反復できなくなり（再帰性発話），またあるものは感情に伴う発話（情動言語）くらいしか表出できなくなります。ブローカに運動性言語中枢の存在を確信させた有名な失語症例ルボルニュの発話の障害も重度で，ブローカは次のように論文に記載しています。「どんな質問に対しても答は常にタンタンであり，これに極めて変化のある身振りを混えて，彼の考えていることはほとんど表現できた」。しかしルボルニュは，激したときには「ちくしょう (Sacré nom de Dieu)」のようなのしり言葉も発することができました。このような発話の乖離は，言語に階層性があるためだとジャクソンは解釈しました。ジャクソンは，意識的に陳述する能力を「知的言語」(intellectual language)，自動的に生起し，感情を表出する能力を「情動言語」(emotional language) と区別し，言語理解においても言語表出においても，まず自動的な言語過程が引き起こされ，その後に意識的な言語過程が生じると唱えました。そしてこの意識的・意図的な言語過程は優位半球で，無意識的・自動的な言語過程は劣位半球によって営まれていると考えたのです。

　ジャクソンの主張は，当時主流をなしていた学説とは大きく異なる上に，独特の概念や用語が用いられているため，その見解が同時代に受け入れられることはありませんでした。しかし，その独自な視点は後世に大きな影響を与えています。

● **右半球は "劣位" ではない**

　二十世紀の中頃になると，薬ではコントロールが難しい重度な癲癇をもつ患者を治療するために，左右の半球を繋いでいる脳梁を切断する外科手術が行われるようになりました。この交連切断術の目的は，両半球を分離することでてんかんの異常波がもう一方に伝わらないようにすることでしたが，このような分離脳は右半球の機能を研究する恰好の機会ともなりました。分離脳の検討に始まり，タキストスコープを用いた側性化研究や右半球損傷例の

検討，脳の賦活研究などから，右半球に関する膨大な知見が積み上げられ，右半球は沈黙しているわけでも"劣位"でもないことが認識されるようになったのです。

　右半球でも単語の意味理解や読解は可能で，今日では右半球も右半球なりの言語処理能力を持っていることが判っています。加えて，右半球がコミュニケーションで極めて重要な役割を果たしていることも明らかになりました。右半球は同時的，総合的に処理する特性を持ち，視空間機能に優位性を持っていますが，機能が損なわれると言語面ではプロソディの障害，ある種の意味処理の障害，談話の障害などが生じます。プロソディで表現された感情的な意味を理解できなくなったり，プロソディを伴った発話を表出できなくなったり，比喩的あるいは隠喩的な意味を理解できなくなり，相手とキャッチボールをするようなコミュニケーションが困難になるのです。右半球損傷者は，自分の話したいことを一方的に話し，相槌を打つこともなく唐突に会話を終わらせ，脈絡なく別のテーマを持ち出して，会話で相手を一切必要としていないかのようです。右半球損傷者は，相手の言ったことを正しく理解することができ，思うように話すことができるのに，言語使用に重大な影響を蒙(こうむ)るのです。

● **右半球の言葉？**
　その後の研究によって，右半球が自動的で非命題的な発話の表出にも関与している可能性が示唆されています。命題的な発話が困難な失語患者でも「イタイ」といった叫び声や「そうなのよね」などの相槌は容易に表出でき，受話器を持てば「もしもし」と応じられるのは，失語の臨床ではしばしば経験することです。このような発話が右半球機能によるものだとするジャクソンの主張は抵抗があるものではありません。
　しかしSさんの発話（「あの隣の山はなんていうの？」）は，このような感情に伴う自動的，習慣的な発話とは異なる次元のものです。文章の形に具体化された思考が命題的な言語であるとしたら，この発話はまさしく命題言語です。これも右半球の働きによるものなのでしょうか。
　どのようなメカニズムでこの言葉が生みだされたのかはともかく，発語が決して単一な神経メカニズムで表出されているものではないことは確実です。Sさんから発せられた言葉も，もし彼が概念を単語に置き換え，文法を

駆使し，頭の中で文を組み立てようと意図したら——すなわち，左半球機能の分析的，継時的な言語操作を意識的に行おうとしたら——決して口から発せられることはなかったでしょう。窓からの眺めに感じ入り，湧き出た思念が思わず口をついて出たからこそ，その思いを私が受け止めることができたのです。

　このエピソードは，脳と言語機能との関係を考えさせられる貴重な経験として，いまだに私の中で生き生きと蘇ってきます。

参考文献

秋元波留夫・大橋博司・杉下守弘・鳥居方策（編）(1982)『神経心理学の源流　失語編上』創造出版.

Code, C. (1987) *Aphasia and the Right Hemisphere*. John Wiley and Sons Ltd.［福井圀彦・河内十郎（監訳）(1990)『言語と失語と右半球』中央洋書］

Myers, P. S. (1999) *Right Hemisphere Damage-Disorders of Communication and Cognition*. Delmar.［宮森孝史（監訳）(2007)『右半球損傷——認知とコミュニケーションの障害』協同医書出版］

山鳥重 (2014)『ジャクソンの神経心理学』医学書院.

(学習院大学非常勤)

Ⅲ. ことばの誕生と変化

ヒトはいつごろことばを持ったのだろうか

―言語の起源と進化をめぐって―

池内　正幸

● はじめに

　なぜヒトだけがそしてヒトならばみな，それが日本語であれ英語であれ，ことばを自在に操ることができるようになるのでしょうか。それは，ヒトだけにまたすべてのヒトに，「**ことばの素**」というべき特性が遺伝的に備わっているからだと考えられます。そのことばの素には何が含まれているのでしょうか。少なくとも，すべてのヒトのことばに共通する，そして，他の動物のことばには見られない「(無限の) 階層的まとまりとそれを創り出す仕組み」が含まれているとされています。そうすると，それが発現した時をもってヒトのことばの誕生・起源と考えることができます（以下，本章の記述は，主に池内 (2010, 2014) に拠っています）。

● ことばの素とその起源

　生物の進化史上われわれと 3 億年前に分岐した（歌を歌う）鳥や，もう少しわれわれに近い霊長類も，なんらかの音の単位をつなぎあわせて「ことば」を発します。が，かれらの「ことば」には，そのうちのある部分とある部分が他の部分より，より一層密接なまとまりを成しているというような抽象的な構造はないというのが知られています。ヒトのことばにはそれがあります。たとえば，(1) を観てみましょう。これは 2 通りにのみ曖昧です。

　　(1)　若い男と女

(i) 男だけが若いという意味と (ii) 男女ともに若いという意味になります。しかし，(iii) 女だけが若いという意味にはなりません。つまり，単語が左から右へ順番に並んでいるだけでなく，[[若い男] と [女]] というまとまり方 ((i) に対応) か，(ii) [若い [男と女]] というまとまり方 ((ii) に対応) になるということです。(iii) の意味にならないのは，この順番に並んでいる時，「若い」と「女」を [　] でひとまとめにすることはできないからです。左から右へ順に並んでいるだけであれば，なぜ「若い」が「女」だけに係る

ということはないのかを説明するのがとても難しくなります。実は，このことは，英語の (2) を始め，現在 6,000 から 7,000 あるといわれているヒトのことばすべてにあてはまるとされるヒトのことばの最も重要な基本的特徴で，他の動物のことばにはない性質なのです。

(2)　young men and women

とすると，ヒトのことばの誕生／起源というのは，この階層的まとまりとそれを生成する仕組み，すなわち，ことばの素が発現した時，と解釈できることになります。

さて，それでは，このことばの素は，人類進化史上，いつごろ発現したと考えられるでしょうか。まず，通例そう考えられているのですが，ことばは，われわれホモ・サピエンスが 20 万年前に地球上（北東アフリカ）に現れて以降に誕生したと想定します。とすると，すべての現存することばがこの共通のことばの素を持っているのですから，それはことばの起源の時点で既に存在した，と考えるのが最も簡潔な仮説ということになります。すなわち，少なくとも出アフリカ前のヒトのことばに既に存在した，と想定すべきであるということになります。

もし，そうでないとすると，すなわち，人類が世界各地に拡散した後それぞれの場所でことばがそれぞれ個々別々に発現したとすると，さまざまな地域で発現したことばが，なぜ，すべて，このことばの素を持っているのか，つまり，動物のことばと同じように左から右へ音の単位が順番に並んでいるだけでまとまりという性質を持っていないようなヒトのことばがなぜどの地域でも発現しなかったのか，を説明しなければならなくなります。しかし，それを証明・説明するのはほぼ不可能だと考えられます。

ということで，少なくともホモ・サピエンスの出アフリカ前には問題のことばの素が発現していたとします。とすると，出アフリカがいつであったかが分かれば，ことばの素がいつ誕生・発現したかも分かるということになります。

● 出アフリカはいつ？

これまでの伝統的な考え方では，ホモ・サピエンスの出アフリカは，5 万年から 8 万年前（せいぜい 10 万年前）とされてきました。ところが，最近

の考古学・古人類学，遺伝学などの成果はもっとずっと早い出アフリカの可能性を示唆しています。

　本章で紹介する最近の考古学・古人類学の成果・証拠は，(i) その地／地層で発掘された石器，道具類が，(北) 東アフリカのホモ・サピエンスが作成したものと極めて類似している。そして，それらが何万年前のものであるかが科学的に推定される。したがって，その地にその当時ホモ・サピエンスがいたと推測できる，あるいは，(ii) 何万年か前の地層で発掘された化石がホモ・サピエンスのものである。したがって，その当時そこにホモ・サピエンスがいたはずだ，という型のものです。

　1つ目の成果は，現在のアラブ首長国連邦のジャベル・フェイ (Jebel Faya) で発掘された石器類が，北東アフリカの後期中期石器時代のものに似ているというものです。それらは 12.5 万年前のもので，故に，この地に 12.5 万年前にホモ・サピエンスがいたという証拠となるという報告です。2番目の最近の発見は，中東のオマーンです。そこのヌビア複合体 (Nubian Complex) と呼ばれる技術複合体遺跡の石器類が，北東アフリカの中期石器時代の技法であるルヴァロワ (Levallois) 技法を示すもので，それらが 10 万年前のものであると推定されています。3番目は，中国南東部の智人洞 (Zhirendong) で発見されたホモ・サピエンスの2本の臼歯と3つの下顎骨が，10 万年～11 万年前のものであるという調査結果です。4番目は，中国四川省の黄龍 (Huanglong) 洞窟で発掘された人類の7つの歯についての調査報告です。それらを含む地層をウラン年代測定法で調べたところ，8万1千年～10万1千年前のホモ・サピエンスのものであることが分かったということです。そして，5番目は，最も新しい発見で，中国南部湖南省の Fuyan 洞で発掘された 47 個の人類の歯です。これらは，8万年～12万年前のもので，これこそ間違いなく現生ホモ・サピエンスのものであるということが強調されている発見です。

　以上のような最近・最新の考古学的・古人類学的証拠からは，ホモ・サピエンスの出アフリカは，5万年～8万年前ということはなく，少なくとも約 13 万年前であると推定するのが妥当だと思われます。

　次は遺伝学的証拠です。これは，いわゆる分子時計によるもので，議論の骨子は次の通りです。遺伝子 (DNA) の突然変異は時間とともに集積していきます。したがって，概略，遺伝子の突然変異が起きた箇所の数に，突然

変異率による突然変異が起きる周期を掛け合わせると，例えば，人種間の隔たりとか，いつごろ分かれたかとか，ここでは，いつごろアフリカを後にしたか，ということが分かる，というものです。

さて，これまでの突然変異率は，ヒトと霊長類の間の突然変異的相違によって化石記録を基に算出されており，それはかなり高い / 速いものであるとされていました。それによって計算すると，出アフリカの時期はせいぜい 7 万年前であり，それより前ということはありえないということになっていました。ところが，最近，ヒトの遺伝子突然変異率に関する新説が提唱されました。それは，両親とその子供の間で起こる突然変異の数を数え，それがどのくらいの頻度 / 確率で起こっているかを算出するものなのですが，それによると，突然変異というのは今まで想定されていたよりゆっくり起こっているというのです。この新突然変異率に基づいて計算すると，出アフリカの時期は，9 万年〜13 万年前と算出されます。これは，大変興味深いことに，上述の考古学的・古人類学的証拠から推定した出アフリカ時期にほぼ一致するものです。

さらに，最近の古地質学・古気象学によると，13 万年前ころはちょうど湿潤期にあたっており，また，アラビア半島のオマーン北部には，「サイワン古代湖」と称される湖があったという報告があります。これらは，淡水が利用でき，居住可能な環境があったということを示唆しており，このころにヒトが南ルートを通って出アフリカすることが可能であったということの傍証になります。

● ヒトのことばの起源

以上をまとめると次のようなシナリオが浮かび上がります。

北東アフリカのホモ・サピエンス（の一人）に 13 万年〜15 万年前に遺伝子の突然変異によりことばの素が発現した。自然選択によってその集団の一部にその遺伝子が広まった（この時点では必ずしも全員にでなくてよい）ところで，それを持った，すなわちことばの素を持った少人数のホモ・サピエンスをリーダーとする一団が 13 万年前ころに，紅海の嘆きの門（Bab al Mandab）を通ってアラビア半島に達する南ルートでアラビア半島（オマーン，ジャベル・フェイ）に渡り，さらに中国まで到達する。それぞれの地でそれぞれの集団の中でこの言語遺伝子が広まり，結果としてヒトのことばが

定着した。その後アジアへ6万年前に行った集団は最初からそのほとんどのメンバーがなんらかのことば（とことばの素）を持っていただろう。5万年前には、すべてのメンバーがことば（の素）を持った集団がナイル峡谷を通る北ルートで出アフリカする。そして、先住言語ホモ・サピエンスとは、共存・交配したと考える。このようにして言語ホモ・サピエンスが世界へ展開していった。ある程度まとまった数の人口を持つ集団にことばが広まったところで、文化、行動、道具等の変化・進化があった。

したがって、この考え方は、ヒトの文化は少しずつ段階を経てゆっくり進化したとする漸進的な文化進化説を支持し、一方、5万年前頃に文化的・行動的「大躍進（Great Leap Forward）」があったとする考え方とは相容れないところがあります。後者の考え方では、ことばが発現したのが出アフリカの頃の5万年前くらいで、それが重要な引き金となって文化、行動の一大変化が突如起きた、とされています。

● おわりに

しかし、何といっても話は15万年〜20万年前という大昔の話です。また、そもそもことばは、骨や歯などと違って、化石として残るわけではありません。ここが本章で紹介した進化言語学研究という分野の最も難しい、挑戦的な部分です。とはいえ、ことはヒトの「ことば」の起源ですので、ヒトのことばとは何か、つまり、ことばの素には何が含まれるのか、そして、さらにはその後の言語変化の過程の記述とその原理などがさらに明確にされる必要があります。その意味で、現代言語学の役割は大きいと言えます。そして、真の意味での学際的研究がなされる必要があります。しかし、われわれがどのようにして、いつことばを持ち、真の人間になったのかが本当に分かるのは、まだまだ先のことになると思われます。

参考文献
池内正幸（2010）『ひとのことばの起源と進化』開拓社.
池内正幸（2014）「FLNとFLBの創発に関する覚え書き——ミニマリスト・プログラムに拠るアプローチ」藤田耕司・福井直樹・遊佐典昭・池内正幸（編）『言語の設計・発達・進化——生物言語学探求』214-238. 開拓社.

（名古屋外国語大学）

「併合」と言語進化

藤田　耕司

● 言語失陥の考察から分かること

　文法は私たちの言語活動を可能にしている重要な知識体系ですが，この文法は私たち1人ひとりの頭の中，もっと言えば複雑な脳神経回路の中で実現されています。この回路のどこかがトラブルに見舞われると，その部位や程度に応じたさまざまな言語失陥の症状が現れてきます。言語は全体として脳の特定の部位で集中的に処理されているのではなく，たくさんの部位が連絡し合い協力し合うことで可能になるものですが，発語や文法との関係でいえば前頭葉にあるブローカ野と呼ばれる領野が大きく関わっています。

　ブローカ失語症はこの領野に病変が起きた患者さんのいろいろな症状を指しますが，興味深い症例として，(1)のような能動文は正しく理解できるのに，(2)のような受動文や(3)のような「かきまぜ文」の理解は困難になるというケースがあります。(2)や(3)を，本来の意味とは逆に，イヌがネコを追いかけたかのように解釈する患者さんが少なくありません。

(1)　The cat chased the dog.
(2)　The dog was chased ＿＿＿ by the cat.
(3)　イヌをネコが ＿＿＿ 追いかけた。

　この現象について，かつては(1)と違って(2)や(3)には「**移動**」が関与しているので，それだけ理解が難しくなるのだという説明が提案されたこともありました。(2)の the dog や(3)の「イヌ」は，それぞれ下線で示される本来の目的語の位置から文頭に移動したというわけです。しかしその後，(専門的な議論は省きますが) 実は(1)の the cat についても同様の移動が起きていること，また，移動は何ら特別な操作ではなく，文を作るために最低限必要となる「**併合**」と呼ばれる組み合わせ操作の一例に過ぎないことが明らかになり，このような説明が成り立たなくなってしまいました。

　代わって出てきた説明は，これらの患者さんは階層構造の処理が困難なため，応急措置的に「主語(行為者)が目的語(被行為者)より前に来る」とい

う単純な語順の規則にあてはめてこれらの文を理解している，というものです。確かにこの説明の仕方のほうが，よりシンプルに (1)-(3) の事実を捉えることができます。

さらにこの説明なら，語順の異なる言語において，同じブローカ失語でも違うふるまいが生じるという事実にも対処できます。(4a, b) は英語の関係代名詞節を含む文で，両方とも移動がかかっていますが，ブローカ失語では (4b) だけが理解が困難になります。

(4) a. The cat that ___ chased the dog was very big.
　　 b. The dog that the cat chased ___ was very small.

ところが中国語では，逆に (4a) に相当する文のほうが理解が困難になります。これは，中国語では日本語と同じく，関係代名詞節は先行詞の前に来るため，主語と目的語の順序が英語の場合と逆転するためだと考えられます。英語の (4a) では主語 the cat が目的語 the dog より前に来ますが，日本語や中国語では逆になりますし（イヌを追いかけたネコ，のように），(4b) についても，英語では目的語 the dog が前に来るのに，日本語や中国語はその逆です（ネコが追いかけたイヌ，のように）。

● **2つの脳内文法**

上で見たような語順に基づく**線形文法**は，人間だけではなく他の動物（チンパンジーやイルカ等）も持つことがさまざまな実験によって分かっています。ところが，人間の言語は，この線形文法だけではなく，階層構造に基づく**階層文法**も備えており，生物学的に見て，これが人間言語の最大の特徴ともなっています（**構造依存性**）。例えば次の例を見て下さい。

(5) a. 太郎がまた花子が泣いたと言った。
　　 b. John said Mary cried again.

「また」や again が主節にかかるのか，それとも従属節にかかるのかによって，2通りの異なる解釈が出ることが分かると思います。(6) でも，文頭の when は主節要素・従属節要素の2通りの解釈が可能ですね。

(6) When did John say Mary cried?

語順は同じなのに複数の異なる階層構造があり得て，それによって意味も変わるということを私たちは正しく理解できますが，他の動物でこのような能力が発見されたという例はこれまでありません。

この観察は，人間言語が最初，どのようにして発生したのかという**言語の起源・進化**を探る上でも重要な手掛かりとなります。つまり，元々は他の動物も持っているような線形文法だけがあり，それに階層文法を追加するような大きな出来事が人類進化の過程で起きたということになるのです。ちなみに，線形文法は私たちの日常的な言語使用においてもたびたび顔を出します。例えば，否定の意味を強めるために，I will *never never* do this again. と never を繰り返すのは，線形文法に従っているわけです。もし階層文法であれば，[never [never do this again]] となって，1つ目の never は2つ目の never を打ち消し，全体として肯定文になってしまいますね。反復によって意味を強めるというのは，例えばトリの求愛の歌（さえずり）でも観察される特徴です。

● 原型言語から人間言語へ

普通，進化は何もないところからいきなり新しいものを生むということはなく，すでにあるものを修繕したり，別のものと組み合わせたりして新しいものを作り出します。言語進化も同様だと考えて，私たちの人間言語が出現する前，遠い祖先たちがすでに原始的な「**原型言語**（protolanguage）」を持っていたと考える研究者が多くいます。さまざまな考古学的・人類学的証拠に基づいて，原型言語はおよそ180万年前以降のホモ・エレクトスの系統のどこかで生じ，人間言語はおよそ20万年前以降のホモ・サピエンス（私たちの直系の先祖）の系統のどこか，おそらくは6～8万年前頃に生じたとする説が有力です。ではこの原型言語はどのようなものだったかというと，それが上で見た線形文法だけを備えた能力だったのでは，というのが注目される考え方です。線形文法は他の動物にもあり，また最初に述べた失語症や，さらに私たちがジェスチャーだけで出来事を伝えたい時にも現れてくることから，**進化の痕跡**として私たちの脳の中にも残っていると考えられます。

では，なぜホモ・サピエンスは線形文法から階層文法へと飛躍することができたのでしょうか。言語の階層構造を生み出しているのは，先にも触れた「併合」と呼ばれる簡単な組み合わせ操作です。例えば，John saw the boy.

という文は,(ごく単純化して言うと)まず the と boy を併合し,こうやってできた {the, boy} と saw を次に併合し,というようにして,ステップ・バイ・ステップ方式で (7) のように組み立てられるわけです。

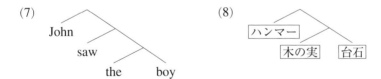

このように併合を繰り返し適用することで,世界中のどの言語のどんなに複雑な構造も作ることができます。すると,この併合の能力が出現したことで,階層文法が生まれ,原型言語から人間言語へと推移したという進化の道筋が見えてきますね。

ではこの併合自体は最初,どのようにして生まれたのでしょうか。併合は人間固有ですが,元々は他の動物にもあるような先行能力(**前駆体**)から進化したと考えるのが進化学的には自然です。その先行能力の候補として考えられるものの1つに,道具使用等に見られる物体の階層的組み合わせ能力があります。例えば堅い木の実を割るのに,チンパンジーはまず台石を置き,そこに木の実を乗せ,それをハンマー代わりの石で叩くという行動を取りますが,ここにはすでに (8) に示されるようにモノを階層的に組み合わせる能力が現れています。このような具象物の組み合わせ操作(**行動文法**)が,人間においては抽象的な記号の組み合わせ操作に拡張し,それが併合につながったと私は考えています(**運動制御起源仮説**)。これまでも,言語と道具使用の間には,さまざまな進化的・発達的関係が指摘されてきましたが,ここでは,言語全体ではなく併合と道具使用を結びつけている点が重要で,それだけ具体的で検証しやすい仮説だということになります。

● **文と単語と併合**

ところで,ここまで,併合は単語を組み合わせて文を作るというような言い方をしてきましたが,ではこの単語はどこから生じたかが問題になりますね。組み合わせ能力だけがあっても,組み合わせる対象がなければ何も作れませんから。ところが実は,単語もまた併合で作られているという可能性が高いのです。次の (9a, b) を先ほどの (5a, b) と比べて下さい。

(9) a. 太郎がまたドアを開けた。
　　b. John opened the door again.

よく注意してもらうと，ここでも「また」や again に2通りの解釈があることが分かると思います。太郎自身が2回ドアを開けたのか，太郎は1回しか開けていないけれどドアは2回開いたのか（開いていたドアを誰かが閉めたので太郎がまた開けた，等）というあいまい性です。ところが，ここでは(5)とは違って，主節か従属節かというはっきりした構造上の区別が見当たりません。ではこのあいまい性はどこから生じるのでしょうか。

実は「開ける」や open という動詞自体が，従属節のような埋め込み構造をその内部に含んでいるのです。これらは使役の意味を持つ他動詞ですが，一般に使役は，原因の部分と結果の部分の2つの出来事からなる複合的な出来事を表します。これは例えば(10)のように表記することができます。

(10)　[John CAUSE [the door OPEN]]

CAUSE や OPEN は実際の単語ではなく抽象的な概念を表します。この2つが併合されると CAUSE-OPEN という複合的な概念ができますが，これを日本語や英語は，「開く」とか open とかいった単語として実現しているわけです。すると問題のあいまい性は，「また」や again が CAUSE の部分にかかるのか，OPEN の部分にかかるのかという違いに起因することが分かります。

このようにして，単語も文もすべて併合が作るものだということが次第に明らかになってきました。人間言語やその起源・進化を理解する上で，この併合という仕組みがたいへん重要だということが分かりますね。言語やそれに基づく人間の知的活動は非常に複雑なものですが，その根本となるメカニズムは実にシンプルなものだというのも，面白い発見ではないでしょうか。

参考文献
萩原裕子（1998）『脳にいどむ言語学』岩波書店.
藤田耕司（2012）「統語演算能力と言語能力の進化」藤田耕司・岡ノ谷一夫（編）『進化言語学の構築――新しい人間科学を目指して』53-73. ひつじ書房.

（京都大学）

言語の古い形が残っているのは中心の地あるいは周辺の地?

野村　忠央

● **言語変化の傾向**

　筆者は大学受験生の頃，言語変化についての興味深い英語長文に出会ったことを覚えています。Paul Roberts, "Speech Communities" からの一節で，要旨は以下でした：(i) 全ての住民が同じ言語を話し，他の言語を決して聞くことがない 1,000 人の村があったとして，何十年経過した世代には必ず言語変化が起きている。(ii) その言語変化は決して元には戻らず，元の住民と 500 年経った村の住民とが仮に話ができるとしたら，恐らく話が通じないことに気付く。(iii) また，村人の半数が移動して，お互い接触がない新しい村を形成した場合，両方の村はそれぞれ独自の発音や表現の変化を遂げ，元々の言語でも理解できなくなるし，変化したお互いの 2 つの村の言語同士でも理解できなくなる。(iv) 興味深いことに，言語変化の速度は同じではなく，古い村の言語の方が新しい村の言語より速く変化する。

　本章では，特に印象深い (iv) の点，つまり古い言語の形が，一般の予測に反し，中心の地（＝古い村）よりも周辺（辺境）の地（＝新しい村）に残りやすいという点について，日英語を中心に論じていきたいと思います。

● **古い形が残っている日本語の例**

　近代言語学の端緒たる**比較歴史言語学**では言語変化の仮説の一つとして「**波紋説**」が提案されました。この仮説は 1872 年に歴史言語学の「系統樹説」や青年文法学派の「音韻法則に例外なし」という説の反論として Johannes Schmidt によって提案されたものですが，言語に新たな変化が生まれる場合，石が水面に落とされた時にできる波紋のように，中心地から徐々に同心円状に広がり，異なる言語として収束するという趣旨の仮説でした。

　波紋説は周辺に行くに従い言語が変化し，古い形が失われるという趣旨の仮説で，頷きやすい考えだと思います。しかし，本章では，この波紋説とよく似た趣旨ながら，逆に周辺の地に残る古い形から中心地に向かって順次，言語変化が起こったという趣旨の仮説に注目します。すなわち，『遠野物語』

などで著名な民俗学者**柳田國男**（1875-1962）によって提唱された「**方言周圏論**」です。柳田は『蝸牛考』（柳田（1930））という著作において，日本全国のカタツムリ（蝸牛）の名称を調べたところ，カタツムリの方言（名称）が京都を中心とした同心円状に分布しているという事実を発見し，更に，この事実を一般化して，方言は京都で使われていた語形が地方に向かって同心円状に伝播していった結果として形成されたものではないかと主張しました。

柳田の「方言周圏論」には当然，賛否がありますが，言語変化にそのような傾向があることは否定できない事実のように思われます。ここでは，紙幅の関係から，筆者に興味深いと思われる日本語の例を 2 つだけ挙げておきたいと思います。第 1 に，筆者は北海道出身なのですが，自分に残っている方言として，以下の例のような「（だ）べさ」という推量形があります。

(1) a.　あんた，そんな話ない<u>べさ</u>。（＝あなた，そんな話はないだろう）
　　b.　そうだ<u>べさ</u>。（＝そうだろう）

興味深いことは，東北や関東の各地にも「だ（ん）べ」「べ」「だっぺ」などの方言が存在し，同様の用法を有していることです。これらの用法は田舎の方言というニュアンスがあると思いますが，起源を辿ると，古典の正統な推量の助動詞「べし」に行き着くと考えられます。重要な点は 2 点です：(i)「べし」は現代標準語では廃れてしまったが，(ii) 古典の時代にはれっきとした標準語だった（(2) の『土佐日記』の例参照），ということです。

(2)　この人々の深きこころざしは，この海にも劣らざる<u>べし</u>。（＝この人々の深い志は，この海（の深さ）にもきっと劣らないだろう。）

つまり標準語ではなく方言に推量の「べし」が残っているということです。（なお，本章ではわかりやすさのために**標準語**や**方言**という用語を用いますが，言語学では社会的な価値観を含まない**変種**という用語を用います。）

第 2 の例として，江戸時代の国学者**本居宣長**（1730-1801）の随筆集『玉勝間』巻七「ゐなかにいにしへの雅言ののこれる事」からの例を挙げておきます。要旨は，宣長が肥後の国（熊本）の人が来て話しているのを聞いたところ，今の（＝江戸時代後期の）人が「見える」「聞こえる」などと言うところを「見ゆる」「聞こゆる」などと言うということで，これは今の世には絶えて聞くことのない，雅な言葉遣いであるが，その国（＝肥後）ではみんな

がそう言うのかと尋ねると，根っからの無教養な田舎者はみな，「見ゆる」「聞こゆる」「冴ゆる」「絶ゆる」などのように言うが，少し教養のあるような者は，多くは「見える」「聞こえる」のように言うと語った，という話です。

さて，国語史の重要な流れとして**「係り結びの消失」**と**「終止形・連体形合一化」**が挙げられます。例えば，古典のサ変「す」は現代では「する」である訳ですが，それは古典語の連体形「する」が終止形「す」と合一したことに由来するということです。この合一化と連動して，通常の終止形「彼，勉強す」と係り結びの連体形「彼ぞ勉強する」の区別が消失したと言われています。（2つの因果関係が逆だという説も存在します。なお，余談ながら，本章との関連で重要なことですが，現代日本語（中心の地）では係り結びが消失しましたが，沖縄方言（周辺の地）では係り結びが残存しています。）

ここで『玉勝間』の例に戻ると，下記に示すが如く，現代語（＝江戸時代後期）の「見える」は古典語の連体形「見ゆる」に由来している訳ですが，肥後の人々は古形そのものの「見ゆる」を使用していたということになります。

(3) a.　古典語「見ゆ」（上二段）の活用　え　え　ゆ　ゆる　ゆれ　えよ
　　 b.　現代語「見える」（上一段）の活用　え　え　える　える　えれ　えよ
(4)　見ゆ（古典語の終止形）→見ゆる（終止形・連体形の合一化）→見える（現代語の終止形）

やはりこの例でも，中心の地では廃れた古形が周辺地域に残存しており，その周辺地域の人間もそれを方言だと感じているという点が重要です。

● **古い形が残っている英語の例**

さて，序で紹介した長文の後で「例えば，アメリカ英語は新大陸の要求に晒された激しい力，苦悩，混乱にかかわらず，恐らくは，ロンドン英語よりもシェイクスピアの言語に本質的に近いのである」という記述があります。

本節では最後に，そのようなアメリカ英語（以下，米語）の例を3つ紹介したいと思います。第1に，**米語の発音**についてです。みなさんは，bird, burn, learnなどの母音の後の**「巻き舌のr」**が米語の典型的な特徴で，イギリス英語（以下，英語）にはそれがないので，米語になって「巻き舌のr」が生まれたように思うかもしれません。しかし，事実は逆で，英語でも **William Shakespeare** (1564-1616) **の時代**は綴り通り，あるいは同じゲルマ

ン語派のドイツ語同様，r は発音されていました。その r を保った発音が17 世紀後半にアメリカ中部大西洋沿岸地方に流入し，それがアメリカ全土に広まったものが，現在の**一般アメリカ語**（General American; GA）の発音となりました。なお，英語の r の脱落は 17 世紀にイングランド南東部で始まり，19 世紀にほぼ完了した訳ですが，それが現在のイギリス標準英語の**容認発音**（Received Pronunciation; RP）となりました。そして，興味深いことに，このイングランド南東部の r 脱落発音はアメリカ大陸のニューイングランド地方や南部大西洋沿岸地方に伝わり，現在でもこれらの地方やニューヨーク市では，米語であるにもかかわらず，RP のような r 脱落発音が聞かれるのです。また，みなさんは，cat, hat, map では英米共に [æ] という発音がされますが，ask, bath, can't, example, laugh などの語では，米語では同じく [æ] と発音されるものの，英語では [a:] と発音されることをご存知だと思います。しかし，これらの単語も元々は全て /æ/ で発音されていたものが，17 世紀頃，(i) /f/, /s/, /θ/ の前，(ii) /m+C（子音）/, /n+C（子音）/ の前の環境で /a:/ で発音されるという変化が起き，最初は非標準的な発音とみなされていましたが，19 世紀に標準的な発音として定着しました。しかし，米語では古い発音がそのまま保持されたということです。

　第 2 に，**米語の語彙**についてです。（もちろん，米語が新たな語彙を多く生み出していることは当然です。しかし，）以下の例の組は全て最初が米語，後が英語ですが，全て米語で古い用法が残存しています（カッコ内の年号は初出年代です）：baggage（1430 年頃）= luggage（1596 年），sick（古英語期（=450-1100 年））= ill（1460 年），He is mad.（1325 年）= He is angry.（1385 年）。また，動詞の活用についても，get-got-gotten [got], strike-struck-stricken [struck], prove-proved-proven [proved] などについて，角カッコが英用法ですが，米用法でやはり古い形が残存しています。そして，興味深いことに，米語では本来の「手に入れる」という意味の get の過去分詞は gotten が用いられ，米口語では「所有している」の意味の場合は have got が用いられるという分化が起こりました。よって，以下の（5a, b）は意味が異なることになります。

(5) a.　He's just gotten a new passport.（手に入れた）
　　 b.　He's got a new passport.（持っている）

最後に第3として，**米語に残存した統語論（文法）**についてです。以下の(6)は学校文法や受験英語で頻出問題の一つだと思います。

(6)　命令，主張，要求，提案，勧告，決意などを表す動詞の目的語 that 節内では，英語では〈should＋動詞の原形〉が用いられるが（＝(7a)），米語では should が省略（削除）され〈動詞の原形〉が用いられる（＝(7b)）。

(7) a.　He demanded that the committee *should reconsider* its decision.
　　b.　He demanded that the committee *reconsider* its decision.

(7b) の構文は**仮定法現在**（**Subjunctive Present**）——特にこの構文のことは**命令的仮定法**（**Mandative Subjunctive**）——と呼ばれています。そして，これまでの議論から予測がつくと思いますが，歴史的には逆で，本来，英語でも (7b) の仮定法現在構文が存在していたが，それがアメリカ大陸に渡って残存し，米語では現在でも生産的に用いられているのに対し，英語では (7a) の「仮定法代用の should」が用いられるようになったというのが正しい見解だと思われます。その根拠を一つだけ挙げると，米語より古い (8a) のシェイクスピアの例や (8b) の**欽定英訳聖書**（1611 年）では，仮定法現在節において should ではなく仮定法現在形（＝原形）が用いられているのです。

(8) a.　I charge thee That thou *attend* me:（『あらし』）
　　b.　But I have prayed for thee, that thy faith *faile* not.（ルカ伝）

(6) が正しければ (8a, b) でも should が用いられているはずですが，事実はそうではありません（その他の根拠については Nomura (2006) 参照）。

　本章では，言語変化において古い形が周辺の地に残りやすいということを日英語の具体例を通して見てきました。読者のみなさんや筆者としては，更に「それはどうしてなのか？」を考えることが今後の課題だと思います。

参考文献
本居宣長，吉川幸次郎他校注（1978）『玉勝間』（日本思想大系 40）岩波書店．
Nomura, Tadao (2006) *ModalP and Subjunctive Present*. Hituzi Syobo.
柳田國男（1930）『蝸牛考』刀江書院．

（明海大学）

動詞 rain をめぐって
―非人称用法と人称用法の狭間で―　　　　　　　　保坂　道雄

● it の不思議

　天候を表す (1) のような文は，英語の初学者でも容易に理解できると思いますが，この主語の it が何を指すかと問われると，答えに窮しないでしょうか。

(1)　*It* rained heavily yesterday.

それも当然で，この it は指示する対象物を持たず，したがって，学校文法では，「天候の it」などと呼ばれています。では，(2a) の it は如何でしょうか。

(2) a.　*It* seems that John is here.
　　b. *That John is here seems.　　　(* は非文法的文を意味します)

これもまた，形式的には文の主語として機能していますが，後続する that 節を直接指しているわけではないことが，(2b) が非文法的であることから分かります。実は，(1) の rain や (2) の seem は元来**非人称動詞**（主語を必要としない動詞）であり，時代を遡ると，(3) に示すように，共に主語無しの構文で使われていました。

(3) a.　He læt　　*rinan* ofer þa　rihtwisan and ofer þa　unrihtwisan.
　　　　he　lets (it) rain　over the right　　and over the unright
　　　　　　　　　　　　　　　　　　　　　　　　　　　　　(11 世紀頃)
　　　　（彼は正しい者の上にも正しくない者の上にも雨を降らせる）
　　b.　and her　　　*seemed* that it was sweet in tast　　(16 世紀頃)
　　　　and to her (it) seemed　that it was sweet in taste.
　　　　（彼女にはそれが甘味なものと思えた）

しかしながら，こうした非人称動詞と共起する it にもその用法に違いがあることが，(4) の文法性の差からわかります。

(4) a. *It* tried to rain but the sun came out!
　　b. *It tried to seem that Mary jogged.

(4a) では it が不定詞の主語として解釈できますが，(4b) ではできません。こうした現象に対して，著名な言語学者であるチョムスキー (Noam Chomsky) は，前者の it を**疑似項** (quasi-argument)，後者の it を**非項** (non-argument) と区別し，前者には何らかの意味役割が付与されていたと推測しています。なお，項とは動詞により意味的に必要とされる名詞を指し，(5a) の場合，John や Mary は動詞 love によって意味的に必須の名詞であり，(5b) や (5c) のように，こうした項が欠けると非文法的となります。

(5) a. John loves Mary.
　　b. *Loves Mary.
　　c. *John loves.

本章では，rain のような天候を表す動詞が，なぜ疑似項を主語とするかについて，英語の歴史的変化の視座に立って，考えてみたいと思います。

● **形式語 it の発達**

さて，英語は，その歴史的変化の過程で，名詞の格変化を失い（たとえば，the man は主語でも目的語でも形が変わりません），語順により文法的な役割を同定するという**文法化** (Grammaticalization) の道を進んできました（詳細は保坂 (2014) を参照）。その1つの反映が，主語の義務化であり，形式語の it が発達してきた理由の1つと考えられます。

たとえば，古英語では，(6) のように，主語のない構文がしばしば用いられていましたが，現代英語ではいずれも，(7) のように主語が必要です。

(6) a.　me　　ðyncð betre.
　　　　to me seems better
　　　　(私にはより好ましいと思える)
　　b.　Me　 hingrode.
　　　　to me hungered
　　　　(私はお腹がすいていた)

(7) a.　*It* seems better to me.

b. *I* was hungry.

著名な古英語研究者であるミッチェル (Bruce Mitchell) は，古英語期，非人称動詞の多くは it を伴っていなかったが，天候の動詞に限っては it が主語として使われる場合が圧倒的に多かったと述べています。ではなぜ，主語が義務化する以前の古英語で，天候を表す動詞が it を必要としていたのでしょうか。

● 動詞 rain の多重性

　rain という動詞は，「雨が降る」という意味であることは当然と思われていますが，現代英語には，(8) のような表現もあります。

　(8) a. It *rained* invitations. (招待状が雨と注いだ)
　　 b. People on the roof *rained* confetti on the paraders.
　　　　(屋上の人々がパレードをしている人に紙吹雪を降らせた)

また，こうした使役的意味を持つ rain は，実際，(9) のように，古英語の時代から存在していました。

　(9) a. he rinde　ofer hig ...
　　　　 he rained over them ...
　　　　(彼は彼らの上に雨を降らせた)
　　 b. He *rinde* heom þane heofonlican mete to etanne.
　　　　 he rained them the　heaven's　 food to eat
　　　　(彼は彼らに食べられるようにと天上の食べ物を降らせた)

こうした例をもとに，時折 it = God ((9) の he は何れも神を指します) という説も聞かれますが，それでは，(3a) のような主語のない rain を説明することはできません。つまり，古英語期から，2 種類の動詞 rain (如何なる項も必要としない動詞と動作主や受動者の項を必要とする動詞) があったと考えられます。すなわち，古英語の rain には非人称動詞と人称動詞の 2 つがあったというわけです。こうした動詞の多重性は一見奇異に思えるかもしれませんが，現代英語の動詞にもしばしば見られる現象です。

● **英語の自他交替現象**

たとえば，(10)，(11) のように，同じ動詞が自動詞にも他動詞にも用いられる例は頻繁に観察されます。

(10) a. The door *opened*.
　　b. He *opened* the door.
(11) a. The glass *broke* into pieces.
　　b. He *broke* the glass yesterday.

実は，こうした動詞には共通の性質が伺え，(10) の the door や (11) の the glass は，主語の位置にあるにしろ，目的語の位置にあるにしろ，いずれも主題（theme）であり，b の他動詞構文の主語 he は動作主（agent）となります。これらの動詞を専門的には**能格動詞**と呼びますが，重要な点は，名詞を 1 つ必要とする 1 項動詞から 2 つ必要とする 2 項動詞に変化しているということです。歴史的には，こうした自他交替が生じる際には，特別な接辞（現在は既に消失）が動詞に付加され，(12)，(13) に見られるような母音変異も生じました。

(12) a. The sun *rises* in the east.
　　b. She *raised* her hand.
(13) a. The snow was *falling* fast.
　　b. 33 million trees are *felled* each day.

なお，日本語では，現在も，「あく」対「あける」，「あがる」対「あげる」など，接辞を用いた自他交替現象が頻繁に見られます。

● **rain, ふたたび**

さて，動詞 rain に戻って考えると，項を持たないゼロ項動詞に動作主が加わると (9a) のように 1 項動詞になり，またそこに主題や受領者（recipient）が加わると (9b) のように 3 項動詞にもなるというわけです。*Oxford English Dictionary* (OED) によると，元来古英語の rain には 2 種類の音形 reʒnian と ri(ʒ)nan があり，使役的用法を持つ後者の方が使用頻度も高く，やがて 1 つの形態に収束したようです。こうした点を考慮すると，比較的早い段階で，it が項としての用法を確立していた可能性があり，(14) はそ

(14) a. On þam dæge þe   loð eode of   Sodoma *hyt rinde*   fyr and
       on the   day   that Lot went out of Sodom   it   rained fire and
       swefl   of   heofone, and ealle forspilde
       sulphur from heaven   and all   destroyed
       (ロトがソドムから出て行った日に天から火と硫黄が降ってきて，すべてを滅ぼした)

すなわち，hyt（= it）は意味を持たないにもかかわらず，動作主的に振る舞っており，こうした点が，it の疑似項としての解釈にも繋がると考えることができます。また，ラテン語の非人称動詞 pluo（= rain）を含む1節が，(15) のように，古英語の写本で3通り（主語無しの a, he を主語とする b, hit を主語とする c）に訳されているという興味深い事実もあります。

(15) a. *rineð* ofer þa synfullan   ȝrin   fyres swefles   réc
       rains over the sinful men's noose fire's sulphur's smoke
    b. *he rinð* ofer synfulle ȝryn fyres swelfðrosm
    c. *hit rinð* ofer þa synfullan gegrin fyres sweflenrec
       (罪人の首縄に業火の煙を降らす)   (Ogura 1986: 43)

つまり，古英語の時代，rain は，非人称動詞と人称動詞の狭間に存在し，そこに，疑似項の it も同時に共存していたと考えられるわけです。

参考文献

Chomsky, Noam (1981) *Lectures on Government and Binding*. Foris.
Ogura, Michiko (1986) *Old English 'Impersonal' Verb and Expressions*. Rosenkilde and Bagger.
保坂道雄 (2014)『文法化する英語』開拓社.
Mitchell, Bruce (1985) *Old English Syntax*. Oxford University Press.

(日本大学)

Amazing Grace の "Than when we first begun"

井出　光

Amazing grace! (how sweet the sound)
That sav'd a wretch like me!
I once was lost, but now am found;
Was blind, but now I see.　　　　　　　(Aitken (2007: 223))

この節で始まる Amazing Grace という讃美歌は，教会の中だけでなく幅広く一般に歌われている人気のある曲です。そしてその最後は

When we've been there ten thousand years,
Bright shining as the sun,
We've no less days to sing God's praise
Than when we first **begun**.　　　　　　(Excell (1910) no. 282)

という節で終わります。この begun に違和感を覚える方は多いのではないでしょうか。2行上の "Bright shining as the sun" と韻を踏むには begun の方がよいだろうということはわかっても，どうして began ではなく begun となっているのでしょうか。これは文法的に間違いなのではないのでしょうか。この部分が "Than when we'**d** first **begun**" となっている歌詞も多く見受けられるのは，過去分詞 begun を過去形として用いているのは間違いだという考えからなのかもしれません。またこの場合 "'d" は "had" の縮約形ですが，今度はこの過去完了形に違和感を覚える方もいらっしゃるのではないかと思います。そこで，どうして過去形の began ではなく "when we first **begun**" なのか，それは間違いではないのかを，歴史的に調べてみようと思います。

　Amazing Grace の歌詞は，イギリス人の John Newton が 1779 年に，William Cowper と共同で作詞した讃美歌を集めて出版した *Olney Hymns* に "Faith's Review and Expectation" というタイトルで出ています。しかしそこには，この "Than when we first **begun**" を含む節は見られません。

この讃美歌はイギリスではその後長い間あまり注目されることがなかったのですが,アメリカでは人気が出ました。1790 年に New York で初めて出版されて以来,*Olney Hymns* は版を重ね,伝道集会などでも歌われるようになりました。

1852 年に Harriet Beecher Stowe の *Uncle Tom's Cabin* が出版されます。その 38 章に Amazing Grace の 6 番,5 番の後に,John Newton の本にはない,Amazing Grace の歌詞としては全く新しい最終節が付け加えられます。それが上に引用した "Than when we first **begun**" を含む節です。これは Newton とは無関係であり,バージニアでしばしば歌われていた "Jerusalem, My Happy Home" という讃美歌の一節で,アフリカ系アメリカ人の礼拝で半世紀以上も前から歌われていました。

この歌詞は 1790 年にバージニアで出版された *A Collection of Sacred Ballads* に既に見られ,"Than when we first **begun**" と書かれています。

その後 1800 年に出版された *Divine hymns, or spiritual songs: for the use of religious assemblies, and private Christians* (A Collection, by Joshua Smith, and others. The seventh edition-revised.) の "Jerusalem, my happy home" で始まる Hymn 14 (The Heavenly Jerusalem) (https://archive.org/details/divinehymnsorspi1802smit) でも,また 1802 年の Joshua Smith, Samson Occum 他によって集められた *Divine hymns, or spiritual songs, for the use of religious assemblies and private Christians: ...* の "Jerusalem, my happy home" で始まる Hymn XIV (The Heavenly Jerusalem) (http://www.hymnary.org/hymn/DHSS1802/XIV) でも,この節の終わりは "Than when we first **begun**" となっています。

1910 年に Edwin Othello Excell によって *Coronation Hymns* という讃美歌集 (http://catalog.hathitrust.org/Record/100605492) が出版され,ベストセラーとなりました。その中で初めてこの節が Newton の最初の 3 節の後に載せられ,この組み合わせがその後の標準的な "Amazing Grace" の歌詞として受け入れられるようになりました。そして *Coronation Hymns* に出てくるこの部分も "Than when we first **begun**" となっています。

以上から Amazing Grace のこの begun は 18 世紀後半から 19 世紀前半頃の英語だろうと思われます。この時代に begun が,過去分詞ではなく,過去形として使われた例は,Amazing Grace のこの個所以外にも見られる

のでしょうか。*The Oxford English Dictionary*, 2nd ed. (1989) を調べると，18世紀後半と19世紀に，以下の用例が見られます。

 1793 J.SMEATON *Narr. Edystone Lighthouse* (ed.2) §323
  The storm .. **begun** at the south-east.
 1819 BYRON *Don Juan: Canto II* clxvii. 202
  He **begun** To hear new words, and to repeat them.

従って，began との使い分けや細かな違いはわかりませんが，この begun が文法的に間違いだとは言えないことがわかります。

 この begun を英語史の流れの中で見てみましょう。歴史的に見ると，英語の動詞にはその過去形・過去分詞形が begin – began – begun のように語幹母音の変化によって表される強変化動詞と start-started-started の -ed のように -d- や -t- を含んだ語尾を付け加えることによって過去形・過去分詞形を作る弱変化動詞があります。弱変化動詞の数は増えていったのに対し，強変化動詞は衰退の一途をたどってきました。

 英語の歴史を今から1000年ほどさかのぼると，英語史のもっとも古い時代，古英語の時代，に達しますが，その頃，強変化動詞は現代よりも複雑に語形変化し，動詞 begin は4つの主要形を持っていました。

不定詞（原形）	第1過去形	第2過去形	過去分詞
beginnan	began(n)	begunnon	begunnen

現代英語とは異なり，過去形が第1過去形と第2過去形の2つにわかれています。古英語では，この2つの過去形が，人称と数により使い分けられていました。例えば「始めた」という過去の出来事を述べる場合でも，私や彼（＝1・3人称単数の主語）が「始めた」場合には第1過去形を使って began(n) と言いますが，あなた（＝2人称単数の主語）が「始めた」場合は第2過去形の語幹母音 "u" を用い2人称単数の語尾をつけて begunne と言います。複数の人が「始めた」場合は人称を問わず begunnon と言いました。

 その後中英語期（1500年頃まで）を中心に，強変化動詞の2つの過去形は1つに簡略化され，弱変化動詞と同様に主要形は3つになりました。現代英語の begin の標準的な活用は begin – began – begun です。

 ここで語幹の母音に注目してください。標準的な現代英語の過去形 began

の母音は，古英語の第 1 過去形の母音です。古英語の第 1 過去形の母音が現代英語に残っています。しかし現代英語に残る強変化動詞の過去形がすべて古英語の第 1 過去形の母音を引き継いでいるわけではありません。第 2 過去形の語幹母音を受け継いでいる現代の過去形もあれば，古英語の過去分詞の語幹母音が現代の過去形の語幹母音につながっているものもあり，主要形の 4 つが 3 つへと簡略化される仕方は，動詞により様々でした。

　古英語の強変化動詞には第 1 類から第 7 類までありましたが，begin と同じ i - **a** - **u** - u という母音交替で過去形，過去分詞形を作った強変化動詞のグループ (第 3 類) の動詞を見ても，

　　原形 swim – 過去形 **swam** – 過去分詞 swum

のように，begin と同様，古英語の第 1 過去形の母音を現代英語の過去形に引き継いだものもあれば，

　　原形 cling – 過去形 **clung** – 過去分詞 clung

のように，第 2 過去形の母音 u が現代英語の過去形の母音となっているものもあります。

　また今日のアメリカ英語には，古英語の第 1 過去形，第 2 過去形の両方とも残っている動詞もあります。*Webster's Third New International Dictionary of the English Language, unabridged* (1971) から，該当する動詞の過去形・過去分詞形を以下に抜き出してみます。

原形	過去形	過去分詞
ring –	**rang** *also* **rung** –	rung
shrink –	**shrank** *also* **shrunk** –	shrunk *or esp in adjectival use* shrunken
sing –	**sang** *also* **sung** –	sung *also* sang
sink –	**sank** *or* **sunk** –	sunk *or* sunken
spring –	**sprang** *or* **sprung** –	sprung
stink –	**stank** *also* **stunk** –	stunk

以下は現代において 2 つの過去形のうちの 1 つの使用範囲がより限られている動詞です。上に挙げた cling も，より詳しく見るとこのグループに入り

ます。

cling –	**clung** *also now dialect* **clang** –	clung
drink –	**drank** *or dial* **drunk** *or substand* **drinked**	
	– drunk *or* drank *or substand* drinked *or archaic* drunken	
spin –	**spun** *or archaic* **span** –	spun
sting –	**stung** *or archaic* **stang** –	stung
swing –	**swung** *also chiefly dial* **swang** –	swung

古英語の2つの過去形の痕跡が現代の英語にまだ残っているのです。

　これらの動詞の場合と同様，begin の第2過去形の語幹母音を引き継いだ古い過去形 begun も現代までなくなることはありませんでした。上記の Webster の辞書には，方言の過去形として begun が載っています。

　以上のような強変化動詞の歴史の中で Amazing Grace の "Than when we first **begun**" を考える時，この begun は過去分詞が間違って使われているのではなく，古英語の第2過去形の流れをくむ過去形 begun が，2行前の sun と韻を踏んで，用いられているのだと思われるのです。

参考文献

櫻井雅人 (2003)「「アメイジング・グレイス」の起源と背景」『一橋論叢』130(3), 169–187.

櫻井雅人 (2006)「「ニュー・ブリテン」から「アメイジング・グレイス」までの系譜」『一橋論叢』135(3), 365–385.

Aitken, Jonathan (2007) *John Newton: From Disgrace to Amazing Grace.* Crossway.

Algeo, John; based on the original work of Thomas Pyles (2010) *The Origins and Development of the English Language.* 6th ed. Wadsworth, Cengage Learning.

Excell, E. O., ed. and comp. (1910) *Coronation Hymns for the Church and Sunday-School.* E. O. Excell.

Fries, Charles Carpenter (1940) *American English Grammar.* Maruzen Asian ed. Appleton-Century-Crofts.

Turner, Steve (2002) *Amazing Grace: The Story of America's Most Beloved Song.* HarperCollins.

（首都大学東京名誉教授）

英語の音変化と方言差

松下　知紀

● 英語の大母音推移と方言差

英語はドイツ語，オランダ語，デンマーク語，スウェーデン語，アイスランド語と同じゲルマン語族に属していますが，英語内部での変化に加えて，ロマンス語族に属するラテン語やフランス語からの大きな変化を受けてきました。

現代標準英語では light n. を [lait] と発音し，house n. を [haus] と発音します。しかし，英語の方言（England 北部と Scotland のある地域）には前者を [li:t]，後者を [hu:s] と発音する地域があります。言語地図では [i:] と [u:]（地図では棒線記号）が England 北部と Scotland の一部地域に多く，二重母音など（それ以外の記号）が England 中部と南部に多く分布しています。

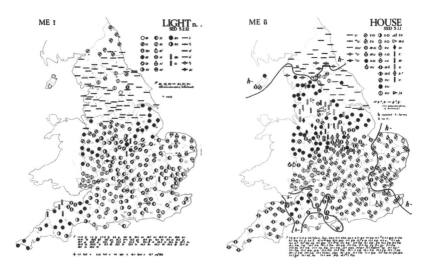

[lait] と [li:t]，[haus] と [hu:s] の相違の原因として，中英語から近代英語にかけて起こった音変化「**大母音推移（Great Vowel Shift）**」が適用したか，

109

しなかったかが考えられます。標準英語では [i:] と [u:] がそれぞれ二重母音化して [ai] と [au] になったのに対して，England 北部と Scotland のある方言ではこの変化が起こりませんでした。このようにして英語の歴史の視点から方言の相違を知ることができます。この大母音推移を図示すると次のようになります。大母音推移は体系的に生じている点に注目してください。

```
              1400        Modern
   bite       i: ───────── ai              i:    u:
   meet       e: ─────┐                    ↑     ↑
                       ╲ i:           ai   e:    o:   au
   meat       ɛ: ─────╱                    ↑     ↑
   mate       a: ───────── ei              ɛ:    ɔ:
   out        u: ───────── au              ↑
   boot       o: ───────── u:              a:
   boat       ɔ: ───────── ou
```

● **現代英語の短母音**

また，現代英語の短母音も興味深い現象があります。中英語では put, cut の母音はともに /u/ でした。cut の /u/ が /ʌ/ に変化して現在の音形になりました。Food, blood, good の母音は中英語では /o:/ でしたが，blood の母音が /ʌ/ になり，good の母音は /u/ になって，food の母音だけが /o:/ > /u:/ > [u:] と長母音を維持しています。

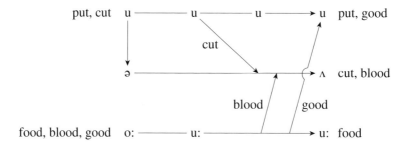

● **英語とドイツ語の相違**

ドイツ語では Light n. 'light' を [liçt], Hus n. 'house' を [hu:s] と発音します。中英語でも [liçt]（> [li:t]）と [hu:s] の音形でした。標準英語が「大

母音推移」を受けて [lait], [haus] に変化したのに対して，ドイツ語と英語の一部の方言ではその変化を受けませんでした。歴史的にみると，ドイツ語と密接な関係を持っていた英語が次第に変化したことが分かります。

また現代英語の blood [blʌd] と good [gud] を現代ドイツ語の Blut [blu:t] と gut [gu:t] と比較すると，ドイツ語では長母音が維持されているのに対して，英語だけが音変化をしたことが分かります。

● グリムの法則 (Grimm's Law)

英語の「足」を表す foot は一見すると語源上 pedal「ペダル」や pedestrian「歩行者」の ped- とまったく関係なさそうですが，遠い系統関係があります。Foot は英語本来語で古英語の fōt に由来していますが，pedal はフランス語の pedale から，pedestrian はラテン語の pedester 'on foot' からの借用語です。この相違は紀元前数世紀に「**グリムの法則 (Grimm's Law)**」という子音の変化が体系的にインド・ヨーロッパ祖語に属するゲルマン祖語に起こったことを考えれば説明できます。無声破裂音 (p, t, k) が無声破擦音 (f, θ, h) に，無声破擦音 (f, θ, h) が有声破裂音 (b, d, g) に，有声破裂音 (b, d, g) が無声破裂音 (p, t, k) に変化しました。

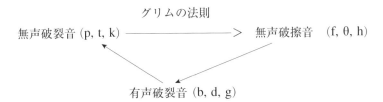

そのため，インド・ヨーロッパ祖語の再建形 *pod- が，ギリシャ語で poús, ラテン語で pēs, フランス語で pied, イタリア語で piede, スペイン語で pie という語形になり，語頭の p を維持しているのに対して，ゲルマン祖語では *fōt-, OE fōt, OHG. fuoz (mod.Ger. fuss) のように p > f の変化が確認できます。

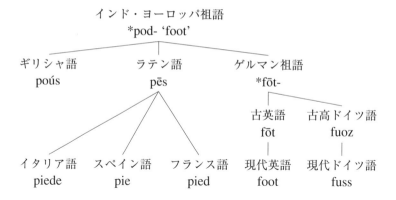

このように英語はドイツ語などとともにゲルマン語派に属し，フランス語，スペイン語，イタリア語などのロマンス語派ともインド・ヨーロッパ祖語に属しています。

● フランス語借用語の母国語化：英語 vs. ドイツ語

　古フランス語から借用された nature [néitʃə]，change [tʃéindʒ]，pilot [páilɔt] などは中英語期に借用されたため，英語の音形に準拠して第1音節の強勢母音が [ei], [ai] のように二重母音になりました。しかし，近代英語期に現代フランス語から借用された machine [məʃíːn]，champagne [ʃæmpéin] はフランス語の音形をそのまま使用しています。英語には「**母国語化（nativization）**」を適用した借用語としない語があります。しかし，ドイツ語の場合，Natur [natýːr], Pilot [pilóːt] のように現代フランス語の音形をそのまま借用しています。

（専修大学）

日本手話の源流と変種の拡大

神田　和幸

● 手話の言語類型論

　日本語と日本手話では言語の類型が異なります。シュウライヒャーの分類によれば、世界の言語は膠着語、屈折語、孤立語の3タイプに分類され、日本語は膠着語に分類されています。その他の分類として、日本語の語順はSOV型、従属部表示型です。項による分類では、日本語の項は名詞につく格助詞で示されます。

　日本手話の類型論について、体系的な研究はほとんどありません。市田(1998)は日本手話の語順について「形容詞と関係節は両者とも名詞の前に置かれること、名詞の後ろに置かれたように見える例は、内位主要部型関係節という構造を利用した表現であることを示し（中略）、節の基本語順は主語——目的語——動詞であり、後置詞をもち、名詞句内の語順は、属格——名詞、形容詞——名詞、関係節——名詞で、内位主要部型関係節が存在し、（中略）音声日本語との顕著な違いを生んでいる」としています。ここでは、日本手話の項構造について神田(2009)を紹介し、日本語が名詞中心的な言語であるのに対し、日本手話が動詞中心的言語であることを示し、手話の語順を音声言語と単純に比較することの間違いを指摘します。

● 手話の項構造

　項には主語になる外項と、述部の中の目的語ないし補語になる内項とがあります。この項の語順は音声言語に特有な現象ではないだろうかという疑問があります。そもそも語順というのも、言語の構成素の時間的（1次元的）配列順序であり、手話のような空間的配列が併用される言語では、語順は配列規則の一部であって、語順だけで言語タイプを決めるわけにはいきません。手話は改めて項構造について考察する必要があります。神田(2009)は、手話の項は動詞の中に空間的に同時に内在化しており、順序を決める意味がないことを示しています。手話の項は句構造レベルで表示されるのでは無く、語形成レベルつまり形態素のまま表示されているのが特徴です。

● 手話の分類とレベル化

手話はその起源からも，身振りと日本語との混合（ハイブリッド化）です。もしこれを発達と呼ぶならば，聾者の社会関係の広がりに対応して，次のように言語としての内容が変化していったのです。

家庭内手話	→	学校手話	→	地域手話	→	標準手話
Home signs		School signs		Community signs		National signs

(1) 手話の社会化（発達）

家庭内手話は聾児と聴の親が作っていき，学校手話は聾児と聴の教師が作っていったもので，日本語と身振りとが混合して発達していきました。地域手話は，聾児同士が学校手話を基本に卒業後も更に深化させていったため，聾文化の影響が強いのですが，しかし標準手話の段階では，聴の手話通訳者が大きく関与したため，再び日本語との混合が進みました。現在の手話分類では聾者の手話を日本手話，それ以外の手話を日本語対応手話と呼ぶことが多いのですが，そこで日本手話という場合は，学校手話と地域手話を含んでいて，家庭内手話と標準手話を排除しています。

　　家庭内手話＝聾児＋聴親　　学校手話＝聾児＋聴教師
　　地域手話＝聾者同士　　　　標準手話＝聾者＋手話通訳者

手話語彙は発達過程で急激な増加が見られます。周囲は日本語ばかりですから，語彙拡大には日本語の影響があるのが当然です。学校手話には教育用語彙が必要であり，日本語に対応した手話語彙が発達しました。これは古い手話辞典をほとんど聾学校が編纂していることから推定できます。しかし子供達は教育語彙だけでは足りず，日常会話語彙も発達させていきました。先輩から後輩へとそれらは伝承され，学校を中心とした聾社会が形成されるに従って地域手話へと発展していきました。さらに手話通訳制度が導入された社会では，全国共通的な標準手話が必要となり，さらに日本語に対応する語彙が拡大していき，今も拡大を続けています。新しい手話は完全に日本語からの借用により形成されています。

文法について，家庭内手話ではジェスチャを日本語順に近い順序に並べるだけの単純な文法（ピボット文法）で，それに表情や口形を付加します。学校手話や地域手話など聾者主体で発達させた手話には視覚的な認知戦略によ

り，日本語とは異なる語順があり，手の動き，位置，手の形などの視覚的要素を駆使し，表情や口形を付加する文法が発達しました。これが今日，日本手話文法と言われるものですが，まだ定説化された理論はなく，語形成である形態素結合に文法要素が多く反映されていると考えられています。標準手話になり，日本語からの影響が再び強くなると，文法は形態素結合よりは語結合に反映されるようになり，語順は日本語に近くなり，接辞などは口形で表現する方法がとられる一方，表情は減少します。また指文字による屈折や接辞化も増加しています。

● 手話とジェスチャ

　幼児はジェスチャによるコミュニケーションが多いのですが，成人になるに従い言語使用が増え，とくに教育やビジネスなどの社会的場面ではジェスチャ使用は激減します。しかし外国語ができない場合や疾病による言語障害，あるいは高齢化による失語ではジェスチャが増加します。つまりジェスチャは人間のコミュニケーションにおいて常に補完的位置にあり，言語の増減に連動してジェスチャの増減があると考えてよいと思われます。またジェスチャのほとんどが，人間にとって認識しやすい視覚的動作であるため，言語よりは学習しやすい，という側面もあります。手話学習が音声の外国語学習より易しいと感じるのは，手話がジェスチャ起源であり音声言語とのハイブリッドであることと関係があります。その意味では，日本語と同期するジェスチャの学習は容易で，反対に高度に文法化された聾者の日本手話は聴者には学習が難しいのです。このため日本語を獲得した後に失聴した中途失聴者や一部の言語音声が聞こえる難聴者の多くは手話を使用していません。それが「手話は聾者の言語」という俗説の原因ですが，実際には難聴者の中にも手話を使用する人が増えてきており，その人々の手話を難聴者手話と呼びますが，実態の詳細はまだ解明されていません。難聴者は日本手話の文法を用いる事はなく，項は日本語同様，外在化します。また口形により，語形変化を表すなど，日本手話文法とは異なる文法変化が見られますが，一方，日本語文法と同じでもありませんから，新たな自然言語の出現と考えて研究する必要があります。言い換えると，手話のハイブリッド化の過程は今も現在進行形であり，変種が造成されつつあるということです。

● 手話の再分類とハイブリッド手話

　手話の歴史的発達段階をハイブリッド化として説明してきましたが，現状における手話の分類も変更しなくてはなりません。日本手話と日本語対応手話という，手話と日本語を対立させる俗説の背後には日本手話使用者＝聾者，日本語対応手話＝聾者以外，という意識があります。この「聾者以外」という聾者中心の思想では，難聴者や高齢者などの聴覚障害者もそれに含まれるため，手話と手話使用者の関係に誤解が生じます。実際，聾者側には「日本語対応手話は言語でない」という偏見を生み出しています。こうした誤解を解く方法として，手話を使用者によって分類し，聾手話と難聴・聴手話という分類方法があります。上記の手話の発達過程を念頭において，手話と日本語とジェスチャの関係を総括する概念として，ハイブリッド手話という用語の提案もあります。ハイブリッド手話は包括的概念で，手話の使用者による分類も，語彙による分類も文法による分類もその他いろいろな属性による分類もすべて含まれます。手話使用者としての聴者とは手話学習者や手話通訳者のことであり，手話を知らない人は含めません。難聴者の手話と聴者の手話は厳密には細かな違いがありますが，よく似ているため，まずひとくくりにします。聾者が使用するハイブリッド手話を聾手話，難聴者・聴者が使用するハイブリッド手話を難聴・聴手話（略せば難聴手話），高齢者が使用するハイブリッド手話を補助手話と分類します。専門的に命名するならハイブリッド手話 D-type, d-type, a-type です。

　分類基準は使用者だけでなく，使用範囲，使用頻度，背景にある日本語力，語彙量，文法構造，場面依存度，透明度，表情使用量などがあり，それぞれについて分類したのが次の表です。

手話の種類	使用者	使用頻度	使用範囲	日本語力	名称
D-type	聾者	少ない	狭い	低い	聾手話
d-type	難聴者・聴者	多い	広い	高い	難聴手話
a-type	高齢聴者	増加傾向	未確定	低くなる	補助手話

表1　使用者特性

手話の種類	表情	語彙	文法	文脈依存度	文化
D-type	多い	保存手話	独自	高い	聾文化
d-type	少ない	新手話	混合型	低い	聴文化
a-type	少ない	ジェスチャ	語順のみ	高い	聴文化

表2　言語的特性

● **手話の源流**

　手話の源流が家庭内手話であることは現在の聾児の生まれた家庭でも観察出来ますが，学校手話を獲得しなかった人々の言語を観察することでも立証できます。未就学聾者といい，離島や山奥に住んでいて，経済的理由あるいは物理的に聾学校に通えなかった聾者です。現在は高齢になり，存在すら未確認のままで調査が困難なのですが，家庭内手話を現在でも日常的に使用していますから，手話の源流をみることができます。まだ調査が始まったばかりですが，ハイブリッド化する以前の手話の原形がわかり，日本語とは異なる語形や文法が観察されています。

参考文献

市田泰弘（1998）「日本手話の名詞句内の語順について」『日本手話学会第24回大会予稿集』50-53.
神田和幸（2009）「日本手話動詞の項構造」『第35回大会予稿集』11-14.
神田和幸（2010）『手話の言語的特性に関する研究』福村出版.

（京都工芸繊維大学）

Ⅳ. ことばと社会

日本語と英語の事態把握の違い
――子どもの言語表現をもとに――　　　　　　　　　　　　櫻井　千佳子

● **言語によって事態を捉える視点は異なるのか？**

　同じ事態について語っていても，何をどのように表現するかについては，さまざまな可能性があります。10人いれば，10通りの表現があり得ます。そしてそれは，話し手がその事態をどのように捉えているかという視点の違いであると考えることができます。

　そのような視点の違いにおいて，興味深いのは言語間の比較です。つまり，日本語には日本語らしい表現があり，英語には英語らしい表現があるので，その表現を比較することによって，その背後にある視点の違いを探ることができるのです。

　実際の例を見てみましょう。次の文は，日本語と英語の事態の捉え方の違いを示した，よく知られている対比です（池上（2007））。川端康成の『雪国』の冒頭の文とサイデンステッカーによるその英語翻訳の文です。『雪国』の主人公が，汽車に乗っていて，トンネルを抜けて，汽車の中から雪景色を眺めている場面ですが，それぞれの文章を語っている視点は，どこにあると考えられるでしょうか。

(1)　国境の長いトンネルを抜けると，雪国であった。
(2)　The train came out of the long tunnel into the snow country.

(1) の日本語の文を語っている視点は，汽車の中にあり，主人公と共にいるような印象を受けます。一方，(2) の英語翻訳の文は，その視点は汽車の外にあり，汽車がトンネルから抜けて雪国を走っている様子を眺めているような印象を受けます。なぜそのような印象を受けるかというと，日本語の文では主語がなく，英語翻訳の文では the train が主語になっているからであると考えられます。日本語では主語がなくても文章として成立しますが，英語では主語を設定することが一般的なのです。つまり，ここでわかるのは，主語の有無という言語の特徴と，事態の捉え方の視点とは関係があるのではないか，ということです。

● 子どもの言語表現と視点の獲得

　次に，子どもは，上で述べたような，その言語らしい表現をするのかどうかを見てみましょう。初期の言語発達段階にある子どもの表現を見ることで，事態の捉え方を理解することができるのではないでしょうか。

　子どもが事態をどのように捉えて，どのように表現するのかを言語間で比較した研究は多くありますが，ここでは，文字のない絵本を見ながら物語を語っている談話を，様々な言語で，また様々な年齢で収集したフログ・ストーリー（Frog Story）のデータを用いて比較を行います（フログ・ストーリーの詳細は，Berman and Slobin (1994) を参照）。この絵本には24枚の絵が描かれていて，そのストーリーは，男の子とその犬が，逃げてしまったペットのかえるを探しながら，様々な場面に遭遇し，最後にそのかえるを見つけるというものです。(3) は4歳児の日本語のデータ，(4) は4歳児の英語のデータです。『雪国』の冒頭の文の日本語と英語の比較でみられたような，話し手の視点の違いはあるでしょうか。

(3) 　男の子とかえると犬がいる。夜に寝て，朝に起きたら，かえるさんがいない。おーい，どこ行ったの。瓶のなかにおいといたのに。木のところに探しに行こう。

(4) 　There was a frog, a boy, and his dog. And the boy and the dog slept while the frog quietly got out of his jar. When they woke up, they found no frog in the jar. The boy looked both of his shoes. The dog looked in the jar. They looked out the window. The dog fell, and broke the dish. They walked.

　日本語と英語で共通しているのは，冒頭の第1文で，男の子とかえると犬がいる，という場面設定をしていることです。しかし，その後に続く表現では，(3) の日本語のデータの第2文では，「夜に寝て，朝に起きたら」という動作の主体である「男の子」と「犬」は主語として示されていません。また，第3文以降の「おーい，どこ行ったの。瓶のなかにおいといたのに。木のところに探しに行こう。」は「男の子」が言ったこと，または思ったことだと想像できますが，その主語も示されていません。そのため，あたかも，話し手が「男の子」になりきっているような印象を受けます。話し手が絵の中に入りこんで，事態を見ているようです。つまり，話し手の視点が「男の

子」の視点と重なりあっていて，絵の中に視点が内在していると考えられます。一方，(4)の英語のデータでは，冒頭の後に続く表現には主語と動詞があり，「男の子が〜した」，「犬が〜した」，というように，動作主とその動作が明示されています。(3)の日本語のデータとは異なり，話し手は絵から離れて，絵の全体を捉えたうえで，事態を表現しています。つまり，話し手の視点は絵の外に存在しているように感じられます。

　このように，4歳の子どもの表現においても，日本語と英語を比較した場合では，主語の有無という言語の特徴の違いがあります。そしてそれは，絵の中に描かれている事態をどこから見ているのかという視点の違いを表わしているのではないか，と考えられます。

● 「場」と視点

　さて，上で述べた「主語の有無」という捉え方は，英語を基準としたものであり，日本語は，主語というよりは主題であるという考え方があります。日本語では，主題として，「〜についていえば」という話題提示や場面設定がされているのであり，英語のような動作主を示す主語ではないと考えられます。よく知られている例で，「象は鼻が長い」や「僕はうなぎだ」のような文があります。「象」と「長い」，「僕」と「うなぎだ」の関係から考えると，主題であると捉えることは自然です。

　(3)と(4)の例で考えると，(3)の日本語は，話し手と聞き手が同じ絵を見ていて，話し手の視点が絵の中に入りこんでいるばかりでなく，聞き手の視点も絵の中にあり，さらに，絵の中の男の子の視点と重なり合って同じ事態を見ていることを前提としていると考えることができます。そのため，第2文の「夜に寝て，朝に起きたら」以降では，主題（男の子と犬という動作主）が話し手，聞き手にも明らかであることから，示されていないと考えることができます。一方，(4)の英語は，同じ事態を見ていることを前提としながらも，話し手と聞き手の視点は絵の外にあって別々に存在しており，離れた場所から絵の中のことを見ているために，動作主としての主語が示されていると考えることができます。

　この視点の違いで重要なのは，日本語の場合は，話し手の視点，聞き手の視点が，語る対象である絵の中に入り込んでいて，つまり内在していて，絵の中でひとつの「場」を形成しているということです。一方，英語の場合は，

話し手と聞き手は，語る対象である絵の内容を共有していますが，その視点は，絵の外にあり，つまり外在していて，別々に存在しています。このように，「場」との関わりを考慮にいれてことばの使い方を見ることで，その言語らしい表現の仕方の背景にある，視点の違いを考えることができます（「場」と言語についての研究については，井出（2006）を参照）。

● 事態の捉え方の違いと自己・他者の捉え方の違い

　さらに議論を進め，上で述べた言語による事態の捉え方の違いを，その言語文化の背景にある自己・他者の捉え方の違いという側面から考えることもできるでしょう。文化心理学の研究では，日本人は相互に依存した自己を持っていて，自己と他者が非分離であると論じられています。この自他非分離の考え方は，上で述べてきた「場」と関係がありそうです。日本語では，自他が非分離であるため，話し手の視点と聞き手の視点が重なり合って語る内容の中に入り込み，話し手，聞き手，語る内容の三者が「場」を共有しています。それゆえに，主題を明示せずに，日本語らしい表現をしているとも考えられないでしょうか。

　このように，事態の捉え方の違いについて，視野を広げ，その言語文化における自己と他者の捉え方の違いとの関連で見ていくことは，言語間比較を行うときに，なぜそのような違いがあるのかについての説明を与えてくれると思われます。

　この章では，日本語と英語の事態の捉え方の違いについて，子どものデータを紹介し，視点が「場」に内在しているのか，外在しているのかによって説明が可能であることを見てきました。4歳の子どもが母語の言語的特徴をすでに獲得していることは，その言語の背景にある事態の捉え方を獲得していることを示唆しています。このように，子どものデータを用いて言語間の比較を行うことは，その言語の基層にあるものの見方の違いや，その背景にある言語文化の違いを探ることに繋がっていくものと考えられます。

参考文献
池上嘉彦（2007）『日本語と日本語論』筑摩書房．
井出祥子（2006）『わきまえの語用論』大修館書店．

Berman, Ruth A. and Dan I. Slobin (1994) *Relating Events in Narrative: A Crosslinguistic Development Study*. Lawrence Erlbaum Associates.

(武蔵野大学)

「うるさい」と 'Be quiet!' どう違う？

―場中心と人間中心―　　　　　　　　　　　　　　藤井　洋子

● 見ているのは場？

次の日本語と英語を比べてみましょう。

(1) a.　うるさい！／やかましい！
　　b.　Be quiet! / Shut up!

(1a) は，その場が「うるさい」「やかましい」という状況をありのままに描写するように言っているだけですが，それで「静かにしなさい」「黙りなさい」ということを騒音を出している人に伝えています。そこでは，静かにしなければならないのは誰かという行動する主体（動作主体といいます）を明らかにしていません。一方，英語はその状況で，あなたが何をしなければならないかということを 'you' を省略した命令形で聞き手に直接的に言っている表現です。次の例はどうでしょう。

(2) a.　あぶない！
　　b.　Watch out! / Be careful!

(2a) も「あぶない」という状況を述べているだけですが，(2b) はこれを言われた人に「気をつけて！」と具体的な行動を直接的に伝えています。(1a) も (2a) もその場の状況を述べているだけですが，相手に注意や警告をしています。次の例はどうでしょう。

(3) a.　間に合ってます。
　　b.　I don't need it.

(3a) も「間に合っている」という状況を述べているだけですが，これで「いりません」「必要ありません」ということを伝えています。一方，(3b) は「私は必要ない」ということを具体的に相手に伝えています。

このように日本語と英語では，同じことを伝えるときでも表現の仕方が異なります。日本語はその「場の状況」に焦点を当てるような表現が好まれ，

人とその行動にはあまり焦点が当たっていませんが，英語はその場の状況に対して誰がどのように行動するのかという「人」を主体とした表現になっています。次の例はどうでしょうか。

(4) a. 東京都豊島区目白　学習院大学
　　b. Gakushuin University
　　　 Mejiro, Toshima-ku
　　　 Tokyo

日本語で住所を書くときには，(4a) のように都道府県などの大きな領域，つまり場から個人へと特定していきますが，英語では個人から大きな領域，場へという順番で書いていきます。人名も同様です。日本語では姓から名という順番で家族名が先に特定され，個人名はその後ですが，英語では名（first name）から姓（family name）へというように個人名から特定されるというようになっています。次の例も見てみましょう。

(5) a. 昨日，公園で友だちに会いました。
　　b. I met my friend in the park yesterday.

(5a) では，「昨日」「公園で」という時間と場所が先に来ています。しかし，(5b) では，文の終わりの方に来ています。つまり，日本語では起こったできごとを場所や時間という大きな場から提示しますが，英語は動作主体とその行為を先に提示してから場を記すという順番になっています。日本語と英語の構文そのものがこのような特徴を示しています。

　ここまで，日本語は場や状況に焦点を当て，人とその行為についてははっきり表現しない，もしくは後から記す傾向があることを見ました。一方，英語では人とその行為を明らかにするように表します。次の二つの例はそのような日本語のオリジナルな文に対して与えられた英語の翻訳です。

(6) a. 個人の別荘はそこここにいくつも建てられていた。
　　b. Many rich families had built their villas there.

（夏目漱石『こころ』）

(6a) では誰が別荘を建てたのかということは一切述べられていませんが，その翻訳では別荘を建てた人が現れています。次の例は俳句が英訳されたも

のです。

(7) a. 一寸の虫にも五分の魂
    b. Even a worm will turn.

誰しもよく知っている俳句ですが，日本語では小さな虫にも五分の魂があるのだということをそのまま表したものです。一方，英語では一寸の虫にも魂があるということを虫が 'turn' という行動をすることによって示そうとしています。英語では虫の主体的な行為を明確にした方が俳句の趣旨がより伝わるのでしょう。

● 人は場の中？

　日本語では人よりも場や状況を中心とした表現が好まれることを見てきました。日本語話者は，人は他の人や動植物と自然の中で共在していると考えます。従って，話をしているときも自分と相手は同じ場の中にいるため，わかっていることはことばにしません。次の例を見てみましょう（井出(2006)）。

(8) a. 高等学校の学生さんよ。
    b. He is a high school boy.

(8)は川端康成の『伊豆の踊子』とその英語訳（サイデンステッカー訳）です。近くに立っている高等学校の学生さんについて，通りかかった旅芸人の姉が妹にささやいている場面です。ここでは，二人が見ている高等学校の学生を指す「あの人は」のようなことばはありません。話し手である姉も聞き手である妹も話題の人である高等学校の学生も同じ場を共有しているので二人にとって一目瞭然のことはことばで言わなくてもわかるためです。しかし，英語では 'He' として明示しています。例え誰のことを指しているのかわかっていても 'He' がなければ英語の文として成り立ちません。このように，日本語では会話の中で話し手と聞き手がわかっていることはことばにしません。日本語の会話で自分のことや相手のことを「私」「あなた」と言わないのはそのためです。しかし，英語話者は，人が中心となり，場から飛び出して客観的視点でまわりを見ているため，自分も相手も 'I' や 'you' として明示します。また，動詞そのものも動作主体を表す主語に合うように変化

することから見て，誰が行為者であるかを明らかにすることを求められています。

ここで日本語と英語の表現から見えてきた特徴をわかりやすいイメージ図で表してみます。

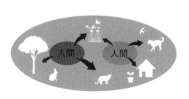 

図1．日本語話者のものの見方　　図2．英語話者のものの見方

日本語話者は場に溶け込むように周りのものも同じ目線，内側からの目線で見ていますが，英語話者は場から離れて周りのものを外から見ているようなイメージです。このようなことから日本語話者は他の人の視点をも取りやすいという特徴があります。次の例を見てみましょう。

(9) a. 国境の長いトンネルをぬけると雪国であった。
　　 b. The train came out of the long tunnel into the snow country.

(9)は川端康成の小説『雪国』の冒頭の文（サイデンステッカー訳）です。(9a)を読んで多くの読者はこの登場人物と同じ視点に立って自分は列車の中にいると感じます。一方，英語では列車を俯瞰するような表現になっています。日本語話者は他の人や物と場の中で一緒に存在していると感じているため，自分以外の人の視点も取りやすい傾向があります。そして，日本語の表現にもそのような傾向が映し出されていると言えます。

● 場の力，周りの力？

次の例を見てみましょう。

(10) a. 引っ越すことになりました。
　　　b. I am moving.

(10a)はよく使う表現ですが，誰が引っ越すのか表されていません。引っ越

すのは話している本人であることが明らかだからです。また、「引っ越すことになりました」という表現は話し手の意志を前面に出した能動的、主体的な表現ではありません。一方、英語では引っ越す人物を表し、能動的な表現となっています。また、次のような文も同様です。

(11) a. 無事に定年まで勤めさせていただきました。
   b. I have worked until retirement age.

(11a) も話し手は自分を全く表現しておらず、無事に定年まで勤めたのは自身の力によるものだという主張は感じられません。更に、「させていただきました」という表現で、定年まで無事に勤められたのは自分を取り巻く周りの環境のお陰であるという思いが伝わってきます。比較のために（11b）に英語を記しましたが、ここでは誰が定年まで勤めたのかということが明確になっています。英語母語話者にきくと、英語では「勤めさせていただいた」というような言い方はしないということです。定年まで勤めたのはあくまでも主体である話し手自身であるということを伝えるのみの文になるというわけです。ここでも日本語は人という主体を明確にせず、場の中にともに存在している何らかの周りの力が自身を定年まで勤めさせてくれたという受け身的な表現になっています。

　日本語では人よりも場や状況を中心とした表現が好まれることを見てきました。また、人は場の中の一つの存在として周りと溶け込むように関わり合い、そこで共存する人や物の視点をも取りやすいという特徴もみられました。一方、英語では、人が中心となり、主体的に周りのものに作用するというような表現を好み、物を見る視点は客観的になります。このように、言語は人々のあり方や現実世界の捉え方を知らず知らずのうちに映し出しているのです。

参考文献
藤井洋子（2016）「日本人のコミュニケーションにおける自己観と「場」——課題達成談話と人称詞転用の分析より」藤井洋子・高梨博子（編）『コミュニケーションのダイナミズム——自然発話データから』井出祥子・藤井洋子（監修）「シリーズ文化と言語使用 1」1-38. ひつじ書房.
井出祥子（2006）『わきまえの語用論』大修館書店.

（日本女子大学）

それは排除か協調か
―語りの動的仕組みを考える―

秦　かおり

● 協調と排除のコラボレーション

　ここ数年，「共生」をキーワードにグローバル化の推進と多様性を享受しようという声が喧しく叫ばれています。語りの研究の中でも共生を目指す論考は多く見られます。実際に，筆者の過去の論考でも，多くの対面多人数会話の場合，たとえ論点がずれたとしても参与者間の協調や合意が得られなければ会話を終わらせることができない傾向があることが分かり，会話終結部の協調の重要性を論じました。しかし本章では，そのような協調の語りは，実は排除の語りでもあるという二面性を提示したいと思います。

●「語り」とはなにか

　人は何かを語る時，その語り方で自在に新しい意味付与を行うことができます。例えば，前日に遠足を楽しみにしていた子どもが当日の朝「雨が降ってる」と言うのと，日照りに悩む農業従事者が「雨が降ってる」と言うのとでは，同じ現象，同じことばでも全く違う意味を持つことになります。その一言を聞いた聞き手の反応も全く違ったものになることは想像に難くありません。このように，語りそのものが持つ意味よりも，それが何故そこで語られどの様な意味を持つのか，語り手と聞き手の相互行為の中でどう作用しているのかを分析すること，それが語りの分析の重要な要素の1つです。

　「語り」は，昔から多くの分野で様々に定義されてきました。ここでは，所謂一般的に言う「物語り」だけではなく，やりとりの参与者が何らかの出来事について語っている相互行為的な言語・非言語行動を包括する動的プロセスと定義します。1人語りでさえ，語り手は聞き手を想定します。それは自分自身であるかも知れないし，遠い未来の読者や目の前の聞き手であるかも知れません。いずれの場合でも，語りには（仮想としてであっても）相手がつきもので，その相手とのやりとり―相互行為―の一環として語りを分析することが重要です。

　本章では，このような意味での「語り」が多人数（具体的には3者）で行

われた時，どのように語られたら何が起こり得るのか，特に会話の途中から終結部付近で起こる「協調という名の排除」について，例を用いながらナラティブ分析の手法で分析・考察を行います。

● 排除を協調の糧にする

　以下の例は筆者の調査対象地域である英国ロンドンで，永住権保持者の日本人女性に対して 2014 年 8 月に行われたインタビュー場面です。参与者 3 名，インタビュアーのかおりと，インタビュイーのさちよとこざと（インタビュイーは全て仮名）の会話を収録しました。インタビューの話題は，補習授業校（土曜日だけ開校する日本語および日本文化を学習する学校）についてです。さちよとこざとは子どもを現地校に通わせていますが，補習授業校には通わせていないという共通項を持っています。ただし，さちよの夫は英国人で，こざとの夫は在英歴の長い日本人という違いがあります。この異同そのものは変化しませんが，それをどう取り扱うのか（どのような評価付けや価値付与をするのか）に，まずは協調と排除のコラボレーションがあらわれます。（以下のトランスクリプトは書き起こし記号を大幅に省略しています。：は長音，@ は笑い，下線は分析上の強調）

　　例 1）　さちよが補習授業校に子どもを通わせない理由
1　さちよ：すごく自分が思ったのが　あたし自身が　結局なんか
2　　　　　なんていうの　<u>外国人の人といるのとかが</u>　けっこう
3　　　　　<u>comfortable</u> なほうだったり
4　かおり：あ::　あ::
5　さちよ：自分がそんなに日本人日本人してなくて
6　かおり：あ::
7　さちよ：あの日本の感覚をもってないのにそろ
8　　　　　子どもにこ：押しつけようと
9　かおり：@
10　さちよ：なんていうか　なんか　これは間違ってるんじゃないのか
11　かおり：あ::
12　さちよ：思っちゃったんですよ　けっこう

つまりさちよは，自分は「外国人」（2 行目）寄りの文化意識を持っており，

日本的なものを子どもに「押しつけ」（8行目）ることに対して疑問を持っているが故に，補習校に行かせていないと理由を述べています。これに対し，こざとは同じく補習校に行かせていない立場でも，異なる理由を提示します。

　　例2）　こざとが補習授業校に子どもを通わせない理由
13　こざと：うちは　も両親日本人だから
14　かおり：うん
15　さちよ：うん
16　こざと：いいかな@@家でがんばれば

この時点では，補習授業校に行かせていない親という共通項はあるものの，その理由が全く異なります。文化的な違和感（日本文化に対する違和感）を挙げるさちよと，両親が日本人だからという理由を挙げるこざとでは，日本文化を学ばせたいか否かという意味で，その内容に対極的かつ決定的な違いを孕んでおり，本来取り繕いようもありません。しかもここでは，補習授業校に行かせていない理由を聞いている質問の答えなので，インタビューとしては，それ以上会話を続ける必要もありません。

　しかし，ここからこざととさちよの「異」を「同」にするコラボレーションが始まります。

　　例3）　こざとの告白とさちよの協働
17　こざと：い　ちゃんと漢字を教えてればよかったな
18　かおり：う：うん
19　こざと：って今すごい反省してる
20　さちよ：う：ん　むずかしい　そうあと補習校のあれをあ：
21　　　　　なんなんだ　あの：親の　その説明会の時に　見れるんですよ
22　かおり：うん
23　さちよ：その一年生のクラスを
24　かおり：うん
25　さちよ：あの一時間ぐらいあの　見学できるんですけど
26　かおり：うん
27　さちよ：その時に　その　やや　子どもたちはそのけっこう漢字を
（中略：さちよの体験談を受けて，こざとが日本語勉強会での勉強の様子を

話して）
28　こざと：もう全然やっぱしレベルが＠＠違います

上記の例3では，こざとがまず「ちゃんと漢字を教えてればよかったな」（17行目）と述べると，さちよが「そうあと補習校のあれを」（20行目）と，自らの漢字にまつわる体験談を語り，こざとの意見に賛同を示します。ここでは「あれ」（20行目）を使用し，こざととは共有している情報であることを示す一方，補習授業校での授業風景が自分たちの側にはないことを示して距離感を明示しています。するとこざとはそれに強い共感を示し，更に日本語勉強会での子ども達の様子を見た自らの体験談を例に出しつつ「レベルが違います」（28行目）と，さちよの論を補強します。ここで，さちよとこざとが行っていることは，スモール・ストーリー（Bamberg（2004）ほか）による論の補強です。自分たちの目指した結論に向かって次々と小さな「話のかけら」を積み重ね，自分たちの子どもと他の子ども達を明確に区別化し，「理由はどうあれ」子どもを補習校に行かせておらず子どもの学習進度を心配する親としてお互いの体験談を語りつつ，「私たちの子どもは一緒」というストーリーの協働構築を行い，「それを心配する親」という同じポジションに辿り着きます。

　この後最終的に，こざとは日本語学習について，子どもが大きくなって日本語に興味を持った時に自分でやればよく，それまではマンガを読ませてその後に小説に移行してくれればよい，と具体的な方策を示して補習授業校に通わせないで教育することを肯定します。それに対して，さちよは強くあいづちをうち，同意を示します。

　その結果，当初さちよとこざととの間にあった決定的な違いである「補習授業校に行かせない理由」は矮小化され，補習授業校に通う子どもと自分たちの子どもとの差異を際立たせることによって，自分たちを同じカテゴリー内に置き，しかも最後は「行かせなくてもよい」という結論を導き出したのです。

　このプロセスは，「他者化（othering）」のプロセスとよく似ています。意図的な分断によって作られたグループに自分たちを「帰属化（belonging）」させること，そのためにその外側に自分たちとは別の属性を持った他者を作り出し，そこ自分たちは違うのだ，という枠組みを構築することです。一般的には，他者化にはネガティブな言説がつきもので，例えば白人から黒人

への差別，移民への差別，ヘイトスピーチなどがそれに当たります。相手の個性を見ずに，ステレオタイプ化された攻撃対象として他者を捉えます。

　今回の例では，「他者」は補習授業校に子どもを通わせている親または通っている子どもということになり，そこには上記のようなネガティブな意味合いは感じられません。しかし，むしろそのことは別の側面から他者化による排除を助長しているとも言えます。つまり，「あまりにもレベルが違い過ぎて手が届かない」，「やっぱり○○は違う」という褒め言葉に込められた「自分たちとは違う」という他者化のメッセージです。そしてこれは会話の展開によっては簡単にネガティブに転じさせることもできます。例えば，「行かせなくてもいい補習授業校に通わせている家庭とその子ども」，そして「教育熱心すぎる」というラベル付けなどです。誰かと誰かが協調することとは，そこに入れてもらえなかった誰かが「排除」される可能性を常に孕んでおり，また，誰かと誰かが協調しなければならない時，他の誰かを排除の対象として据えることが解決策になってしまうということです。

　ここで用いた会話例では，「異」（会話参与者2名の補習授業校に行かせる理由が全く異なる状態）から，「同」（子どもの学習進度を心配する親）へ，そして「肯定」（行かせない選択で合っている）へと，2人のお互いに対するポジショニング（positioning）が短い間に次々と移動していきます。この過程で起きていることは，会話参与者間の違いの矮小化，会話参与者外に対する他者化です。これらは，一見単なるおしゃべりにも見えることばのやりとりの中で微調整されながら行われた語りの協働構築です。

　私たちの相互行為的語りは，常に1つの目的に向かって一直線に進んでいるのではなく，あちこちに寄り道しながら，論点をずらしながら何かが積み上っていくものであり，この動的な過程は分析してみないと分からないものです。何気ない語りを分析し，その仕組みを知ることによって，そこに潜む規範意識やアイデンティティ，差別意識などが炙り出されて来るかも知れません。それは語り研究の醍醐味の1つであり，研究意義でもあるのです。

参考文献
Bamberg, Michael (2004) "Talk, Small Stories, and Adolescent Identities," *Human Development* 47, 331-353.

（大阪大学）

依頼表現・呼称表現にみられるポライトネス
―― 映画『プラダを着た悪魔』と『英国王のスピーチ』より ――

都築　雅子

● 依頼表現にみられるポライトネス

(1) の英文は映画『プラダを着た悪魔』からのセリフの抜粋で，命令文，疑問文，平叙文と文形式はそれぞれ異なりますが，全て，相手に何らかの行為を要求する依頼表現です。

(1) a. Pick up the Polaroids from the lingerie shoot.
　　b. Could you please spell Gabbana?
　　c. I know it's impossible to get, but well, I was wondering if you could make the impossible possible, if that's at all possible?

(1a) では，編集長である上司のミランダが，部下であるアシスタント秘書のアンディに，ランジェリー撮影現場からポラロイドを取ってくるよう指示しています。(1b) では，取引先ドルチェアンドガッバーナからの電話で，アンディがガッバーナのスペリングを教えてほしいと頼んでおり，(1c) では，上司ミランダの無理な頼み事（発売前のハリーポッターの原稿を手に入れること）をアンディが電話で関係先にお願いしているところです。効率性を重視するなら，依頼の意図が明確に伝わる命令文を用いればよいわけですが，(1b, c) では疑問文・平叙文が用いられ，さらに過去形まで用いられています。相手にある行為を要求する依頼行為は，相手の領域を侵す，負担を強いる行為です。相手はその行為をやりたくないかもしれませんし，そもそもある行為をするように指図されること自体，よい気がしない人も多いでしょう。そのような依頼行為に際して，間接的な疑問文・平叙文を用いることにより，文形式上，相手の断る権利を守ったり，「不可能なのはわかっているのですが」というような前置きを加えることにより，相手の自由度を尊重することができるのです。このような相手の負担を軽減しようとする依頼側の言語的配慮が**ポライトネス**です。

(2) 依頼行為におけるポライトネス：

　　　|依頼主|　　　　　　　——|依頼行為|→　　　　　|相手|
　　　［ある行為を行うことを要求］——侵害→　　［自由に行動したい欲求］
　　　［ポライトネス (言語的対人配慮)］——負担の軽減・補償→
　　　例）間接的表現の使用 / 達成可能性の難しさの表明など

依頼表現に過去形や仮定法が用いられやすいのも，時間や可能性の面で現実から遠ざかる表現の使用により，相手の負担を軽減しているのです。(1a)のように，上司から部下への職務上の指示の場合，単刀直入な命令文を用いることは一般的かもしれませんが（この映画で，敏腕編集長ミランダの人物像は昼夜かまわず理不尽な命令を部下に突きつける悪魔のような上司として描かれています），(1b, c) のような取引先や関係先に対する依頼の場合，良好な関係を維持するためにも，さらに肝心の依頼を成就するためにもポライトネスストラテジーを用いることが必要でしょう。

● 呼称表現にみられるポライトネス

　対人距離を示す呼称や敬語もポライトネスの表現手段となります。人の呼び方には，距離を大きくする敬避的な敬称と，距離を小さくする共感的な親称があり，これらを相手との関係性（親疎や年齢・地位の上下等）や場面などに応じて適切に使い分けることにより，相手に対する配慮を示すことができます。**敬避的配慮**は，Brown & Levinson (1987) では，「敬意を示す (Give deference)」**ネガティブポライトネス**に，**共感的配慮**は「内輪である標しを用いる (Use in-group identity markers)」**ポジティブポライトネス**に分類されます。

(3) 呼称・敬語使用のポライトネス：

　　　　　　遠隔化　　　　　←　　→　　　　近接化
　　　敬避的配慮/ネガティブポライトネス　　共感的配慮/ポジティブポライトネス
　　　例）敬称を用いて，尊敬の意を表す　　例）親称を用いて，共感・仲間意識・
　　　　　　　　　　　　　　　　　　　　　　　信頼感に訴える

遠近両用で対人的な距離感を表す呼称は，相手との関係性や場面に応じて適切に用いないと，「生意気だ」「馴れ馴れしすぎる」とか，逆に「水臭い」「仲間と認められていない」と相手に思われ兼ねません。その用い方は微妙

なバランスの上で成り立っていると言えるでしょう。例えば，学生は，授業中には，教員や他の学生から苗字に「さん」付けで呼ばれる場面が多くみられますが，クラブ活動など学生同士の場面では，名前やあだ名で呼び合うことが多いようです。あだ名や名前で呼び合う親しい中で，自分だけが苗字に「さん」付けで呼ばれたら，「自分は仲間として認められていない／信頼されていない」と疎外感を感じることでしょう。敬語や敬称を用いて相手を敬うことだけがポライトネスではなく，親称やタメ口を使い仲間意識・共感を表すことも対人配慮のポライトネスなのです。

　ポライトネスは人間社会に普遍的な原理だと思われますが，ネガティブまたはポジティブのいずれのポライトネスを優先するかに関しては文化間の差が見られます。アメリカなどの英語圏社会は，対等な関係を重視するポジティブポライトネス優先の社会と言われ，一方，日本は，上下関係を重視するネガティブポライトネス優先の社会と言われています。例えばアメリカでは，親しくなると教員の間でもファーストネームで呼び合うことが普通ですが，日本ではあくまでも「先生」という敬称を用い続ける場合が多いようです。困ってしまうのが，親しくなった英語圏出身の同僚との間の呼び方です。英語でのEメールの書き出しは，"Dear John,"のようなファーストネームを用いることが親しい間柄では普通であると心得ていても，それを用いるには抵抗があり，"Dear Armstrong-sensei,"のように苗字に日本語の「先生」をローマ字でそのまま使うことが少なくないようです。日本の大学という場で，日本の慣習に従った距離のとり方で表現した方が無難で心地よいということがあるのかもしれません。

● 呼称に象徴される二人の関係性──映画『英国王のスピーチ』
　二人の主人公の関係性の推移が，お互いの呼び方に象徴的に現れている映画に『英国王のスピーチ』があります。現エリザベス女王の父，国王ジョージ6世の実話をもとにした映画で，2011年度アカデミー賞を4部門で受賞しました。吃音障害を克服しようと奮闘するアルバート王子（愛称バーティ（Bertie）／後のジョージ6世）と障害克服に一緒に立ち向かった言語療法士ライオネル・ローグ（Lionel Logue）とのヒューマンドラマです。1920年代，ラジオ放送の開始により，王族によるスピーチは英国植民地も含めた大英帝国全体に届けられるようになり，「国民に語りかけること」が王族の重

要な役目となりました。そのような時代，アルバート王子は大英帝国博覧会閉会式でのスピーチで言葉に詰まり大失態を演じるなど，王子の障害の克服は王室にとり急務となりました。主治医から名だたる医学界の権威まで，手当たりしだい治療を試みるも八方塞がりの中，妻エリザベスは無名の言語療法士ライオネルの噂をききつけ，彼に治療を依頼します。(4) は，はじめてライオネルの診療所を訪れたアルバート王子ことバーティが「治療を早く始めないのか」とライオネルに促す場面です（以下 (4), (5) における下線と太字は筆者）。

(4) Bertie: Aren't you going to start treating me **Dr. Logue**?
　　Lionel: Only if you're interested in being treated. <u>Please call me Lionel</u>.
　　Bertie: O, I ... prefer **Doctor**.
　　Lionel: <u>I prefer **Lionel**</u>. What'll I call you?
　　Bertie: **Your Royal Highness**, then ... then **Sir** after that.
　　Lionel: It's a little bit formal for here. <u>I prefer **names**</u>.
　　Bertie: Hm. **Prince Albert Frederick Arthur George**?
　　Lionel: How 'bout **Bertie**?
　　Bertie: <u>Only my family uses that</u>.
　　Lionel: Perfect. <u>In here, it's better if we're equals</u>.

お互いの呼び方に関して，バーティは，ライオネルに対し職位を付した敬称 **Dr. Logue** を自分が用いることを，自分に対して王族に対する敬称 **Your Royal Highness**（殿下），後に **Sir**（閣下）をライオネルが用いることを主張します。王室の礼儀作法に適った呼称選択です。一方，ライオネルは，バーティに対して愛称 **Bertie** を自分が用いること，自分に対しても親称 **Lionel** をバーティが用いることを主張します。治療には**対等**の関係性が必要だとの理由からです。一患者として治療に向き合う覚悟をバーティに求めたとも言えるでしょう。ここでの親称の使用は，さらに**信頼**という関係性も含意し，やがて二人の関係が**親友**に発展していくことを暗示しています。

　その後，真摯な態度で治療を施すライオネルに対し，バーティはいつしか心を開いていきます。父王の後を継いだ兄の突然の退位，ナチスの台頭などの紆余曲折を経て，イギリスは第二次世界大戦に突入していくことになりま

す。開戦を前にして国王ジョージ6世となったバーティは,「この試練を共に乗り越えよう」と国民に対して力強く呼びかけるスピーチを行います。スピーチはライオネルの導きのもと大成功に終わり,その後二人が交わした会話が (5) です。

(5) Bertie: Expect I shall have to … do a great deal more. Thank you, **Logue**. Well done. **My friend**.
Lionel: Thank you … **Your Majesty**.

バーティは,ライオネルに対して相変わらず苗字を用い続けていますが,礼を言った後,**My friend** と呼びかけます。吃音克服のために共に奮闘していく間に,国王バーティとオーストラリア移民で正式な医師資格もない平民ライオネルとの間に,それまでの王室ではあり得なかった階級を超えた**友情**が育まれていったのです。一方,愛称である Bertie を国王になったバーティにも一貫して用い続けたライオネルは,ここで初めて敬称の **Your Majesty**(陛下)を用います。国民に向け,渾身のスピーチを行い国王の役目を立派に果たしたバーティに対するライオネルの**尊敬**の意が,その言葉に込められているのでしょう。

このように,映画『英国王のスピーチ』では,二人の関係性の推移,およびその場面におけるお互いの敬愛・親愛の念が,ポライトネスを表す敬称や親称を使い分けることにより,見事に表現されていると言えましょう。

参考文献
東照二 (1994)『丁寧な英語・失礼な英語——英語のポライトネスストラテジー』研究社.
滝浦真人 (2008)『ポライトネス入門』研究社.
Brown. P. and S. Levinson (1987) *Politeness: Some Universals in Language Usage.* Cambridge University Press.

参考資料
『スクリーンプレイ プラダを着た悪魔』亀山太一(監)(2008) フォーイン.
『スクリーンプレイ 英国王のスピーチ』都築雅子(監)(2012) フォーイン.

(中京大学)

ヒトラー演説における「女性」
――母親という位置づけから総力戦の労働要員へ――　　　高田　博行

● 「平和」を語るヒトラー

　「この世の偉大な運動はいずれも，偉大な文筆家にでなく，偉大な演説家にその進展のおかげをこうむっている」（ヒトラー（1973: 3-4））と考えるヒトラーは，演説の威力を明確に認識していました。ヒトラーの演説をレトリックの観点から分析すると，その演説文の各行に，なんらかのレトリックの仕掛けが用意されていることがわかります（高田（2014: 77-94, 169-174, 184-187）を参照）。

　筆者は，語彙という観点でヒトラー演説を分析する目的で「ヒトラー演説150万語データ」を作成しました。このコーパスの構成は，以下のとおりです（データについて詳しくは高田（2011: 147-151）を参照）。

　　ナチ運動期：1920年8月〜1933年1月，全268演説，数約82万語
　　ナチ政権期：1933年2月〜1945年1月，全290演説，数約68万語

　このデータによって，1933年1月30日の政権掌握までの時期（ナチ運動期）と政権掌握後の時期（ナチ政権期）とを比べて最も顕著な差があるものをリストアップすると，次ページの表1のようになります。例えば，「平和」(Frieden) という語をヒトラーは演説で，ナチ運動期に181回，ナチ政権期に490回用いており，この語は「対数尤度比」で検定すると，ナチ政権期のヒトラー演説にきわめて特徴的な単語（第18位）と検定されます。しかし，実際には戦争準備が着々と進められていったわけですから，政権についたヒトラーが使った「平和を欲する」という類いの表現は，「戦争を準備する」と変わらない意味であることがわかります。ポーランド侵攻（1939年9月1日）の数時間後に行った国会演説でヒトラーは，「平和愛」(Friedensliebe) という複合名詞を使って開戦を正当化しました。政権を担う者の口から「平和」ということばが繰り返し聞こえてくるときには気をつけねばならないわけです（高田（2014: 189-190, 202）を参照）。

表1: ナチ運動期，ナチ政権期にそれぞれ特徴的な単語

ナチ運動期の演説に特徴的な単語

順位	単語	対数尤度比	運動期の頻度	政権期の頻度
1	man（ひとは）	1157.94	5845	2165
2	du（あなたは，君は）	805.34	1597	277
3	sagen（言う）	644.78	3431	1305
4	wenn（もし…ならば）	599.40	6519	3260
5	Mensch（人間）	547.04	3205	1276
6	nicht（…でない）	439.18	12645	7837
7	gehen（行く）	376.93	1853	677
8	Bewegung（運動）	376.85	1869	686
9	Partei（党）	353.97	1599	558
10	Boden（土壌）	311.70	640	116
11	heute（今日）	297.75	3390	1718
12	Stresemann（シュトレーゼマン）	281.24	241	1
13	da（そこに）	277.33	1490	566
14	Majorität（多数派）	253.45	225	2
15	daß（…ということ）	242.36	11515	7656
16	System（体制）	236.27	362	40
17	langsam（ゆっくりとした）	234.27	552	117
18	Republik（共和国）	231.66	260	13
19	bayerisch（バイエルンの）	227.21	260	14
20	Volkspartei（人民党）	220.05	219	6

ナチ政権期の演説に特徴的な単語

順位	単語	対数尤度比	運動期の頻度	政権期の頻度
1	nationalsozialistisch（国民社会主義的な）	421.57	304	896
2	ich（私が / に / を）	406.89	7724	8829
3	dieser（この…，これ）	330.79	10022	10773
4	auch（…もまた）	318.78	4483	5368
5	Wehrmacht（国防軍）	304.08	14	252
6	britisch（イギリスの）	298.22	14	248
7	Soldat（兵士）	288.72	157	532
8	mein（私の）	258.11	1278	1896
9	Europa（ヨーロッパ）	249.26	147	478
10	Vorsehung（摂理）	239.88	25	238
11	Frau（女性）	228.22	63	312
12	Krieg（戦争）	224.43	579	1033
13	Churchill（チャーチル）	222.00	0	141
14	Roosevelt（ルーズベルト）	220.43	0	140
15	europäisch（ヨーロッパの）	219.48	53	285
16	jener（あの…，かの…）	216.27	396	793
17	deutsch（ドイツの）	209.82	4647	5198
18	Frieden（平和）	208.89	181	490
19	kulturell（文化的）	204.40	40	246
20	Reich（帝国）	497.74	615	1036

● 演説のなかで「女性」と共に現れることば

さて，ナチ政権期のヒトラー演説に11番目に特徴的であると検定される「女性」(Frau) という単語に注目してみましょう。この単語は，ナチ運動期に63回，ナチ政権期に312回出現しています。「女性」という語の前後4語内に来る語との共起関係を「Tスコア」で測ってみると，次ページの表2のようになります。(Tスコアが2以上であれば，「意味のある組みあわせと解釈される」[石川 (2008: 110)]。)これでわかるのは，ナチ運動期もナチ政権期も「女性」という単語が「男性」，「ドイツの」，「子供」，「百万」という単語と固く結びついていることです。

142 IV. ことばと社会

表2 Frau（女性）と，その左右4語内に来る語との共起関係：

ナチ運動期

単語	Tスコア	頻度(合計)	頻度(左)	頻度(右)
Mann（男性）	4.46	20	16	4
deutsch（ドイツの）	2.89	9	8	1
Million（百万）	2.79	8	6	2
Kind（子供）	2.28	5	1	4

ナチ政権期

単語	Tスコア	頻度(合計)	頻度(左)	頻度(右)
Mann（男性）	9.95	100	89	11
deutsch（ドイツの）	7.90	67	50	17
Kind（子供）	6.79	39	3	36
Mädchen（女子）	4.69	22	4	18
alle（すべての）	4.45	23	14	9
wir（われわれが/に/を）	4.33	27	11	16
unser（われわれの）	4.23	22	6	16
jeder（各々の）	4.10	18	15	3
Million（百万）	3.19	11	10	9
Mutter（母）	3.16	10	1	9
Kampf（闘争）	2.84	9	6	3
unzählig（無数の）	2.63	7	5	2
Hunderttausend（十万）	2.63	7	7	0
Volk（国民，民族）	2.6	11	4	7
wieder（再び）	2.56	8	6	2
einzeln（個々の）	2.53	7	7	0
Krieg（戦争）	2.47	7	6	1
Stellung（地位）	2.42	6	4	2
Gleichberechtigung（同権）	2.22	5	5	0
Nationalsozialismus（国民社会主義）	2.19	5	4	1

2つ，例を挙げておきましょう。

　　にもかかわらず，四百万人以上の男性と女性が投票に出かけ，ドイツ国民の自由闘争の台帳に自らの名前を書き入れたのである。（1927年12月10日，ハンブルク，ブッシュ・サーカス場にて）

　　何百万人ものドイツの女性は，子供に対する愛情を再び強くしている。（1938年9月6日，ニュルンベルク，ナチ党大会での文化会議にて）

　一方，ナチ政権期に特徴的なのは，「女性」が「女子」，「母親」，「闘争」，「戦争」，「地位」，「同権」等と有意な共起の仕方をするほか，「すべての」，「われわれの」，「各々の」，「個々の」という総称的な表現が来ることです。さらに「女性」との共起関係を，1939年9月の第二次世界大戦開戦より前の時期（約46万語）と開戦後の時期（つまり戦中，約22万語）とに分けて

検討してみると、表3のようにそれぞれに明らかな傾向性があることがわかります。それは、「女性」が「母」、「地位」、「同権」と固い組みあわせを作っているのは開戦前の演説においてであるのに対して、「戦争」と「戦い」と固い組みあわせを作っているのは戦時中の演説においてであることです。

表3　Frau（女性）と、その左右4語内に来る語との共起関係：

ナチ政権期（開戦前）

単語	Tスコア	頻度(合計)	頻度(左)	頻度(右)
Mann（男性）	8.85	79	71	8
deutsch（ドイツの）	6.30	43	31	12
wir（われわれが/に/を）	4.35	25	10	15
unser（われわれの）	3.86	18	5	13
alle（すべての）	3.71	16	8	8
jeder（各々の）	3.63	14	12	2
Mädchen（女子）	3.16	10	3	7
Kind（子供）	3.15	10	0	10
Mutter（母）	2.64	7	0	7
Million（百万）	2.52	7	6	1
Stellung（地位）	2.43	6	4	2
Volk（国民，民族）	2.37	9	3	6
einzeln（個々の）	2.35	6	6	0
Gleichberechtigung（同権）	2.22	5	5	0

ナチ政権期（開戦後）

単語	Tスコア	頻度(合計)	頻度(左)	頻度(右)
Kind（子供）	5.38	29	3	26
deutsch（ドイツの）	4.77	24	19	5
Mann（男性）	4.55	21	18	3
Mädchen（女子）	3.46	12	1	11
alle（すべての）	2.46	7	6	1
Krieg（戦争）	2.33	6	5	1
Kampf（戦い）	2.13	5	4	1

2つ、例を挙げておきましょう。

　　ドイツの女性は、ドイツの母としてドイツの未来の担い手となる。（1931年4月24日，シュトゥットガルト，シティーホールにて）

　　私は，女性と子供に対する戦いを行うつもりはない。私は、攻撃の際には軍事的対象に限るように空軍に指示をしている。（1939年9月1日，ベルリン，国会での開戦演説）

● ヒトラー演説における「女性」像の変化

　実は、ナチ党が政権を掌握すると、ワイマール共和国時代の男女平等の思想から退行する形で、女性を公職から追い、家庭へ戻す政策が取られました。女性は、「家庭にあって（将来の戦士となる）子どもを産み・育てる母性に特化され、そのことによって初めて、民族共同体を構成する男性と平等

の同志とみなされ」（桑原（2010: 29））たのです。1934 年と 1935 年のナチ党大会時にヒトラーは，「ナチ女性同盟」（NS-Frauenschaft）を前にして，女性の地位と権利に言及しながら，次のように演説しました。

> 男性の世界は，国家，戦い，共同体のための献身である。[…] 女性 の世界は，男性，家族，子供たち，そして家庭である。[…] 女性 が子供を産むことは，民族の存亡に関わる戦いである。（1934 年 9 月 8 日）

> 三十年，四十年，もしくは五十年にわたって国民社会主義の政府が続けば，女性の地位は今までとまったく異なったものになるであろう。（1935 年 9 月 13 日）

開戦後になると，この女性像は一転し，女性にも労働奉仕が義務化され，スターリングラードでの敗戦を受けて 1943 年 1 月には，16 歳から 65 歳までの男性，17 歳から 45 歳までの女性が総力戦に強制動員されることとなりました。次のヒトラーの演説文は，労働力を補塡（ほてん）する要員として動員された女性から，武器が遠ざけられることもなくなった事実が示されています。

> 年長者と男子青年が故国の防御兵器を操り，何十万人もの 女性 と女子がそれを手伝うであろう。（1943 年 3 月 21 日，ベルリン，英雄記念日）

この頃には「母性主義イデオロギーは相変わらず建前として存在したが，現実にはナチスのジェンダー秩序が瓦解（がかい）して」（桑原（2010: 54））いたのです。このことは，ヒトラー演説の語彙的特徴の変化からも読み取ることができるわけです。

参考文献
石川慎一郎（2008）『英語コーパスと言語教育』大修館書店．
桑原ヒサ子（2010）「ドイツ人女性兵士は存在しなかったのか――国防軍における女性補助員の実態」『人文社会科学研究所年報』（敬和学園大学）第 8 巻，29-56．
高田博行（2011）「時間軸で追うヒトラー演説――コーパス分析に基づく語彙的特徴の抽出」『学習院大学ドイツ文学会研究論集』第 15 号，89-155．
高田博行（2014）『ヒトラー演説――熱狂の真実』中央公論新社．
ヒトラー，アドルフ（1973）『わが闘争（上）』平野一郎・将積茂訳．角川書店．

(学習院大学)

V. ことばの教育

「国語」「日本語」どう違う?
―実体のあることばとしての統一体とは―　　　　　　　　　　鎌田　修

● 国語と日本語――どちらも「ことば」?

　日本では春になると入学祝いを見込んでか,新聞などに英和辞典や国語辞典の広告がたくさん出ます。興味深いことに英和辞典を英日辞典と呼ぶことはほとんどないようですが,国語辞典は出版社によっては,『日本語大辞典』(講談社,朝倉書店,小学館)とも呼ばれたり,『国語大辞典』(小学館),『現代新国語辞典』(三省堂)と呼ばれたりもしています。しかし,どれを見ても中身は日本語と見なされる表現のすべてであり,「国語辞典」であれ,「日本語辞典」であれ,その中身に差はありません。しかし,面白いことに『新明解日本語アクセント辞典』(三省堂)の場合,「国語アクセント辞典」と言い換えることはできません。

　「日本語」と「国語」,それらは一体同じものなのでしょうか,それとも別のものなのでしょうか。どうしてこのように紛らわしいことがいつまでも容認されるのでしょう。それがここでの最初の課題です。絶対的な答えはないでしょうが,日々あまり気づかない当たり前のような事象に目を向けることで思わぬ発見に出くわすものです。

　まずは,直感的に答えられるところから始めましょう。以下は,大学のある授業で与えた同様の質問に対する学生からの解答をまとめたものです。

(1) 国語は国のことば(公用語)だから,この場合,日本語と同じ。しかし,国語は書きことばだから国語アクセント辞典とは言えない。

(2) 日本語は世界の諸言語の一つで,言語として客観的に見たものだが,国語は日本人が自分自身のことばとして主観的に捉えたもの。

(3) 日本語の上に来るのが国語。つまり,日本語は外国人が学習し,日本人のように話せ,また,日本文化も身につくようになると国語になる。

(4) 国語は日本独特の概念で,科目的要素が強く,学問のイメージ。

　これらは決して大きく間違ったものとは言えないでしょうが,すぐに反例

が出てくるのも事実です。例えば，(1) の場合，国語が国のことばというなら，スイスやベルギーやカナダや，さらに，インドやフィリピンのように国のことばがいくつもある場合，「あなたの母国語（母国のことば）は何ですか」という質問にスイス人だからといって「スイス語です」とは答えられません。そもそもスイス語ということばはないのです。また，母国は日本なのに日本語ができない日系ペルー人や日系ブラジル人などはどう答えたら良いのでしょう。それを言い直して「あなたの母語は何ですか」と聞くことは可能ですが，その場合，フランス語とかドイツ語とかスペイン語とか生まれながらにして自然に習得したことばをあげることになるでしょう。しかし，それはまず話しことばであり，日本の「国語」のように書きことばを指すということはありません。（実際，「国語を話す」とも言いにくいですね。）

　日本語は客観的だが，国語は主観的で日本独特の文化を取り込んだものという解答は，日本語のできない外国人に教えるのは日本語そのものの教育，つまり，日本語学校などで行う日本語教育で，日本語を母語とする日本人に教えるのは国語の教育，つまり，国語教育だという考えに通じます。日本語が上達したら国語となり，そこでは「日本語」の古典や「中国語」を日本語読みにする漢文，さらに現代文学も扱うことになるという論理です。しかし，このように「国語＝日本語母語話者の日本語」という「国粋的な」考えで同じ言語を区別するのは日本語ぐらいで，特に欧米の言語の場合，英語は何であれ英語，ドイツ語は何であれドイツ語，と扱われるのが通例です。

　こうして国語がことばであったりなかったりする一方，日本語はことばとしての独自性を持っています。そして，この事実は，次の質問に対しても明確な解答を与えます。

(5)　「日本語能力」と問題なく言えるのに，どうして「国語能力」は言えないのか。

「能力」の意味を潜在的な力と捉えると，「日本語」という言語に対する「能力」の存在は認められるものの，「国語」ということばが何を示すか定かでない概念に能力を認めることはできません。

● 国語，日本語，母語話者，非母語話者を超えて
　そもそも「国語」という語はいつ，どういう意味を持って生まれ，どのよ

うな経緯を経て、上で見たように曖昧模糊であるにもかかわらず、何かしら日本人なら誰でも知っていることばになったのでしょう。社会言語学者イ・ヨンスク氏は「『国語』という新しさ」(2007) という論文の中で、江戸時代に新しい「漢語（中国語音からなる語）」として生まれた「国語」という語 (word) が、不特定の国のことば (language) を指す「普通名詞」でもあれば、特定の文化を含む国語、つまり、日本語そのものを指す「固有名詞」にもなり得るのは「『日本』『日本人』『日本語』を一つの統一体として、むすびつけてしまう、（中略）、ことばを超えた感情の共同体」(pp. 30-31) としての意識（つまり、日本人観、日本国家観）が未だ多くの日本人にあることが原因だと述べています。国際結婚の両親から生まれ、日本語の他、複数の言語を操れるバイリンガル（あるいはトライリンガル）話者、幼少期に親に連れられ来日、そのまま滞在し、その時の母語より日本語の方が強くなった日本語話者、さらに、日本列島至る所に存在する母方言を背景に、いわゆる、共通語（あるいは「共通方言」）として書き言葉的日本語を話す日本語話者など、様々な形の日本語話者が現実に存在する中、一体「ことばを超えた共同体」としての国語（日本語）など存在するのか、存在するとすれば、それは一体何なのだという問いを投げかけているわけです。

　実は、イ・ヨンスク氏の問いかけは、逆説的ではありますが、外国人には理解できない日本人独特の日本文化を含んだ国語（＝日本語）があるとすれば、それは何なのだろうか、という一種の「皮肉」を感じさせます。先に取り上げた、世界中に数ある言語の一つとして「日本語」を学び、さらにそれに日本文化の理解が加われば「国語」になるという日本人学生の思いは幻影ではないかという意味でしょう。では、言語として実体のある「日本語」にそのような幻影性がないかというと、川口・角田 (2010) は著書『「国語」という呪縛』の中で「国語」の幻影性ほどではなくとも「日本語」ということばにもその純粋性、あるいは、標準性を求めるなら、同様の幻影性があると指摘しています。そうすると、ここで問題となるのは、実体のある言語（例えば、日本語、英語等）を**母語**、あるいは、**第二言語**（非母語）として話すとは一体どういうことで、また、どういう言語を話すことが幻影ではない確固たる実体の伴うものを話すと言えるのでしょう。

　現代の理論言語学を牽引してきたノーム・チョムスキー（1928-現在）の指摘を待つまでもなく、人間ならば特別な障害がない限り生まれつきにこと

ばが話せ，また，聞けるようになる能力があります。母語の場合それは先天的に，母語でない場合何らかの学習経験を積むことでその言語の獲得が可能になります。また，母語話者は一般に文法的に正しい発話を生み出し，一方，非母語話者は何らかの理由で非文法的な発話を生産すると言われています。次の日本語会話例を見てみましょう。

(6) イラン人日本語話者（学習歴 1 年半，ボビー）とのインタビューから
母語話者： 日本の食べ物はどうですか，おいしいですか。
ボビー： あの，私はちょっとあの，におい魚は嫌いです。
母語話者： は？
ボビー： におい魚，魚があの，さかなー，においがします。

ボビーの発した下線部の「におい魚」は一般の日本語母語話者は発することのない「非文法的」なものと見なされるものの一つです。また，ここでは再現できませんが，発音などになると，非母語話者はどうしても自分の母語の発音を大なり小なり引きずって**目標言語**（例えば，日本語的英語）を発話する傾向もあります。

　しかし，この例を注意深く観察するとボビーは「におい」が「い」で終わるため（また，意味的にも），それを形容詞とみなし，そのあと名詞「魚」を続けたと推測することも可能です。確かに「標準的」な日本語からするとそれは「誤用」になるのでしょうが，ボビー自身の持っている文法知識（「い」で終わる語は形容詞でそれは名詞の前に来る）は決して間違っているのではなく，日本語自体が持つ紛らわしさが原因だとも察せられます。このようなことは，幼児が話す日本語にも似た現象があります（例えば，ある 4 歳 10 ヶ月の幼児が発した「熊はあんまりすきくない！」）。その上，成人した日本語母語話者で「違うかった」という「誤用」（動詞「違う」を形容詞として活用させている）を平気で使う人も見受けられます（正しくは「違った」であるべきでしょう）。このように考えると，「におい魚」はボビー自身の日本語の規範としては決して間違ったものではなく，また，母語話者との意思疎通も取れていることから，むしろ，「正しい」ものといえるでしょう。こういう発達途上にある言語のことを**中間言語**（interlanguage）と呼び，それには言語としての独自性があることが認められています。妙な言い方かもし

れませんが，ボビーはボビーなりの中間言語母語話者と呼べるわけです。

そもそも私たちのことばはかなり流動的なもので，「国語」は言うまでもなく，「日本語」や「英語」にも確固たる「統一体」等ないのでしょう。発達過程にある中間言語ほど流動的かどうかは別にして，ここで，現在，ヨーロッパを中心に起きている大変興味深い言語観を紹介して本章を閉じたいと思います。それは**複言語主義**（plurilingualism）と呼ばれるもので，国や文化，それにことばも異なる多くの共同体からなるヨーロッパ自体が，かつてない程の流動性を見せ，また，制度的，政策的にそれを奨励していることに端を発した言語観です。詳細は省きますが，欧州連合や欧州協議会の加盟国であれば，就労ビザがなくても他国での就職が可能になり，また，各国の大学間での単位互換や入学，転学などが容易に行える制度が設けられています。このような流動性が実際に存在する中，「ヨーロッパ言語共通参照枠」(Common European Framework of Reference for Languages) という言語教育に関する規定が施行され，それを基準に欧州にて母語以外に学習，使用する言語の評価，教育目標などが設定されています。この参照枠で特徴的なのは目標言語のレベルを理想的で単一的な母語話者に設定するのではなく，自身の母語や母文化に新たな言語とその文化を複合させたものとする「複言語主義 (plurilingualism)」を謳っていることです。純粋に単一的な言語の存在を否定し，そもそも流動性を含んだ言語が複合的に膨らみ新たな言語になるという考えです。そのような複合的言語観でヨーロッパを「統一」しようという大変意欲的な試みと言えます。これとは全く正反対の方向にあるのが，どうやら，「国語」という概念にある幻影性のようですが。

参考文献
イ・ヨンスク（2007）「「国語」という新しさ」『言語』Vol. 36, No. 1, 24-31.
川口良・角田史幸（2010）『「国語」という呪縛』吉川弘文館.
Council of Europe (2001) *Common European Framework of Reference for Languages: Learning, Teaching, Assessment.* Cambridge University Press.

（南山大学）

英語教育研究における「複雑系理論」の意義と魅力

冨田　祐一

● 英語教育に関して繰り返される議論

　日本社会における英語の存在はますます重要性を増しつつあり，その教育を司る「英語教育」は，人々の強い関心を集めています。しかし，一方では，日本の英語教育については，実に様々な人達が色々な見解や主張を述べており，不満や疑問も数多く聞こえてきます。

　「日本人の英語力はなんでこうも低いんだろう，中学校と高校で6年間も勉強しているのに。」「英語の文法ばかり勉強しても役に立たないと思うよ。コミュニケーションが大事なんだよ。」「英語は小学生から始めなければだめでしょ。中学校からじゃ遅すぎる。」「いや，英語はあとで勉強すればいいんだよ。小学生にとって大切なのは国語だよ。」といった意見や主張は，人々の会話の中で頻繁に登場します。

　こうした話題が日本人の間で頻繁に交わされている背景の一つに「現代社会の急激なグローバル化」があることは間違いありません。しかし，そうした会話がよく聞かれる原因は，グローバル化だけとは思えない面があります。なぜなら，こうした議論や論争は，英語が日本で教えられるようになった明治時代以来少なくとも100年以上は続いているものだからです。

　ではこうした英語教育に関する話題は，なぜ私達の日常生活の中で繰り返し話題に上るのでしょう。本章ではその点について考察することからスタートし，そうした状況を改善する鍵になるかもしれない「ある一つの理論」について検討したいと思います。

● 英語教育の複雑性

　筆者は，私達の日常生活の中で英語教育のことが繰り返し話題に上る理由の一つは，関与する要因の多様性と要因同士の複雑な関係性にあるのではないかと考えています。たとえば，次に示した要因はいずれも英語教育に関与しているものですが，その数の多さには驚かされます。　そして，ここでさらに重要なことは，これらの要因が，単独で英語教育に関与しているわけで

はなく，相互に関わり合いながら複雑な体系として英語教育に関与しているという点です。

社会環境的要因
　政治的要因，歴史的要因，経済的要因，文化的要因
教育環境的要因
　文部行政，学校制度，教育課程，教育施設，教育設備，教育機器，教具，教科書，教材，授業の頻度，開始時期，学習期間
教師要因
　思想，目的，動機，教育課程の設計能力，教授法，指導能力，英語力，性別，性格，年齢，経験
学習者要因
　思想，目的，動機，一般的学習能力，言語的学習能力，学習方略，性別，性格，年齢，経験

　たとえば，ある人が自分の体験を基に「英語能力を上げるには，たくさんの本を読んで語彙力をつけるのが一番ですよ。皆さんもやってみてください。」と言ったとします。その人は嘘をついているわけではなく，きっと英語の多読によって本当に英語の能力を向上させたことでしょう。しかし，少し考えると，その方法が「本を読むことが大嫌いな人」や「本を読む習慣がない年齢の低い子ども達」には向かないことが分かります。つまり，「学習者 A」に「学習方略 X」が有効に働いたとしても，A が備えているその他の条件（性格，動機，年齢等）を伴わない「学習者 B」に「学習方略 X」が有効に働くとは限りません。このように，英語教育の成果に影響を与える要因は，決して単独で関与しているわけではなく，その他の要因と複雑に関連し合いながら関与していることになります。この複雑な状況が「複雑性」を帯びた状況です。

　そして，ここで注意すべきことは，これまでの英語教育に関する研究の多くが「複雑性」への配慮を十分にはしてこなかったという点です。従来の英語教育の研究の多くは，できる限り研究対象を絞りこみ，個別に扱うことで「原因と結果の因果関係」を科学的に検証しようとしてきました。

　たとえば『学習開始年齢が「早い学習者」と「遅い学習者」ではどちらが高い英語能力に達するか？』という問いを検証する研究などは，その例です。

この場合の「学習開始年齢」が研究対象の原因で，それが「最終的到達点（結果）」にどのように影響するかを検証します。つまり，「学習開始年齢（原因）と最終的到達点（結果）の因果関係」を明らかにしようとします。

　しかし，こうした「原因と結果の因果関係」を追究した研究が「学習開始年齢は早い方が良いのか？」という問いに対する答えを明確に示せたかと言うと，必ずしもそうとは言えません。なぜなら，外国語能力の最終的な到達点は，学習環境，学習期間，言語的才能，動機，等々の様々な要因の影響を複雑に受けながらたどり着く能力であり，学習開始年齢だけが最終的到達度を説明するわけではないからです。

● 英語教育の動的性質

　英語教育に関する同じような議論が何度も繰り返されるもう一つの原因は，英語教育の「動的性質」にあるのではないかと思われます。動的性質とは「変化し続ける性質」のことです。

　たとえば，英語を習得するためには「内向的な性格の人よりも外向的な性格の人のほうがいいよね。」などと言われることがあります。外向的な人のほうが積極的に会話をしようとするし，人前でスピーチをするのもいやがらないので，結果として英語を話すのがうまくなるに違いない，というわけです。そして，実際に「人の性質」と英語能力との因果関係に関する研究はこれまでたくさん行われてきました。しかし，「外向性・内向性と英語能力」の因果関係を明確に示す研究結果は得られていないのです。

　では，なぜそうした研究が明確な結論を導き出せないのかと言うと，その背景には，第二言語・外国語の学習者のもつ動的性質があります。たとえば，ある人物がある状況で外向的だとしても，同じ人が異なる状況でも同様に外向的かというと，そうである保証はありません。実は外向性や内向性は，状況や話し相手によって変化するからです。

　あるいはまた，英語を学習している人達の中には，英語を聞いて理解するのが苦手だという人がいます。しかし，そうした「英語を聞くことが苦手な人」であっても，仕事の都合などで英語圏の国で生活し，「一定期間」を経過すると，「急に英語の話が聞けるようになったぞ」と感じる瞬間を経験することがあります。この時の「一定期間」については個人差があり，1年の人もいれば3年の人もいます。また，そうした経験をした人達に「いったい

何が原因でそうなったの？」と尋ねても，明確な答えは返ってきません。

しかし，こうした現象から言える興味深いことは，英語の学習を継続していると，何らかの理由・原因によって，気づかない内に英語の能力が変化する可能性があるということです。また，その変化の過程では，ある発達的ステージから次のステージに移る瞬間があるという点も重要です。つまり，学習者の英語の能力とは静的なものではなく動的です。また，その変化の過程には発達を示すステージが存在する可能性があることになります。そして，こうした英語能力の動的性質を明らかにするためには「原因と結果の因果関係」を検討する研究だけでは不十分なことは言うまでもありません。

● **Larsen-Freeman の複雑動的体系理論**

さて，上記のような状況にある英語教育研究の世界では，20世紀末に一つの画期的な論文が発表されました。「複雑系理論」を第二言語習得研究に応用することを提案した Larsen-Freeman（1997）です。彼女はこの論文の中で，第二言語習得研究を「原因と結果の因果関係」を追究する研究から「複雑で動的な体系」を追究する研究へとパラダイムシフトすべきであると主張しました。「複雑系理論」とは，もともとは数学の世界で生まれた理論ですが，彼女の提案は，その理論の考え方を第二言語習得研究に応用し，従来の研究方法の壁を破ろうとしたという点で画期的でした。Larsen-Freeman は自らの理論を「複雑動的体系理論（Complex Dynamic Systems Theory）」と呼びましたが，この理論に示された彼女の新たな研究パラダイムは，第二言語習得と外国語教育の研究者たちの強い関心を惹きつけました。

しかし，実質的な研究が行われるようになったのは，つい最近のことです。彼女の理論を最も早く受け入れたのは「動機づけ」の研究者達でした。2015年には動機づけ研究者の Dörnyei が中心となって理論的研究と実証的研究を収めた Dörnyei, MacIntyre & Henry（2015）を出版しました。日本では，新田と馬場が2014年10月から2015年3月にかけて，雑誌『英語教育』で「複雑系理論」に関する連載記事（全6回）を発表し，複雑系理論の分かりやすい解説をしました。

新田と馬場（2014, 10月号）は，複雑系理論で用いられる「複雑」という用語の概念を，「学校の授業におけるクラスの雰囲気」を例に，次のように解説しています。

……クラスの雰囲気は一体どこから来るのでしょう。例えば，賑やかなクラスの生徒一人一人が皆賑やかなわけではないでしょう。1人の生徒が全体の雰囲気に大きな影響を与えることもありますが，それでも1人の存在だけで全てが決まるわけではありません。一人一人が互いに影響を与えつつ，クラス全体の雰囲気ができ上がります。そして何らかのきっかけでその雰囲気が変化して行くこともあります。
　このように，部分（一人一人の生徒）の単純な総和では説明できないまとまり（クラスの雰囲気）のことを「複雑系」と呼びます。——〈中略〉——世界は複雑系に満ちていると言われますが，世界の一部である英語教育の現場もまた複雑系に満ちているのです。(p. 52)

　英語教育における研究は，1970年代から科学的手法を採り入れ，理論的・実証的研究を積み上げてきました。しかしながら，その過程にあっては，明確な「原因と効果の因果関係」をとらえようとするあまり，結果として，現実の英語教育の現場の実態から遊離した研究が行われてきた可能性もあります。それは「木を見て森を見ない姿勢」と言ってもよいかもしれません。
　そのような現状の中で生まれた「複雑系理論」はまだ提案されてから日が浅い理論であり，その可能性は未知数ですが，「複雑性」や「動的性質」といった概念を用いることで，英語教育の現場の実態により接近した分析を可能にする理論であるように思えます。今後は本理論がさらに広い範囲での研究に応用され，英語教育に関わる学習者と教師にとって有益な研究成果がもたらされれば，本当に素晴らしいことだと思います。そのような将来への期待を込めつつ，この分野での更なる研究の発展を願いたいと思います。

参考文献
Dörnyei, Zoltán, Peter D. MacIntyre and Alastair Henry (eds.) (2015) *Motivational Dynamics in Language Learning.* Multilingual Matters.
Larsen-Freeman, Diane (1997) "Caos/Complexity Science and Second Language Acquisition," *Applied Linguistics*, Vol. 18, No. 2, 141-165.
新田了・馬場今日子（2014年10月～2015年3月）「連載記事・全6回：〈複雑系〉で英語学習観が変わる」『英語教育』大修館書店．

（学習院大学）

Learner Autonomy and Language Pedagogy

Alison Stewart

Introduction

The term *learner autonomy* has become something of a buzzword in language learning research and language education policies around the world, and this raises challenging and profound questions for teachers and teaching of languages. Good language learners have been shown to be intrinsically motivated, independent, goal-oriented, and reflective (Rubin, 1975). They are invested in their own learning, use a range of strategies to achieve short-term and long-term goals, and make time for extensive practice. Research on good learners thus supports what has been known since Plato: that, in order to be successful, learners have to be active and independent. The notion of learner autonomy in current discourse on language learning, however, goes beyond this depiction of the psychological attributes or attitudes of learners to include in addition philosophical and political ramifications (Benson, 2011), where freedom of the individual is seen as essential as both a means and an end to learning. Learner autonomy also has to be seen in the context of modern technology and its facilitation of computer-mediated language learning, enabling more freedom and opportunity for learners outside the classroom. Such thinking and practice surrounding learner autonomy implies a departure from the traditional role for the teacher. The purpose of this paper is to explore some of these implications and to review current trends in autonomy-fostering approaches in language education in order to illustrate possible directions for English language teaching in Japanese education.

Autonomy in Theory and Practice

The field of Second Language Acquisition from the 1970s onward has regarded autonomy in the language acquisition process as axiomatic. Applications of alternative socially oriented theories (e.g., Atkinson, 2011) have challenged this assumption by positing that learning is mediated rather than autonomous. However, there remains a strong tendency in the field to regard learning as an individual and autonomous enterprise, and success or failure in achieving proficiency as a result of individual differences. The psychological emphasis is strongest in areas of motivation and language learning strategies, whilst a growing sociocultural emphasis is seen in a new research interest in learning contexts.

In terms of national policy, autonomy is regarded as one of the primary objectives in the revised Basic Act of Education: "to foster a spirit of autonomy and independence" (Basic Act on Education, Act no 120). At the same time, however, the means by which such autonomy can be fostered are somewhat unclear: the same law holds that "teachers of the schools prescribed by law shall endeavor to fulfill their duties while being deeply conscious of their noble mission and continuously devoting themselves to research and self-cultivation." The "duty" of teachers is to teach, a notion that carries implications of knowledge transmission, a view that may still be implicated in the Course of Study for English language teaching in Japanese secondary education. A rigid curriculum and textbooks that encourage a teacher-dominated classroom management style leave little room for learner autonomy either in the classroom or outside. The following sections review the main areas of research and practice in learner autonomy and discuss how they might be applied in Japanese classrooms.

Learning Strategies and Self-Regulation. Arising from "good learner" studies in the 1970s (e.g., Rubin, 1975), strategies were initially regarded as a universal key to success in language learning. Oxford (1990) introduced a Strategies Inventory for Language Learning (SILL), which divided strategies into cognitive, metacognitive, affective, and communicative types, and which has been widely used in research and teaching. In the following two decades, however, the initial optimism towards the concept of strategies waned, with controversies arising over the definition and nature of the concept, with the result that some researchers abandoned the term in favour of the alternative "strategic self-regulated or autonomous L2 learning" (Oxford, 2011). Rather than viewing strategies as teachable prior to learning, many researchers now see them as part of "the chemistry of learning" (Gu, 2003) and dependent on individual learners, tasks and situations.

Although learning strategies are commonly incorporated in teacher education and in language education materials, a more sustained strategies-based approach would involve making time not only to introduce learners to a comprehensive range of strategies, but also to allow them to choose strategies for their own learning and then to reflect on their effectiveness afterward in an ongoing cycle throughout the syllabus. Many university language teachers who have responsibility for making their own syllabuses do in fact adopt this kind of approach, although it is less common in a programme-wide curriculum.

Self-Access Centres. A more radical interpretation of learner autonomy can be seen in the development of self-access language learning, which originated from a movement in language teaching in Europe, where teaching generally has tended to be more liberal and where the European Union has provided an impetus to language learning through its free movement of labour policies. Considerably boosted by the development of computer-assisted language learning, self-access learning generally involves buildings or rooms where a full and varied range of language learning resources, including graded readers and self-study materials, are provided for learners to avail themselves of. In Japan, self-study facilities typically range from specially designed centres to rooms containing resources for students to use, such as the self-study room at Gakushuin University.

As a form of pedagogy, self-access centres are designed on the premise that learners control all aspects of learning, from goal setting to choice of materials, to the pace, monitoring and evaluation of progress. Accordingly, there is no place for teachers in the traditional sense, and many self-access centers employ the term *advisors* for people who are employed to work with students who use them. With the emphasis on providing as much choice as possible for the learners, the pedagogical focus is on ensuring that there is a comprehensive range of resources, including specially designed learning materials and authentic texts with supporting materials.

Learning Communities. Although the notion of learner autonomy originates in psychological theories of individual differences and philosophical notions of individual human rights, in recent years the "social turn" in language learning research has come to influence thinking the field about autonomy also (Murray, 2011). Though there is considerable overlap here with the previous two sections, learner autonomy research and practice has recently come to focus on providing social contexts in which learners can develop together. In educational institutions, this often takes the form of conversation lounges or learning cafes (Murray & Fujishima, 2015), where the learners themselves can have some control over both the social activity and the appearance of the space. The assumption behind learning communities is that learners are each other's teachers, and this notion of reciprocity is realized literally in the practice of telecollaboration or tandem learning (Aoki, 2013), where Japanese learners of English, for example, connect online with English learners of Japanese to teach each other their native languages.

As with self-access, the role of the teacher in these kinds of learner communities is minimal, largely confined to an administrative capacity in liaising with the authorities to ensure access to and proper management and use of facilities. The term *community* is often used by teachers and by institutions because it conjures up positive images of the learning environment. More often than not, however, this use of the term does not imply learner autonomy; it may actually be strongly teacher-dominated.

Conclusion

Autonomy has become a key word in educational discourse, and the practice and research into learner autonomy in language education has produced some rewarding outcomes. At the same time, much more could be achieved at all levels of the Japanese education system by rethinking the role of the teacher and pedagogy, by stepping back, and allowing learners to take more control of their learning and their futures.

References

Aoki, Naoko (2013)「経験という権威：教師教育のツールとしてのタンデム学習」JALT Learner Development SIG 20th Anniversary Conference, Gakushuin University.

Atkinson, Dwight (2011) *Alternative Approaches to Second Language Acquisition*. Routledge.

Benson, Philip (2011) *Teaching and Researching Autonomy*. 2nd ed. Routledge.

Gu, Peter (2003) "Vocabulary Learning in a L2: Person, Task, Context and Strategies," *TESL-EJ* 7(2). http://www.tesl-ej.org/wordpress/issues/volume7/ej26/ej26a4/?wscr

Murray, Garold (ed.) (2011) *Social Dimensions of Autonomy in Language Learning*. Palgrave.

Murray, Garold and Naomi Fujishima (2015) *Social Spaces for Language Learning*. Palgrave.

Oxford, Rebecca (1990) *Language Learning Strategies: What Every Teacher Needs to Know*. Heinle.

Oxford, Rebecca (2011) *Teaching and Researching Language Learning Strategies*. Routledge.

Rubin, Joan (1975) "What the 'Good Language Learner' Can Teach Us," *TESOL Quarterly* 9(1), 41–51.

(Gakushuin University)

ディクトグロスによるフォーカス・オン・フォーム

竹内　まりや

● 近年の日本の英語教育の動向

　今日，日本の英語教育においては，従来の文法や語彙指導により英文を解読する文法訳読法をはじめとした伝統的な指導法からの脱却を図り，学習者が英語をコミュニケーションの手段として使えるようになることを目的としたコミュニカティブな活動が，授業に積極的に取り入れられる傾向にあります。しかしコミュニケーションが重視されるようになっても，真のコミュニケーションを図るためには依然文法指導が大切であることは言うまでもありません。

　文法とコミュニケーションのバランスのとれた指導を行うにあたり，日本でも関心が高まっているのが**フォーカス・オン・フォーム**（**focus on form**）と呼ばれるアプローチです。この章ではフォーカス・オン・フォームの基本概念や効果について概観し，さらにその実践例として**ディクトグロス**（**dictogloss**）と名付けられたタスクを紹介したいと思います。

● フォーカス・オン・フォームとは何か

　Long（1991: 45-46）は，フォーカス・オン・フォームを「意味やコミュニケーション中心の授業において，学習者が偶発的に現れた言語的要素に注意を向けること」と定義づけています。提唱された当初，フォーカス・オン・フォームは理解や産出活動の際の学習者のつまずきをきっかけとした反応的な指導に意味が限定されていましたが，最近では事前対策的な指導も含めたより広い意味で使われるようになりました。

　それではなぜフォーカス・オン・フォームのアプローチが，言語学習に効果的なのでしょうか。まず重要なことは，このアプローチでは純粋なコミュニカティブな授業で軽視される傾向にあった文法などの言語形式に生徒の注意を向けさせることで，コミュニカティブな教授法の欠点を補い，言語使用における正確さと流暢さの両方の能力をバランスよく向上させることを目指したものであるという点です。このような複合的なアプローチは，とりわけ

言語的なインプットの量が不足している「教室における外国語教育」において効果的であると考えられています。

さらに Doughty (2001: 211) は，フォーカス・オン・フォームの効果に関して，学習者が一つの認知活動の中で形式・意味・機能の三点に同時に注意を向けることになり，言語学習において重要な形式・意味・使用間の認知的マッピングを促進することを強調しています。形式・意味・機能とは，具体的に例を挙げると You should have been more careful. という文では，助動詞＋完了形という形式は「～すべきであった」という意味を持ち，非難や忠告などの機能を持っていると解釈できます（白畑・冨田・村野井・若林 (2009: 116)）。このような形式・意味・機能の三要素の理解は，言語をコミュニケーションの手段として活用していく上で欠かせませんが，フォーカス・オン・フォームのアプローチで意味中心の言語使用において形式に着目することで，これらの結びつきを学んでいくことができます。

● フォーカス・オン・フォームのテクニックの例：ディクトグロス

ここまでフォーカス・オン・フォームの基本的な定義や効果について見てきましたが，次に実際の例を挙げたいと思います。授業でフォーカス・オン・フォームを行うためのテクニックとしては様々な言語活動が提案され，実証的な研究が行われています。今回はディクトグロスという学習者が自分のアウトプットを振り返るタスクを紹介します。

Swain (1998: 70) によれば，ディクトグロスではまず教師が短く内容の濃い文章を通常のスピードで読み上げ，学習者はそれをメモを取りながら聞きます。その後学習者はグループでそれぞれが書き取ったメモを共有しながら，協力して元の文章を復元します。文章全体の意味を考えながら復元する中で，学習者の注意が自然と言語形式にも向くことを狙いとしています。

村野井 (2006: 108) が指摘するように，フォーカス・オン・フォームの定義と照らし合わせて考えると，ディクトグロスは文章の復元作業となるので，厳密には自然なコミュニケーションとは異なる部分があります。しかし学習者が文章全体の意味を熟考しなければ元の文章を復元することは困難になりますので，極めて意味内容を重視したタスクだと言えます。読み上げる文章に関しても教師が前もって選んだ教材になりますが，その分教師が意図的に学習者に焦点化させたい言語形式を含む文章を選定することもできます

し，教師にとっては指導の準備がしやすく，実行可能性は高いと言えます。

　ディクトグロスでは前節で説明したようなフォーカス・オン・フォームの効果が期待できます。特に学習者にアウトプットをさせることで，学習者が自分が言いたい（書きたい）けれども言えない（書けない）表現があるのに気づくことを促します。また自分が学習言語に関して立てている仮説が正しいかどうか検証して修正したり，自分の言語使用を振り返りながら形式・意味・機能の三要素の関係性を理解したりする貴重な機会にもなります。これらのアウトプットの役割は，Swain（1998）の**アウトプット仮説（output hypothesis）**としてよく知られています。

　さらに Vygotsky（1978）によって提唱された，「言語学習を含む人間の認知的な発達は言語によって媒介される社会的な活動である」とする**社会文化理論（sociocultural theory）**に基づくと，ディクトグロスは他の学習者との協働的なタスクになるので，**足場掛け（scaffolding）**と呼ばれる上級者の学習者からの支援を受けやすくなり，その結果自分一人では到達ができない，現在のレベルより上の発達段階に進むことができるとされています。ディクトグロスは上記のような理論に支えられ，学習者の言語発達を効果的に促進するタスクだと考えられており，様々な研究でその効果が実証的に証明されています。

● ディクトグロスの実際

　前項でディクトグロスの基本的な手順を紹介しましたが，もちろん文章を読み上げる回数やグループの人数などの違いにより，様々なバリエーションが考えられます。学習者のレベルや年齢，学習目的などの条件を踏まえ，自分の教える学習者に合ったやり方を選択していくのが現実的です。読み上げられる元の文章に関しても，学習者が初めて聞くものでも過去に読んだことのあるものでも構いませんが，あまりにも抽象度が高く難解な文章の場合は事前にキーワードを少し与えておくなどして，学習者の背景知識をある程度活性化させてから活動に入ると，より聞き取りやすい文章となってタスクのレベルが調節できます。

　私は中学校・高等学校の英語教員として働く中で自分の授業でディクトグロスを利用することがありますが，非常にシンプルなタスクながらも生徒は懸命にメモを取り，後の文章復元作業もクラスメイトと楽しそうに取り組ん

でいます。特に普段はなかなか注意が向きにくい冠詞や前置詞などの機能語に関しても，積極的に話し合う様子が見られます。また英語を苦手としている生徒もクラスメイトの助けがあるので，復元作業にも参加しやすいようです。

　ディクトグロスを実施する上で注意しておきたいことを一つだけ挙げたいと思います。授業中ディクトグロスを行っている間，教師が何度か文章を読み上げてから生徒が復元作業に移る際，メモが取りきれなかったのでもう一度読んでほしいと生徒にせがまれることがよくあります。ここで生徒に頼まれたからと言って再度インプットを与えてしまうことは極力避けるべきです。なぜならもし生徒が教師の言うことを全て書き取れてしまうならば，その後のグループで協力して復元作業を行う意味があまりなくなってしまうからです。それぞれの学習者に書き取れた部分と書き取れなかった部分があり，グループのメンバーが異なる情報を持っているからこそ，復元作業における話し合いも活発化します。

　前述したようにディクトグロスは実行可能性が高いタスクです。読み上げる文章の選定は学習者のレベルなどを考慮し慎重に行わなければいけませんが，それ以外は特別な準備も必要ありません。タスク自体も与える文章の長さによりますが，5文くらいであればおよそ15分程度で終わらせることができると思います。このようにディクトグロスは手軽に授業に取り入れることができる一方，フォーカス・オン・フォームにより形式・意味・機能の結びつきの理解を促し，言語発達を促進させるのに極めて有効なアウトプットタスクであると言えます。

参考文献

Doughty, Catherine (2001) "Cognitive Underpinnings of Focus on Form," in P. Robinson (ed.) *Cognition and Second Language Instruction*, 206-257. Cambridge University Press.

Long, Michael (1991) "Focus on Form: A Design Feature in Language Teaching Methodology," in K. de Bot, R. Ginsberg and C. Kramsch (eds.) *Foreign Language Research in Cross-Cultural Perspective*, 39-52. John Benjamins.

村野井仁（2006）『第二言語習得研究から見た効果的な英語学習法・指導法』大修館書店．

白畑知彦・冨田祐一・村野井仁・若林茂則（2009）『改訂版　英語教育用語辞典』大

修館書店.
Swain, Merrill (1998) "Focus on Form through Conscious Reflection," in C. Doughty and J. Williams (eds.) *Focus on Form in Classroom Second Language Acquisition*, 64-81. Cambridge University Press.
Vygotsky, Lev (1978) *Mind in Society: The Development of Higher Psychological Processes*. Harvard University Press.

(共立女子中学高等学校)

ことばの力と生きること
―東日本大震災の被災地の教育活動から― 　　　　　　　山崎　友子

● コミュニケーション・ツール！

「私は，英語はコミュニケーション・ツールだと思っていますから」

英語教育を専攻する大学院生が，何の迷いもなくこう言います。小・中・高校の英語教育の目標がコミュニケーション能力の育成に置かれ，周りに様々な「ツール」が氾濫している今，無理もないのかもしれません。しかし，危うさを感じます。

三重苦の少女ヘレン・ケラーが，井戸からほとばしる水を受ける手にサリバン先生によって W-A-T-E-R と指で書かれたとき初めて「ことば」というものの存在を理解した場面は，映画でも知られる感動的な場面です。「ことば」は彼女を混沌の世界から救い出し，尊厳ある人として生きることを可能にしてくれる「知」そのものでした。第二言語もことばであることに変わりはありません。

言語に絶する被害を引き起こした東日本大震災は，私にとってことばの無力さとともにことばの力の原点を考える機会となりました。私の勤務する大学のある岩手県沿岸部の学校は大きな被害を受けました。そこでの教育活動を紹介し，ことばの力とその教育を考えたいと思います。

● Silence!

1万5千人以上の犠牲者を生んだ 2011 年 3 月 11 日の大津波の後 1 週間ほどして，三陸沿岸の町宮古市田老に足を踏み入れました。田老は明治・昭和と大津波により甚大な被害を受け，万里の長城とも言われる大きな防潮堤（町の人は「防浪堤」と呼びます）を築き防災に力を入れてきた町です。大学の「総合演習」という科目で，岩手から国際的に発信するものとして津波防災を取り上げ，町の防災担当の方に防浪堤の上で説明を受け，宮古市立田老第一中学校（以下「田老一中」）では中学生と一緒に昭和の大津波を体験した田畑ヨシさんに紙芝居「つなみ」を見せていただいていました。

お世話になった方々はご無事だろうかと向かった田老は，ことばを失う光

景でした。防潮林はなぎ倒され，海側の防潮堤は壊れ，山側の防浪堤の内側にはあらゆるものが折り重なっていました。重機が救助や道路の確保のために動いています。大きな音をたてているはずです。が，私には音が聞こえません。沈黙の世界が広がっていました。死を感じさせる世界でした。ことばや音は「生きている」証であるということを痛感しました。被災地の方々がことばを取り戻していくということは，LIFE＝生命・人生を回復していくということです。震災後，どのように，どんなことばが現れたでしょうか。

● 態度価値：試練の津波　幾たびぞ

　震災の年の田老一中の入学式は4月25日に，被害を免れた小学校に間借りして行われました。制服の揃わない新入生を歓迎して，生徒会長の村井旬くんは言います。「私たちは津波のことを忘れてもいけないし，津波のことを引きずってもいけません。現実を受け止め，一人ひとりができることを精一杯やっていきましょう。それがいつか田老の町を再建することにつながるのだと思います。」続けて，校歌3番に進むべき方向が示されていると言います（『いのち』p. 116）。(1) が校歌3番です。

(1)　防浪堤を仰ぎ見よ／試練の津波　幾たびぞ
　　　乗り越えたてし　我が郷土／父祖の偉業や　跡継がん

　校歌は，中学生に地域の歴史を蘇らせ，当事者としての意識を目覚めさせました。村井くんが最後に，「頑張れ田老！頑張れ一中！」と呼びかけると期せずして全校生が「オー」と応えて歓迎のことばは終わり，参列者は胸が熱くなりました。津波自体から津波による試練を乗り越えることに視点が転じられており，参列者も前を向く思いにさせられました。

　日本のメディアは「絆」ということばを流し続け，被災者は感謝のことば以外には応えようもないという，言ってみれば，ことばに不自由な時に，大人を凌ぐ力強いことばを中学生が，被災からほんの1ヶ月ほどで発したのです。極限状況にあって弱い人を助けるという行動をとった中学生は，命を思う大人の必死の行動も目にし，態度価値に気づいたのだと思います。

　態度価値というのは，オーストリアの精神科医フランクル（1905-1997）が，ナチスの強制収容所という非人道性の極まる状況に置かれても尊厳のある態度を示した人がいた体験から，人間が実現できる価値としてあげたもの

です。物が奪われ物を創りだす「創造価値」を実現できない状況でも，拘束され自らが体験するという「体験価値」を実現できない状況でも，人は態度で示すことが出来る，そこに人間の尊厳があるということを，フランクルと同じように被災地田老の中学生は発見しました。校歌が仲立ちをしました。

● **津波体験作文： いつか，誰かの役に立つ**

　入学式に先立ち，廊下の踊り場で開かれた始業式で，佐々木力也校長は「今は我慢しなければならないことがたくさんある。その先にある未来を思いましょう。今の我慢は将来いつかきっと役立ちます」と訓示し，生徒も教師も共に我慢しながらの教育活動が再開しました。

　津波体験を作文にすることに対して反対意見があります。校長先生は保護者の意見を聞くなど様々な角度から検討されました。決定打と言えるアドバイスは，牧野アイさん（現姓荒谷）の**「作文はいつか，誰かの役に立つ」**ということばだったそうです。小学校5年生で昭和の大津波に遭遇し孤児となったアイさんが担任の先生に言われて書いた作文「つなみ」は，小説家吉村昭さんの目にとまり『三陸海岸大津波』に所収され，数多くの人々が読み続けています。一人の少女の体験が「ことば」により普遍性を与えられ，生きることの意味を伝え続けています。

　「そしてとうとう一人ぽっちの児になったのです」と書いて鉛筆を置くと，先生はアイさんを抱きしめ，二人で涙されたそうです。これから一人で生きていく子どもの行く道の厳しさは考えるだけで胸がつまりますが，その子は逃げることはできないという現実を前に，作文を書かせることでその覚悟をする手助けをしなければと思われたのかもしれません。アイさんは担任の佐々木耕助先生と吉村昭さんを生涯の恩人と言います。「ことば」は人生を支える力を持っているのです。

　佐々木力也校長は，厳しい状況にある生徒への個別指導と学校としての教育活動を分けて考えました。街並みの消えた町の復興は学校なくしては有り得ないという確信から，**地域の学校としての教育活動**が定まりました。2011年度同校在籍のすべての生徒達が作文を寄せた『いのち』が発刊され，いくつかは教科書の副教材等となって全国の子ども達に読まれています。

● I love my hometown very much.

　田老一中出身の大谷海智くんは，高校1年生になって英語の授業で"Values of Miyako"というテーマに取り組みました。彼は田老一中の玄関に掲げてある名所三王岩を背景に書かれた校歌を写真にとり，「この校歌は，田老の良さと，強さを，感じられる校歌です」と説明しました。英文の説明は"I love my hometown very much."で結ばれ，ふるさとを愛する気持ちが溢れています。田老一中の地域の学校としての教育の結実の一つを見る思いがします。

● 命を守ることば～「私の碑（いしぶみ）」をつくろう

　明治・昭和と大津浪により壊滅的な被害を受けた重茂村姉吉地区には，昭和の大津浪の後**災害記念碑**が建てられました。地震学者の今村明恒博士がそれぞれの地域にあう文章を考え，姉吉地区には，高い所に家を建てるようにと命じる（2）の碑文になりました。高さ170cmほどの石碑の上段には**韻文**で警句が，下段には**散文**で説明が書かれています。

（2）　大津浪記念碑
　　　高き住居は / 児孫の和楽 / 想へ惨禍の / 大津浪 **此処より下に / 家を建てるな**
　　　明治二十九年にも / 昭和八年にも津 / 浪は此処まで来て / 部落は全滅し生 / 存者僅かに前に二人 / 後に四人のみ幾歳 / 経るとも要心あれ

　　　　　　　　　　（題字以外は縦書き，/ は改行を表します）

　集落はこの碑より上に再建され，平成の大津波では人的被害はありませんでした。正しく，そこに刻まれたことばが命を守ったのです。岩手大学と田老一中の合同授業に，この碑の文字の力に注目した授業を行っておられた田中成行先生（当時東京学芸大学附属小金井中学校国語科教諭）に加わっていただき，「命を守ることば～"私の碑"をつくろう」という授業を2014年9月に実施しました。

　今村博士は浄瑠璃に造詣が深かったそうです。警句の部分の韻文には，馴染みやすいリズムがあります。声に出して読み合わせながら，掛詞等の工夫を読み解き，これをモデルに田老一中生が「私の碑」を作りました。これま

で見られなかった「悔しさ」「憎しみ」「悲しみ」という感情が表現され，「死」ということばも使われました。韻文と散文の組み合わせにより，感情を対象化してことばにすることが可能になったのではないでしょうか。ふるさとの美しさを表現した碑文も印象的でした。震災から3年半という年月が率直な表現を可能にしたのかもしれません。そのタイミングにふさわしい教育活動であったのかもしれません。さらに嬉しいことに，中学生の碑文を読んだ岩手大学教育学部の英語教育科の学生が「英語にしてあげたいね」と言い出しました。(3)-(6) は大学生が翻訳したものです。

(3) Our hometown is different now. / My hate for the black waves has no end. / I can hardly look at "THE WORLD OF DEBRIS." By Takuto Takaiwa

(4) That changed our future. / We survived a big trial. / Let's lament our sadness together. / We should share these feeling forever. By Arisa Miura

(5) That day, / I'll never forget. / That fear, / I'll never forget. / These days, / my mind keeps the memory alive. By Tsubasa Ohsawa

(6) Early afternoon, I was going to the sea by bicycle. / I went to Kashinai Port alone. / The beauty of the sea and sky entwined lets me forget that tragic incident. By Shuhei Kobayashi

● 艱難辛苦汝を玉にす

この章では，岩手県沿岸の被災地の子ども達が示したことばの力，そしてそこに教師のパラダイム・シフトとも言える地域の学校としての教育活動がみられることを述べました。「艱難辛苦汝を玉にす」ということばがあります。奮闘している被災地から，ことば本来の力・教育の力という宝物が見えてきます。英語の教育も，ことばを軽視することなく，宝物を見つける教育でありたいと思います。

参考文献
岩手大学地域防災研究センター（編）(2013)『いのち～宮古市立田老第一中学校 津波体験作文集』五六堂印刷.

(岩手大学)

日本語を意識した外国語発音指導

奥野　浩子

● はじめに

　小学生に,「英語で数字の1は何て言うの？」ときくと「ワン」と答え,「犬は何て鳴くの？」ときくと「ワン」と答えます。「英語の1と犬の鳴き声は同じなの？」ときくと,「同じ」と答えます。大学の英語の授業で'she'と'sea'を読んでもらうと,全く同じ発音をする学生がたくさん見受けられます。

　こんなことが起こる背後には,外国語の音を日本語の音に対応させる,対応させないと気が済まないという意識が働いているように思われます。この意識の背後にはさらに,日本語の音と外国語の音は違わないという思い込みがあるように思えます。外国語には日本語にない音がありますが,それをどのように指導したらいいでしょうか。母国語話者の発音を聞かせて真似させる方式では効果が薄いように思われます。音楽で言われる絶対音感のようなものを備えていて,ある音を聞いてすぐに同じ音を出せるということは稀です。舌の位置や口の形を言葉で説明する方式も効果が薄いように思われます。特に,小学校低学年から英語を学ばせようという場合,説明する時に使う言葉に先生たちが戸惑うのは目に見えています。

　ここでは,日本語の音声を注意深く観察することで,外国語の発音に活かせる方法を紹介します。日本語では「は」と「へ」の読み方に二通りあることは誰でも知っていて,それ以外は「一文字一音」と考えられているようにみえますが,よく観察するとそうではありません。また,ヘボン式ローマ字表でわかるようにサ行とタ行には音価の違うものがあります。このことにも意識を向けるように指導することが外国語学習には必要だと思われます。

● 「ん」はどう読むの？

　大学の英語の授業の最初に,黒板に「ん」と書いて,学生に読んでくださいと言うと,多くの学生が戸惑います。それでも促して,数人に読んでもらうと,口を開けていたり閉じていたりと,口の形が違います。日本語では

「は」と「へ」に読み方が二通りありますが、それ以外は一文字に読み方は一つという思い込みがあるようですから、この段階で『「ん」はどうなってるんだ？』という問題意識が芽生えるようです。そこで、次に黒板に「さんまい」、「さんにん」、「さんかい」と書いて、数回早く読むように指示した後、途中の「ん」で止めさせます。これで、「ん」には三通りの読み方があることが理解できます。口を閉じる「ん」は英語の /m/ に、口は閉じないで、舌が上の歯ぐき裏につく「ん」は英語の /n/ に、口が開いたままの「ん」は英語の /ŋ/ に相当することを説明してから、some と sun と sang を読ませると、かなり発音がよくなることがわかりました。

　小学校低・中学年対象に、「ん」の発音に3つあることに気付かせることから始める韓国語指導をする機会を得たことがあります。韓国語を主にして英語も絡めて指導することにしました。韓国語も英語も、子音で終わる閉音節の発音が重要です。母音で終わることが多い日本語の癖を英語に持ち込むと、カタカナ英語と揶揄されることになります。小学生には、「さんま」、「あんな」、「さんか」のように3文字のことばで、真ん中に「ん」を含む語を示して、「ん」の読み方が3つあることを確認してから、語中に「ん」を含む語をあげさせて、どの「ん」かを当てるゲームをしました。小学生があげてくれたのは「あんま」、「あんこ」、「まんが」のようなものでした。「あんま」は「さんま」と同じで、「あんこ」は「あんな」と同じで、「まんが」は「さんか」と同じであることが確認できました。次に、英語の数字1の「ワン」と犬の鳴き声の「ワン」はそれぞれ「あんな」の「ん」と「さんか」の「ん」であることを教えて、発音練習をしました。そして韓国語の삼（数字の3），산（山），상（机）（母音に違いはありますが、ほぼ英語の some, sun, sang と同じ読み方）を、イラストを示しながら韓国人講師に発音してもらってから、発音練習をしました。小学生は楽しみながら発音ができるようになりました。

　「ん」の発音は後続の音によって変わり、「きんむ」のようにマ行の音の前、「はんぱ」のようにパ行の音の前、「きんば」のようにバ行の前では /m/ と発音されます。「あんた」のようにタ行の前、「パンダ」のようにダ行の前、「たんに」のようにナ行の前、「しんり」のようにラ行の前では /n/ と発音されます。「はんこ」のようにカ行の前と、「えんぎ」のようにガ行の前では /ŋ/ と発音されます。

このように，「一文字に一音」ということはないということを，外国語学習の前に，あるいは外国語学習と同時に意識させたいものです。小学校学習指導要領にも『…また，正しい発音のために，唇や舌などを適切に使った「口形」について，早い時期に身につけられるようにすることが大事である。』(小学校学習指導要領解説　国語編　第3章各学年の目標と内容　第1節第一学年及び第二学年「A 話すこと・聞くこと」(2) 内容イ・ウ　話すことに関する指導事項 p. 31) とあるように，口が開いているか閉じているか，舌の位置はどうなっているかに，早い時期から意識を向けさせることが，後の外国語学習に有効であることを広く知っていただきたいと思います。

● サ行の「し」

サ行は，ヘボン式ローマ字では「sa, shi, su, se, so」とつづり，「し」だけ子音が /ʃ/ と他と違います。このことに気付かせるためには，/si/ と /ʃi/ を聞き比べさせることが必要です。まず，/sa/, /si/, /su/, /se/, /so/ と読み聞かせてから，/sa/, /ʃi/, /su/, /se/, /so/ と読み聞かせます。韓国語でも시（市）は日本語と同様，/ʃi/ と読みます。英語では /s/ と /ʃ/ はしっかり区別しなければいけません。日本語の「し」は she や sheer の最初の音と同じですが，sea や see の最初の音は日本語の「し」とは違うことを意識させたいものです。

● タ行の「ち」と「つ」

タ行でも「ち」と「つ」の子音が他とは違い，ヘボン式ローマ字では「ta, chi, tsu, te, to」と違いがよくわかります。サ行の場合と同様に，/ta/, /tʃi/, /tsu/, /te/, /to/ と /ta/, /ti/, /tu/, /te/, /to/ をしっかり読み聞かせて，「ち」と「つ」が他と違うことを意識させます。「つ」という音は韓国語にはありませんし，英語では語頭に現れません。日本語にあって他の言語にはない音もあることも教えたいことです。英語には /tʃi/ も /ti/ もあり，/tu/ はあっても語頭の /tsu/ はないというように，日本語との比較をローマ字から始めることがあってもいいのではないでしょうか。大学生でも /ti/ と /tu/ は日本語で使わないため，英語の team や tool をカタカナ語である「チーム」と「ツール」と言ってしまいます。数字の「2」も「ツー」と言い慣れていて矯正するのに時間がかかります。

● 促音「っ」

　大人の韓国語講座で試したことですが，閉音節の発音練習に活かせそうなことは，促音「っ」に意識を向けることです。たとえば，「一句／いっ・く」や「一点／いっ・てん」や「一本／いっ・ぽん」のように破裂音の前での促音の口の形や舌の位置は違います。「ん」の場合と同じように，「っ」で止めるとわかります。「いっく」の「っ」の時は，口は開いていて舌の後ろが軟口蓋に付いていて，「いってん」の「っ」の時は，口が開いて舌先が歯茎の裏に付いていて，「いっぽん」の「っ」の時は，口が閉じています。このようなことを意識すると，英語で book や hit や top の最後の音の発音練習に使えます。日本語では母音で終わることが多いので，最後に母音を足して「ブック」，「ヒット」，「トップ」と読んでしまいます。これは英語でなくカタカナ語であることを強調したいところです。むしろ「ブッ」，「ヒッ」，「トッ」の方が英語に近いと意識させたいものです。もし，読みがなをつけるとしたらNHK のハングル講座でイ・ユニ先生が行っているように，「ブッ k」，「ヒッ t」，「トッ p」のような表記法を採用するほうが原音に近い発音ができるようになると思われます。

● おわりに

　後の外国語学習に備えて，早い時期から「音」に対する観察力を育てる重要性を伝えるための方法をいくつか紹介してみました。グローバルに人も物も行き来する時代に，コミュニケーションの道具である外国語を複数使いこなせることが必要になってくるように思われます。その際に，日本語そのものの観察と，日本語との比較の視点を育てることが重要です。本章のまとめとして，複数言語導入論を唱えている森住（2013）から一部を引用して終えたいと思います。「… 具体的には，幼稚園で『ことば』，小学校以上で『外国語』という教科を設置して，最初は日本語と隣語から始めて少しずつ増やした複数の言語から『2つの言語を選択必修にする』という提案になる。最近は，この『2つの言語』は『英語と英語以外の言語の2つ』という案を出している。」

参考文献
森住衛（2013）「言語観の検証――8つの異論をめぐって」東京言語文化教育研究会（編）
　『言語文化教育研究』第 3 号，2-6.

（弘前大学）

見えているのか，いないのか
―隙間だらけの書きことばとそれを補う想像力の働きについて―

真野　泰

● 具体的な状況が文の曖昧さを減じてくれること

まず，次の文をご覧ください。

(1) Do you see the child?

一見したところ，曖昧さとは無縁な，ごくストレートな文に見えるかもしれません。でも，この文は2通りに使うことができます。ヒントは私がこの文章につけたタイトルです。そう，この文の話者自身に the child が見えているかいないかによって，文の意味が微妙に違ってくる。

話者に見えているのであれば，(1) は，

(2) （私には見えている）あの子供が，あなたに（も）見えていますか。

というような意味になるでしょう。例えば，親子で芝居を見ていたら，舞台に子役が出てきた。でも，舞台上の子役の位置や，自分の子の座高がまだ低いことなどから，見えないのではないかと心配になった親が子に向かって尋ねる場合を考えればいいですね。

話者に見えていないのであれば，同じ (1) が，

(3) （私には見えていない）その子供が，あなたに（は）見えていますか。

というような意味になるでしょう。例えば，誘拐犯が身代金を指定の場所まで持ってきた人と電話で話している。金は用意してきただろうな。金を受け取りにやったのは，これこれの背丈の，これこれの服装の子供だ。犯人はそう説明したうえで，今，あんたのところから子供は見えるか，と尋ねます。

何が違うかというと，the child の意味が違う。もう少し正確にいえば，**定冠詞 the** の使い方が違います。つまり，(3) の意味のときの the child は，問題にしている child について話者とその相手との間に共通の理解が成り立っている（と少なくとも話者は思っている）。だから，定冠詞がついている。上の例ならば，the child というのが「これこれの背丈で，これこれの

服装をした，金を受け取りにやった（受け取りにくる）子供」のことだという了解が誘拐犯と身代金を払わされそうになっている人との間で成り立っている。この the child の the は，いわば共有された定冠詞です。

これに対して，(2) の意味のときの the child は，話者にとって特定されているというだけで定冠詞がついている。相手にとっては特定されていない可能性があり，その可能性を話者も認識している。さきほどの例であれば，舞台に登場した子役を認めた親には当然 the child であっても，まだ座高の低い子には the child の前提となる a child が見えていないかもしれない。この the child の the は，いわば話者が勝手に使った，一方的な定冠詞です。

だからこそ，(2) の意味で (1) を問われた人に the child が見えない場合，

(4) No, I don't see any child.

という答え方のほかに，

(5) Child? What child?

という応答があり得る。あり得るというか，ごく普通の応答ですね，なにしろ見えないのですから。「子供って，どの子供？」というわけです。

でも，(3) の意味で問われたとき，(5) という答え方は普通ではない。答えとして (5) が返ってくるのは，相手との間に共通理解が成立しているという話者の認識が誤っていた場合。言い換えれば，共有されているはずの定冠詞が，じつは共有されていなかった場合です。

このように，具体的な**状況**から切り離されたときには曖昧だった (1) が，具体的な状況に置かれた途端，曖昧でなくなります。劇場で親から (1) を問われた子も，憎き犯人から電話で (1) を問われた誘拐された人の家族も，この文を曖昧だとは思いません。親子の会話を聞いている隣席の人も，犯人と家族の会話を盗聴している警察の人も，この文を曖昧だとは思わない。現実世界（あるいは映画のような擬似現実世界）で発せられる**話しことば**の場合，状況が文の曖昧さをかなりの程度まで取り除いてくれるのです。

● **小説では具体的な状況が見えにくいこと**

さて，わたしは英語で書かれた小説を学生と一緒に読んだり，それを学生の前で面白がったりすることを仕事のひとつにしています。ここでは，小説

中に (1) のようなセリフが出てきたとき,読み手の頭の中でどんなことが起こる (あるいは起こらない) のかを考えたい。次の引用は,英国の作家カズオ・イシグロ (Kazuo Ishiguro, 1954-) の小説『忘れられた巨人』(*The Buried Giant*, 2015) の第3章から。ベアトリス (Beatrice) が夫アクセル (Axl) に話しています。なお,下線はわたしが引いたものです (以下,同様)。

(6) "Our hero has killed both monsters. One took its mortal wound into the forest, and will not live through the night. The other stood and fought and for its sins the warrior has brought of it what you see on the ground there. The rest of the fiend crawled to the lake to numb its pain and sank there beneath the black waters. <u>The child, Axl, you see there the child?</u>" (67ページ)

説明が必要ですね。小説の舞台は6世紀頃のイングランド。ベアトリスとアクセルの夫婦はブリトン人ですが,旅の途中でサクソン人の村に泊まっています。今は夜。場所は村の広場。怪物を退治して帰ってきた our hero (= the warrior) が,その顛末を集まった村人たちに向かって話しているところ。話を聞きながら,サクソン語を解するベアトリスが夫アクセルのために通訳してやっている。怪物たちが村の子供を攫(さら)っていったので戦士が追いかけ,怪物を殺し,子供を連れて帰ってきたのです。

　この小説を一緒に読んでいた学生たちに下線部について訊いてみました。「ベアトリスに the child は見えているの? それとも,見えていないの?」と。すると皆,きょとんとしています。そんなことを尋ねられること自体が想定外だったらしい。ようやく質問の趣旨がわかっても,答えが見つからず首を捻っている。参考になるかと,土屋政雄訳も見てみました。

(7) 「英雄さんは,怪物を二匹とも殺したそうですよ。一匹は森に逃げ込んだけど,あの深手では夜を越せないだろうって。もう一匹は生意気にも立ち向かってきたから,罰として,いま地面に転がっている部分を切り取ってきたんですって。ほかの部分は痛みを鎮めるために湖まで這っていって,そのまま黒い水底に沈んだそうですよ。<u>子供は見ましたの,アクセル? あそこにいる子供?</u>」(88ページ)

見えているのか，いないのか 179

うーん。第一に，「子供は見ましたの，アクセル？」と過去になっているのが不思議ですが，この際それは不問に付します。でも，「あそこにいる子供？」からすると，訳者の土屋さんはベアトリスに子供が見えていると思っているらしい。わたしは，ベアトリスには見えていないと思う。なぜわたしがそう思うのかは，わたしの学生たちみたいに，この箇所だけ睨んでいてもわかりません。

　まず，原文で2ページほど戻っていただきます。ベアトリスとアクセルが人の波に揉まれながら村の広場までやってきた場面。

(8)　But looking past the rows of heads, he [＝Axl] saw the warrior had returned.　　　　　　　　　　　　　　　　　（65ページ）

アクセルの前に人の頭が幾重にも並んでいる。アクセルは look over the rows of heads するほどの身長はないようですが，look past the rows of heads して，前方に帰還した戦士の姿を見つけることができる程度には背が高い。つまり，村人の背の高いほうの人たちと同じくらいの身長はあるということになります。残る問題は，ベアトリスの身長です。わたしの気づいた限りでそれが一番はっきりするのはだいぶ前，第1章にある次の箇所です。

(9)　Axl, finally reaching her [＝Beatrice], took her in his arms, and the crowd melted away. When he recalled this moment, it seemed to him they stayed like that for a long time, standing close together, she with her head resting on his chest [...].　（22ページ）

ベアトリスとアクセルが立ったまま抱擁している場面ですが，ベアトリスの頭がアクセルの胸の高さです。

　(8)プラス(9)で，もうおわかりですね？　アクセルより頭ひとつ背の低いベアトリスには，戦士が連れ帰ったという子供の姿を確認することができなかった。だから，戦士の話が連れ帰った子供のことに及んだとき，ベアトリスは背の高い夫に(3)の意味で「そこに子供は見えるんですか」(≒「そこに子供はいるんですか」)と訊いている。このときの the child は「あそこにいる子供」「(わたしにも見えている) あの子供」という意味で定冠詞がついているのではなく，「(怪物に攫われたけれども戦士が連れ帰ったという) その子供」という意味で定冠詞がついているわけです。

このように小説でも，状況は与えられますが，状況に関する情報がすべて**文字**で伝えられます。つまり，聴覚から入ってくる情報や（文字以外には）視覚から入ってくる情報がありません。しかも，ある状況についての情報が1か所にまとめて提示されるとは限らない。ときに読み手は数ページ前，数十ページ前に出てきた情報も組み合わせながら場面を想像することになる。これが現実世界だったり，映画だったりしたらどうでしょう。人込みの中に立つ背の低いベアトリスと背の高いアクセルの姿が現に見えているのですから，ベアトリスがどういう意味で "you see there the child?" と尋ねているのかは考えるまでもありません。それに引き換え，小説では状況が見えにくい。見えにくいどころか，文字どおりの意味では見えません。

● ものを読むのには注意力と想像力が必要なこと

小説に限らず，**書きことば**というのは，基本的に白っぽい紙（または画面）の上に黒っぽい文字が直線的に並んでいるだけ。ほかに色もなければ，形もない。音もない。**情報量**はスカスカです。その隙間を埋めるのが**想像力**。言語脳科学者の酒井邦嘉さんがいうように，「読む」というのは「足りない情報を想像力で補い，曖昧なところを解決しながら『自分の言葉』に置き換えていくプロセス」です（『脳を創る読書』，24ページ）。文字からは聞こえるはずのない声や音を想像の耳で聞き，文字からは見えるはずのない表情や情景を想像の目で見る。人間の脳はそういうことができるのだからすごい。

そして，よりよく想像するためには，つまり想像力の精度を高めるためには，細部を見逃さない**注意力**が必要です。ことに，小説のように長いものを読むときには持続的な注意力が求められる。つまり，本を読むためには持続的注意力に支えられた想像力が必要であり，逆にそういう力を養うには本を読むしかなさそうです。けれども，外国語で書かれた本は読んだ量が少ないものですから，注意力も想像力も母語のときのようには働いてくれない。ここがつらいところです。

参考文献

Ishiguro, Kazuo (2015) *The Buried Giant.* Alfred A. Knopf.
カズオ・イシグロ（著）・土屋政雄（訳）（2015）『忘れられた巨人』早川書房．
酒井邦嘉（2011）『脳を創る読書』実業之日本社．

（学習院大学）

過去形と現在完了形の違いはどう捉えたらよいか

田子内　健介

● はじめに

日本語で例えば「食べた」と言えば済むところを，英語では場合により過去形で 'I ate' と言ったり現在完了形で 'I have eaten' と言ったりします。この過去形と現在完了形の区別は日本人英語学習者にとっての難点の一つで，中高生はおろか英語を専門とする大学生や大学院生の中にも苦手意識を持つ者が少なくないようです。これらはどのように異なっており，またそれを日本人に分かりやすく教えるのにどのような方法が考えられるでしょうか。

● 何が違うのか

次の例はどちらも「アンは足をけがした」のように訳せる文ですが，内容は大きく異なります。

(1) a.　Anne *injured* her leg.［過去形］
　　b.　Anne *has injured* her leg.［現在完了形］

違いは，**時制**（**tense**）および**相**（**aspect**）にあります。時制というのは，当該の文（発話）がいつのことを問題としているかを表わす動詞の形態を言います。語尾 -(e)s がついた**現在時制**は発話が行なわれている「今」の時点を含む時を，-ed がついた**過去時制**は今より前の特定の過去の時点を，それぞれ話題として表現するものです。これに対し相は，動詞（文）の表わす状況が問題の時点においてどのような局面にあるかを表わします。問題の（話題となっている）時点を T と表記するならば，be + ing 形の**進行相**は状況が T において途中局面にあることを，have + 過去分詞形の**完了相**は状況の終了局面が T の時点より前にあることを，そしてこれらのいずれでもない**単純相**は状況の全局面が一括して T にあることを，それぞれ表わします。(1a) の過去形とは過去時制 + 単純相のことですから，例えば去年の 2 月にスキーに行った時とか小学校の運動会でリレーに出た時とかのような特定の過去時を話題として，「その時はというと，アンが足をけがするという状況が（初

めから終わりまで全部）起こった」と述べたものと解釈されます。過去の事実の報告，語りといった感じです。一方(1b)の現在完了形は現在時制＋完了相なので，「今の時点がどうであるかというと，アンが足をけがするという状況が終わっている」と述べるものです。状況がいつ終わったのかを問題にするのでなく，ただそれが終わっていることが今の時点で意味を持っているというわけです。ですからこれは場合により，「それで今たいへんな騒ぎになっている」というように終わった（起こった）ばかりのニュースを伝えるものとして解釈されたり（いわゆる完了用法），「だから今も杖を使って歩かなければならない」とか「二度とけがをしないよう慎重に行動するくせがついている」とかのように，もっと前に終わっているけれども今に影響や帰結を及ぼし続けている出来事であると解釈されたり（結果用法・経験用法）します。

● どう教えるのがよいか

　過去形を「〜した」と訳し，現在完了形を「〜してしまった」と訳すといった区別を教えるなどというのは，本質的ではありません。時制（話題とされる時点と，発話時点との関係の表現）と相（話題時点における状況の局面のあり方の表現）を峻別して理解する必要があります。しかし例えば中学校や高等学校の英語の授業において，これらの概念を用語と共に直接教えるというのは必ずしも得策と言えないかもしれません。少なくとも初めはより間接的に違いを理解させるのがよいと言えるでしょう。以下，過去形と現在完了形の違いを把握する上で役に立つと思われる手段をいくつか挙げてみます。

①日本語との対応を示す

　これは英語の過去形・現在完了形の区別を，日本語と対応させて示す方法です。日本語にはこの区別がないとされることが多いのですが，次のように「〜したか」という質問に対し否定で答える場合には類似の対比が顕在化することがあります。

(2)　A:　その大学には出願したか？
　　　B: a.　しませんでした。
　　　　 b.　していません。

(2Ba)は既に出願期間が終わっていてもはや出願する可能性がないもの，

今とは切り離された過去のこととして (2A) の質問を解釈したもので，つまりこの場合「出願したか」は過去形 (Did you apply?) に相当すると言えます。(2Bb) は今の時点でまだだと言って今後の出願の可能性を残していますから，「出願したか」はただ出願作業が終了したか否かを問うたものと理解されているわけで，これは現在完了形 (Have you applied?) に対応すると見なせます。動詞の形式としては「出願した（か）」一つであっても，答え方の違いから二つの異なる意味が表わされることが分かります。日本語ではこうして意味のレベルでしか区別されていないものが，英語では過去形と現在完了形という別々の形式で表現し分けられているのだというふうに説明することができるでしょう。

②冠詞との類似を示す

　過去形と現在完了形の区別を，英語の中に見られる他の区別と類比して見せるという方法です。英語の冠詞には定冠詞と不定冠詞の区別があります。

 (3) a. *The* dog will bite you.［定冠詞］
   b. *A* dog will bite you.［不定冠詞］

(3a) の dog には定冠詞がついており，話し手にも聞き手にもどれと分かる犬のことを指しています。例えば「（近寄ったりしたら，こちらをにらんで唸っている）あの犬がきっと君を噛むよ」といった意味となります。一方 (3b) の dog には不定冠詞がついているので，聞き手には特定できないような犬が取り上げられています。占い師が「どこかの或る犬があなたを噛むでしょう」と言っているような感じです。このように，定冠詞・不定冠詞の区別は聞き手にとって特定できるものを指すか否かに基づいています。この観点から次の対比を見てみましょう。

 (4) a. *Did* you *go* to Cape Soya?［過去形］
   b. *Have* you ever *been* to Cape Soya?［現在完了形］

(4a) は例えば「（夏休みに北海道へ旅行したと言っていましたが，その時は）宗谷岬に行きましたか」のように，話し手は聞き手が特定できる過去の時点について尋ねていると理解されます。この質問の仕方は，両者の間で知識の共有がある場合に自然なものです。一方 (4b) は「宗谷岬に行ったことがありますか」というふうに，いつとは限らずそういうことが過去にあったかど

うかを尋ねています。問題となっているのは漠然とした過去の或る時であって，聞き手が特定することは期待されていません。過去形と現在完了形の対比は，このように問題の過去時が聞き手にとって特定可能であるか否かに基づいて理解できる部分があります。冠詞になぞらえれば，過去形は定過去，現在完了形は不定過去をそれぞれ表わすと表現できます。

③文章における違いを示す

　過去形と現在完了形の違いを文章内における働きという点から明らかにしようとする方法です。何らかの事物について語る場合，聞き手にとって未知のものは初め不定冠詞つきで導入されますが，一旦提示されれば既知となり，その後は定冠詞（や代名詞）を用いて言及されていきます。（以下の例は (5), (6) ともに Leech (2004: 42) によります。）

(5) Two teenagers and *a 10-year-old girl* were caught in the crossfire. *The girl* was taken to hospital for emergency treatment, but fortunately *her* wounds were not serious.

過去について語る場合も同様で，まず現在完了形で不定の過去時「或る時」が示され，それ以降は「その時」を問題として過去形が使われていきます。

(6) A: I've only *been* to Switzerland once.
　　B: How *did* you *like* it?
　　A: It *was* glorious — we *had* beautiful weather all the time.

(6) で A はまずスイスに行った経験を述べますが，それは現在完了形で表わされる漠然とした不定の過去時のことで，聞き手 B が特定できるものではありません。しかし次の B は「過去に一度スイスに行ったというその時」というふうに確定した過去時を問題として過去形を用い，続く A の返答も同じ過去時を指します。上で見た冠詞との類似が文章における順序にも現れています。

　なお（状態でなく）出来事を表わす動詞の過去形が連続して用いられると，時間的順序に即した史的記述と解釈されるのがふつうです。これは二番目以降の過去形がそれぞれ前の過去形で問題とされた過去時に後続する過去時を話題として取り上げていくからです。(7) はひと続きの出来事描写です。

(7) Sue *went* to a cafe (yesterday). She *sat* by the window. She *ordered* tea.

これに対し現在完了形が連なった場合は，それぞれが発話時より前の或る過去時を表わすのみで継起関係が生まれないため，無順序のバラバラな記述にしかなりません。例えば（8）は，寝る前にすべきことを終えたかどうか確認しているような感じで，相互の順序関係は何ら表わされていません。

(8) I *have done* my homework. I *have brushed* my teeth. I *have written* in my diary.

このように文章単位で過去形と現在完了形の違いを見るのも有効です。

　過去形と現在完了形を対比して教える場合には以上のような方法が考えられますが，それぞれを単体で教える場合にも気をつけるべき点があります。過去形に関しては，それを使用する際に常に「いつのことか」を問うことです。明示されていなくても，特定の過去時を指すような副詞的語句を補うようにするとよいでしょう。過去形は現在完了形よりもずっと早い学習事項ですので，ここで特定の過去時点を問題とする表現だということをしっかり押さえておくことで，後の現在完了形の学習がスムーズになります。一方，現在完了形使用の際には常に「それで今どうなのか」を問うことが重要です。I have traveled in Kyoto a lot. とあれば I know Kyoto very well. とするなど，単純な現在時制の文に書き換えるというのがよい練習になります。

● 結び

　過去形と現在完了形の区別，あるいは時制と相全般について，最善と言える教え方や学習法はないかもしれません。しかし母語である日本語から，また英語そのものから，区別理解の手掛かりを見つけ出して利用していくことは，十分意味のある手段と言えるでしょう。

参考文献
Klein, Wolfgang (1992) "The Present Perfect Puzzle," *Language* 68, 525–552.
Leech, Geoffrey (2004) *Meaning and the English Verb*. 3rd ed. Routledge.
寺村秀夫 (1984)『日本語のシンタクスと意味 II』くろしお出版.

(埼玉大学)

二重目的語構文と to 前置詞句構文の意味の違い
―英語教育への活用―　　　　　　　　　　　　　　　児玉　一宏

● 構文の書き換え

　学校文法において，構文は馴染みのある概念であるといえます。構文の書き換えについても然りです。中・高等学校の英語の授業で，構文の書き換えについて学んだ際，書き換えができる場合とできない場合があることを知り，英文法の不思議さを感じるとともに，疑問を抱いた人は少なくないでしょう。ここでは，英語教育の視点に立ち，構文の書き換えに関する不思議の世界を紹介すべく，英語の**与格交替**を取り上げます。ここで扱う与格交替は，構文の書き換えの一つであり，以下に示すように，**to 前置詞句構文**（SVO：第3文型）と**二重目的語構文**（SVOO：第4文型）の間で成立する構文の書き換えです。

(1)　John sent the package to Mary.
(2)　John sent Mary the package.

● 与格交替と構文の意味

　一般に，give, send, throw, teach などの単音節語の動詞の多くは，to 前置詞句構文と二重目的語構文の間で与格交替が成立する傾向にあります。

　与格交替では，様々なタイプの動詞が一定の構文パターンで現れるため，英語学習者は構文の書き換え規則（give A to B ⇔ give B A, send A to B ⇔ send B A など）を習得すると，その規則を機械的に適用してしまう可能性があります。

　たとえば，以下の (3) に対して書き換え規則を機械的に適用すれば，(4) が成立することになります。

(3)　John sent the package to New York.
(4)　*John sent New York the package.

しかし，(4) については，New York が純粋に場所を表す場合，適格な文と

して判断されず，与格交替は成立しません。以下の例でも同様の結果が得られます。

(5)　John brought some breakfast to {Mary / the table}.
(6)　John brought {Mary / *the table} some breakfast.

以上の結果から，to 前置詞句構文において，to に後続する名詞句は，人でも場所でもよいことになりますが，二重目的語構文では，(4) および (6) の言語事実から，一般に動詞直後の目的語（間接目的語）には，人を表す名詞句しか現れないことが分かります。

では，なぜ二重目的語構文は間接目的語に人を表す名詞句を必要とするのでしょうか。この問いに対して，「形式が異なれば意味も異なる」という視点に立てば，構文の形式に固有の意味が存在すると考えることもできます。このような言語観は，**構文文法**（**Construction Grammar**）と呼ばれる文法理論の基本的な主張でもあります（構文文法の考え方の詳細については，Goldberg (1995) を参照）。構文の意味に焦点を当てて，この問題を考察することにしましょう。

概して，to 前置詞句構文は to に後続する名詞句が移動物の「到達点」(goal) を表すのに対し，二重目的語構文の間接目的語に現れる名詞句は，「受け取り手」(recipient) あるいは「所有者」(possessor) を表しています。到達点という意味では，人でも物でも問題ないですが，受け取り手あるいは所有者の場合には，人でなければなりません。これは，二重目的語構文と to 前置詞句構文が全く同じ意味を表しているわけではないことを意味しています。

二重目的語構文の間接目的語に現れる名詞句が，受け取り手あるいは所有者という意味役割を有することに注目すれば，二重目的語構文の基本的な意味は所有変化であると理解できます。この現象は**所有者効果**（**possessor effect**）と呼ばれることがあります。所有者効果は，以下 (7) および (8) の例を相互に対照させることで明らかになります。

(7)　John threw the ball to him, but a bird got in the way.
(8)　?John threw him the ball, but a bird got in the way.

一般に，throw は与格交替可能な動詞ですが，「鳥が邪魔をした」という文

脈（物の受け渡しが不成立になる文脈）を添えると，(7) に対して (8) では不自然な文として判断され，容認度が下がります。

また，以下の例でも同様の結果が得られます。

(9) John taught French to the student, but he didn't learn it at all.
(10) ?John taught the student French, but he didn't learn it at all.

(10) は，所有者効果により，「学生がフランス語の知識を習得した」という解釈と結びつくため，but 以下が続くと矛盾が生じているのです（ここで取り上げた所有者効果について，中島（2011: 83-84）では，「推意」の成立・不成立という観点から，一歩進んだ興味深い分析を行っています）。

「人に物を与える」という出来事を言語化するうえで，典型的な動詞 give の構文選択についても考察しておくことにします。一般に，give は与格交替可能な動詞ですが，以下 (12) のような to 前置詞句構文では，非文法的な文となります。

(11) The exam gave her a headache.
(12) *The exam gave a headache to her.

二重目的語構文と to 前置詞句構文が，機械的な書き換え規則によって関係づけられるのであれば，(11) と同様に (12) も文法的に正しい文でなければならないはずです。では，なぜ (12) は非文法的な文になるのでしょうか。この謎解きは，to に後続する名詞句が移動物の「到達点」を表すという点にヒントがあります。

前置詞 to は，一般に「移動の方向性」を喚起するため，to の存在により，構文自体に「物の移動」の意味が生じると分析することができます。つまり，to 前置詞句構文は，二重目的語構文とは意味的には異なり，「物を移動させる」という出来事と結びつく構文であるといえます。(12) の表現が文法的に正しいとすると，文の解釈は「頭痛が彼女へ移動した」となります。頭痛自体が移動することはありません。また，英語の headache は，たとえば I have a headache. のように，have 所有構文の目的語として表現されることから，比喩的に所有物として認知されているといえます。

英語学習者が二重目的語構文の基本的な意味を理解していれば，(11) の表現が適格な文であることが理解できると考えられます。

このように，英語の与格交替では，to 前置詞句構文と二重目的語構文が同じ意味を表していると考えられがちですが，それぞれ構文の基本的な意味を学習することにより，書き換えの成立・不成立を原理的に理解できるようになることが期待できます。

● 英語教育への示唆

　言語研究によって発掘された知見を明示的な文法知識として有効に活用することで，学習者は多様な言語現象を統一的に理解する手掛かりが得られるでしょう。たとえば，構文指導の際に，英語教員が言語使用の具体的な場面や状況とともに構文の基本的な意味を理解させるなど，指導上の工夫を施すことにより，学習者の構文理解は深まり，ひいては文法意識の高揚にも繋がるといえます。

　最後に，英語教員が言葉の不思議さ，言葉について思索することの面白さを教授し，英語学習者がコミュニケーションの場において成功体験を重ねることができれば，相乗効果が生まれることが期待できるのではないでしょうか。

参考文献

Goldberg, Adele (1995) *Constructions: A Construction Grammar Approach to Argument Structure*. University of Chicago Press.［河上誓作・早瀬尚子・谷口一美・堀田優子（訳）『構文文法論―英語構文への認知的アプローチ』研究社］
中島平三（編）(2009)『言語学の領域 (I)』朝倉書店.
中島平三 (2011)『ファンダメンタル英語学演習』ひつじ書房.
Pinker, Steven (1989) *Learnability and Cognition: The Acquisition of Argument Structures*. MIT Press.

（京都教育大学）

「a small black cat」と「a black small cat」, どちらが正しい？
——英語における形容詞の順序とその習得について——

平川　眞規子

● **名詞を修飾する形容詞の順序**

　ジブリ作品「魔女の宅急便」に登場するネコのジジを覚えているでしょうか。主人公の魔女キキの飼いネコですが，日本語では (1a) または (1b) のように表現できます。

(1) a.　小さい黒いネコ
　　b.　黒い小さいネコ

(1) では，「黒い」「小さい」という形容詞が名詞「ネコ」の前に置かれて名詞を修飾しています。このような形容詞の用法は，限定用法と言われます。ここでは，形容詞の限定用法において，2つ以上の形容詞が使われる場合の順序について考えていきます。(1a) も (1b) も日本語としては自然ですが，英語ではどうでしょうか。

(2) a.　a small black cat
　　b. *a black small cat

(2a) は英語として自然ですが，(2b) は不自然で英語を母語とする人（母語話者）には許容されません。つまり，英語には形容詞の順序について決まり（制約）があると言えます。さらに，形容詞を重ねてみるとどうでしょうか。

(3) a.　a beautiful small black cat
　　b. *a small beautiful black cat
　　c. *a small black beautiful cat

(3a) は可能ですが，(3b) や (3c) は英語母語話者にとって不自然な順序とされます。以上の例から，英語では「beautiful」など話者の評価や意見を表す形容詞は「small」など大きさを表す形容詞の前に置かれること，また大きさを表す形容詞は「black」など色を表す形容詞よりも前に置かれることがわかります。さらに，(4) の例を考えてみましょう。

(4) a.　a nice round glass table
　　b.　*a round nice glass table
　　c.　*a nice glass round table

「nice」は評価，「round」は形，「glass」は素材を表す形容詞です。その他の形容詞も含めると，限定用法として複数の形容詞を用いる場合には（5）に示す順序があると考えられます（詳細は，瀬田（1997）などを参照）。

(5)　評価（意見）＞ 大きさ（長さ／高さ）＞ 重さ ＞ 新旧 ＞ 形 ＞ 色　　＞ 出所（国）＞ 素材＋名詞

ここで，注意しなければならないことは，形容詞と形容詞の間にポーズを入れたり，一つの形容詞を際立たせるような強勢（stress）を置くと，語順の制約は消えてしまうということです。

　名詞を修飾する方法として，関係節を用いることもできます。例えば，(6) のように関係節「that is beautiful, black, and small」を使ってネコを修飾した場合，(6a)(6b)(6c) のどれも可能です。つまり，順序の制約はありません。（これは，be 動詞の後に形容詞が置かれているので，叙述用法と言われる用法にあたります。）

(6) a.　a cat that is beautiful, small, and black
　　b.　a cat that is small, beautiful, and black
　　c.　a cat that is small, black, and beautiful

さて，(5) に戻って挙げられている形容詞をよく観察してみると，次のようなことが言えます。「評価（意見）＞ 大きさ（長さ／高さ）＞ 重さ ＞ 新旧」の形容詞は「段階的形容詞」で，「more beautiful」「smaller」のように比較級や最上級にしてその程度を段階的に分けることができる形容詞です。一方，「形 ＞ 色 ＞ 出所（国）＞ 素材」の形容詞は「非段階的形容詞」で，比較級や最上級にはできません。（「more round」「more glass」などとは言えません。）前者を「相対的形容詞」，後者を「絶対的形容詞」と呼ぶこともあります。総じて，名詞により近い位置に置かれる形容詞は，絶対的・恒常的なもので名詞の本来的な性質を表し，名詞からより遠い位置に置かれる形容詞は，相対的・一時的な性質を表すと分析することができるでしょう。

● 形容詞の順序の第二言語習得

ここまでを整理すると，言語には英語のように形容詞の順序が厳密に決まっているタイプと，日本語のように形容詞の順序が比較的自由なタイプがあると言えます。では，日本語を母語とする人たちは，上記の (2) や (3) の例をみて，* の付いた英語では許されない順序に，どのような直感が働くのでしょうか。 また，英語の授業等で「英語の形容詞を使う際には順序がある」ことを教わるのでしょうか。以下では，英語を外国語や第二言語として学ぶ学習者について考えてみます。

日本語と同じように形容詞の順序に制約が無い言語としては，韓国語や中国語を挙げることができます。形容詞の順序が自由な言語を母語とする人が英語を学習する場合，形容詞の順序について習得することができるかどうか，実験的に調べた研究があります。 それらの研究では，(7) のような画像と英文を学習者に提示し，同時に音声も流し，どちらが好ましいと感じるか，判断してもらうテストを行いました（Stringer (2013), Endo, Shibuya and Hirakawa (2016))。

(7) a.　There is a long brown leather sofa.
　　b.　There is a long leather brown sofa.

異なる種類の形容詞を2つ，または3つ含む限定用法の文を数多く含んだテストの結果，興味深いことがわかりました。まず，日本語，中国語，韓国語を母語とする学習者には，英語で許されない形容詞の順序を含む表現（上記の例だと，(7b) を選ぶ誤り）が多くみられました。 特に，「段階的形容詞」の順序についての正解率は 50-60% でした。(50% という数字には注意が必要です。二者択一式の問題の場合，偶然に正答する確率は 50% だからです。そのため，正解率が 50% でも，学習者たちは段階的形容詞の順序が，ほとんど理解できていないと判断されます。) しかし，上級者になるほど，その誤りは減っていき，英語母語話者に近い判断ができることがわかりました。つまり，英語のレベルが上がるにつれて，形容詞の順序は習得でき

ていくと考えられます。

多くの誤りがみられた一方で、英語のレベルの低い学習者にも「段階的形容詞」と「非段階的形容詞」の違いは理解できていたことも示されました。つまり、「段階的形容詞」が「非段階的形容詞」よりも前にくるという区別は、初級学習者でも 70% 以上、上級者では 90% 以上、習得されていたのです。

形容詞の順序は、英語の言語規則の一つで、英語母語話者のもつ言語知識に含まれます。言語学や言語習得を研究する分野では、こうした母語話者のもつ言語知識を「文法」と呼びます。そして、文法にはさまざまな言語に共通した普遍的な特徴と、言語に個別的な特徴があると考えられています。第二言語を習得する学習者の場合、母語の文法の影響が出ることがよくあります。上記の実験結果からも、形容詞の順序が自由な言語を母語とする学習者が、形容詞の順序に制約のある言語を習得しようとする場合、母語の影響が出ると言えるでしょう。しかしながら、同時に、「段階的形容詞 ＞ 非段階的形容詞」という大きな決まりは習得できていることもわかりました。この実験をした研究者は、この区別は、形容詞の使用に順序がある全ての言語に共通した特徴で、こうした普遍的な特徴は第二言語の学習者にも習得され易いのではないか、と述べています。形容詞の順序の習得に関する実験はまだ少ないため、この結論が正しいかどうかを見極めるには、さらに多くの言語を対象とした研究が必要です。

● 形容詞の順序に関する指導の効果

日本や海外で出版されている英語の文法書には、形容詞の順序に関する説明がよく見受けられます。しかし、日本の中学校や高校で使用されている英語の教科書の中で、実際に複数の形容詞が使われる例は、あまり見られないようです。従って、学習者が耳にしたり、目にすることが非常に限られているとすると、形容詞の順序の制約に学習者自ら気がつく機会は、ほとんど無いと言っても過言ではないでしょう。

そこで、日本人の大学生を対象にして、明示的な指導を行い、英語の形容詞の順序の知識を習得できるかどうか、調べた研究があります（Endo, Shibuya and Hirakawa (2016)）。指導の前後に (7) に例示した調査を行い、学習者の知識を比較しています。指導は週に 1 時間、合計 3 時間行われま

した。まず，学習者は (5) にある形容詞の順序について明示的な説明を受け，形容詞の種類や具体的な形容詞の例を考えました。その後，いろいろな事物について，形容詞を使って自由に英語で表現するという練習を行いました。 さらに，2 時間目には非段階的形容詞に注目した練習，3 時間目には段階的形容詞に注目した練習を行いました。その 1 週間後に行われた事後テストにおいて，学習者の正解率は格段に上がりました。事前テストでは，段階的形容詞については 40 ～ 50% だった正解率が 85% 前後になり，非段階的形容詞については 60 ～ 75% だった正解率が 80 ～ 97% になりました。明示的な指導の効果がはっきりと出ています。

　この研究では，「指導を全く受けていない学習者グループ」と「米国でホームステイしながら 5 週間の短期英語集中プログラムに参加した学習者グループ」にも，4 ～ 5 週間の間をおいて同じテストが 2 回行われました。その結果，指導を全く受けなかった学習者グループにおいて，テストの結果に変化は見られませんでした。また，短期留学グループにおいても，全体的に正解率は上がったものの，統計的に有意な伸びは見られませんでした。短期留学した学習者は，ホームステイ中や英語の集中授業でたくさんの英語のインプットを受けたはずですが，それだけでは形容詞の順序を習得できるわけではなかったのです。まとめると，この研究により，明示的な指導の有効性が確認されました。ただし，その効果は，あくまで短期的なものです。学習者の知識が定着し習得したと判断するためには，さらに長期的な効果を確認することが必要でしょう。

参考文献
瀬田幸人（1997）『ファンダメンタル英文法』ひつじ書房.
Endo, Marie, Mayumi Shibuya and Makiko Hirakawa (2016) "Explicit Instruction vs. Natural Exposure in L2 Acquisition of Adjective Ordering in English," *GASLA 2015 Proceedings*, 60-71. Cascadilla Press.
Stringer, David (2013) "Modifying the Teaching of Modifiers: A Lesson from Universal Grammar," in M. Whong, K.-L. Gil and H. Marsden (eds.) *Universal Grammar and the Second Language Classroom,* 77-100. Springer.

（中央大学）

日本人が書く英文は「下手」なのか
―日本人英語学習者（大学生）の英文に見られる言語的特徴―

成田　真澄

● 優れた書き手とは

　文章を書く行為には産みの苦しみが伴うことを私たちは経験を通して熟知しています。頭に浮かんだことを次々と文字に変換するだけでは，まとまりのない文章になってしまうからです。そうならないようにするには，何を（内容），誰に対して（読み手），どのように書くか（文章構造や言語表現）といった書くための計画を入念に立てる必要があります。それでも，いざ書き始めてみると，計画通りにはなかなか進まず，計画を見直しながら書き進めることになります。

　こう考えると，文章の「優れた書き手」とは，書く準備（planning），書く作業（writing），書いた後の推敲（revising）という各段階を着実に踏みながらも，必要があれば前の段階に戻って柔軟に修正を行える人であると言えるのではないでしょうか。優れた書き手は，最終的に出来上がる文章の全体的な構造を見据えながら，その文章を構成するひとつひとつの部分を互いに関連づけながら効果的に作成することを目指します。

● 外国語で文章を書くことの難しさ

　文部科学省は，平成26年7月から9月にかけて，旧学習指導要領で学んだ全国の高校3年生約7万人（国公立約480校）を対象に英語力調査を実施しました。英語で書く力を測定するために，英文音声で聞いた情報を理解して30語程度で要約する問題（情報要約問題）と与えられた話題について自分の意見を記述する問題（意見展開問題）の2題を約25分間で回答するという設問が用意されました。調査の結果，29.2%の生徒が「無回答」であったことが明らかになりました。

　設問の難度が高かったのかもしれませんが，英語で何も書くことができない高校3年生が多くいるという事実に愕然としました。特に，自分の意見を記述する問題では，言いたいことがないわけではなく，それを英語で表現することができなかったと考えられるからです。この調査結果は，日本人に

とって外国語である英語で文章を書くことの難しさを示していると同時に，中学・高校における英語ライティング指導のあり方を考え直す必要があることを示唆しています。

● **日本人の英文 vs. 英語母語話者の英文**

　そもそも，日本人が作成した英文と英語母語話者が作成した英文との間にはどのような違いがあるのでしょうか。今から50年ほど前，英国出身の物理学者アンソニー・レゲット氏は，日本人が英語で書いた研究論文は，論理の展開が直線的に進まないために最後まで読まないと論旨がつかめず，解釈が読み手に委ねられることが多いと指摘しました。同氏は，こうした文章構造の違いを明らかにした上で，関係節や副詞，冠詞といった文法項目の適切な使い方も説明しています。50年後の現在，レゲット氏に指摘された文章構成上の難点は，解決されているのでしょうか。

　これまで，日本人が作成した英文に共通して見られる文法的な誤りを扱った書籍は数多く出版されていますが，日本人英語学習者と英語母語話者が同一の条件で作成した英文にどのような言語的な違いがあるのかを紹介した書籍はほとんど見当たりません。これは，条件に合う英文を大規模に収集することの難しさや人間の手作業による分析にはかなりの時間と労力が必要になることが主な理由ではないかと思われます。

● **日本人英語学習者（大学生）の英作文に見られる言語的特徴**

　コンピュータの性能が飛躍的に向上した現在，以前は考えられなかったほどの大量のデータをコンピュータに蓄積し（「**コーパス**」と呼ばれます），言語処理ツールを使って分析対象の言語情報を自動的に抽出することが可能になってきました。神戸大学の石川慎一郎氏は，英語母語話者（大学生と社会人）とアジアの国や地域の英語学習者（大学生）から，同一の条件で作成した英語論述文（200語〜300語程度）を収集して「**アジア圏英語学習者コーパス**」(International Corpus Network of Asian Learners of English: ICNALE) を構築しました（コーパスの設計と構築，利用可能な言語処理ツールについては石川 (2012) を参照）。

　「アジア圏英語学習者コーパス」では，次の2つのトピック文について，それぞれ，具体的な理由とともに賛成か反対の意見を述べるというタスクが

与えられました。

(1) a. It is important for college students to have a part-time job.
    b. Smoking should be completely banned at all the restaurants in the country.

このコーパスの中から，香港，台湾，韓国，日本の英語学習者（全て大学生）が作成した英作文データと英語母語話者（大学生と社会人）が作成した英作文データを取り出し，**言語処理ツール**を用いることにより，58の言語項目（時制や名詞，代名詞，動詞，副詞，形容詞，前置詞，法助動詞，受動態，関係節，否定辞など）の使用頻度を算出しました（詳細は Abe et al. (2013) を参照）。分析対象とした英作文データの内訳を次の表に示します。

	NES	香港	台湾	韓国	日本	合計
英作文数	400	200	400	600	800	2,400
総語数	89,950	47,365	91,497	135,447	177,236	541,495
平均語数	225	237	229	226	222	226

注．NES は英語母語話者。

このあと，統計的手法を用いて言語項目の使用頻度が似ている英作文データ同士をグループ化し，さらにそのグループ同士をまとめてより大きなグループを作るという処理を繰り返した結果，最終的に3つのグループに分かれました。1つ目のグループは英語母語話者全員と香港，韓国，日本の英語学習者のうち英語力の高い学生で構成され，2つ目のグループは日本の英語学習者（英語力の高い学生は除く）のみで構成されました。最後のグループは，英語力があまり高くない韓国と台湾の学生が大半を占めました。最も注目すべきことは，日本の英語学習者のみで1つのグループを形成してしまうこと，すなわち日本人英語学習者による英語使用に特異性が見られることです。では，日本人英語学習者が作成した英作文には，どのような言語的特徴が観察されたのでしょうか。

英語母語話者や他の国や地域の英語学習者と比べて，日本人英語学習者は1人称代名詞や現在時制を多用する傾向がある一方で，限定形容詞や名詞化表現（-tion, -ment, -ness, -ity で終わる名詞）の使用が少ないという傾向が見られました。特に，I think という連語表現が多用されていました。これ

に対して，英語母語話者や英語力の高い英語学習者は名詞化表現や完了相，主格の関係代名詞 that の使用が顕著に見られました。ただし，これらの結果は使用頻度に基づく分析であり，その言語項目が正確に使用されているかどうかは考慮されておらず，正確さに関する分析は今後の課題です。

さらに興味深いことに，名詞化表現以外の一般的な名詞の使用は，英語母語話者よりも英語学習者に多く見られました。英語学習者が多用している名詞を調査したところ，英作文の課題として提供された2つのトピック文に含まれる名詞 (job, smoking, restaurants など) でした。英語学習者は，英語母語話者と比べて英語語彙サイズが小さいために，与えられたトピック文に使用されている語彙を「借用」し，しかも繰り返して使用する傾向にあることを示しているように思われます。

そこで，トピック文に含まれる3単語以上の**単語連鎖** (it is important (3単語連鎖)，it is important for (4単語連鎖)，it is important for college (5単語連鎖) など) が各英作文においてどのくらいの比率で使用されているのかを算出する言語処理ツールを開発して分析しました。この場合，より長い単語連鎖に含まれてしまう単語連鎖については重複して計算されないようにしました。トピック文 (1a) に対する英作文における使用比率を以下に図示します。各箱の中の太線は使用比率の中央値です。英語母語話者の場合には，大学生と社会人に分けて算出してみました。図からわかることは，英語学習者は英語母語話者 (社会人) よりも使用比率が高い，特に日本人英語学習者は使用比率が高い，英語母語話者の社会人と大学生では使用比率に差がある，ということです。

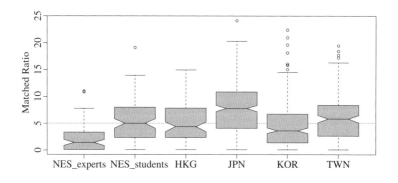

● **日本人の英語ライティング力を伸ばすために**

　ICNALE を用いた分析結果から，日本人の英語ライティング力を伸ばすために指導すべきことが浮かび上がってきます。文法項目では，時制と相の用法（特に現在時制と完了相）と名詞句の構造（特に主名詞の前置修飾要素あるいは後置修飾要素として生起する言語項目や名詞化表現）に習熟させる必要があります。また，英語語彙サイズを増やすためには，単語を類義語で置き換える練習や教科書の英文を別の語句で言い換える練習が必要となります。談話構造に関しては，I think を多用してしまう原因と英作文に対する影響を，英語母語話者の英作文と比較しながら考えさせることが重要です。こうして個々の言語項目の使用を改善しながら，「優れた書き手」が実践するライティング・プロセスを繰り返して体験することで，より良い書き手に育っていくのではないかと思います。

　最後に，かつてレゲット氏に指摘された文章構成上の課題ですが，日本人大学生による英語論述文の多くは，「主題文＋複数の支持文＋結論文」という英語の基本的な構造を踏まえて作成されていました。ただし，支持文の内容が貧弱で，「支持」の役割を十分に果たせていませんでした。日本人が書く英文と英語母語話者が書く英文との間には違いがありますが，これからの**英語ライティング教育**次第で，日本人の英語ライティング力は大きく伸びる可能性があると捉えてもいいのではないでしょうか。

参考文献

Abe, Mariko, Yuichiro Kobayashi and Masumi Narita (2013) "Using Multivariate Statistical Techniques to Analyze the Writing of East Asian Learners of English," in S. Ishikawa (ed.) *Learner Corpus Studies in Asia and the World*, Vol. 1, 55-65.

石川慎一郎（2012）『ベーシックコーパス言語学』ひつじ書房．

（東京国際大学）

文法知識に橋を架ける

増渕　佑亮

● 繋がらない文法知識

　学校で習う文法は，単元ごとに分かれています。しかし，それぞれの単元は完全に独立しているわけではなく，単元ごとに関連する部分があり，その部分を捉え損ねると，読解や作文で文法知識を使おうとしたときに間違いに繋がります。そして，一般には受験のために解く文法問題の中にそうした文法を体系的に捉えるヒントがあります。

　本章では，受身文を例として，暗記や問題を解いただけで終わらない知識を繋げる文法指導に，言語学の知識が利用できる可能性を考えたいと思います。

● 無駄そうで無駄ではない──受身文の書き換え問題──

　受身文というと，中高生向けの問題集では次のような問題をよく目にします。

(1)　次の英文を受身文にしなさい。
　　Mary broke my watch.

能動文を受身文に書き換える問題です。答えは次のようになります。

(2)　My watch was broken by Mary.

目的語を主語に移動し，動詞を be 動詞＋過去分詞にして，最後は主語の前に by をくっつけて文の最後に置く。そのような説明を中高生の頃に受けたという読者が多いのではないでしょうか。

　さて，ここからが本題です。読者の皆さんは教員になったつもりで次の生徒からの質問に答えてみて下さい。読者の皆さんなら，どのように答えるでしょうか。

(3)　どうしてこんな書き換えをしなくちゃいけないの？

おそらく「受験やテストに必要だから」ということを思いついた方が多いのではないでしょうか。相手が中学生であれば私もそう答えると思います。ただ，これが高校生ならどうでしょうか。高校英文法では，この書き換えは一定の意味を持ってきます。そこで，次のような答えも用意しておきます。

(4) 分詞っていう単元で使うから，やっておいて。

なぜこのような答え方をするのでしょうか。日本語の受身文には，直接受身と間接受身という区別があります。一方で，英語には直接受身しかありません。このことを知っていれば，(4) のような答え方も用意しておく理由が分かります。次節では，この直接受身と間接受身の違いについて，説明しましょう。

● **意外と気づかない受身の秘密——直接受身と間接受身——**

日本語の受身文には直接受身と間接受身があります。その区別は，対応する能動文の有無で決まります。

(5) a. 僕は弟に蹴られた。
　　b. 弟は僕を蹴った。　　　能動文○ → 直接受身
(6) a. 僕は弟に結婚された。
　　b. *弟は僕を結婚した。　　能動文× → 間接受身

英語と同様に，能動文の目的語を主語にして，動詞の形を受身文のものにします。そして，能動文の主語には助詞「に」をつけて，主語から外されてしまいます。(5)(6) では，能動文の主語になる部分に波線をつけ，能動文の目的語になる部分に二重下線をつけています。(5) は日本語として問題のない能動文と受身文のペアができています。また，(5a)(5b) ともに同じ出来事について述べている文になっていますから，(5b) の能動文は，(5a) の受身文に対応しているといえます。したがって，(5a) は対応する能動文があるので，直接受身です。一方で，(6) のペアは，(6b) の能動文がまず日本語として不適格な文です。意味を考えてみても，(6a) と (6b) が同じ出来事を意味しているとは思えません。したがって，(6a) は対応する受身文がないので，間接受身です。

さて，動詞の部分に注目してみると，日本語では直接受身も間接受身も同

じ「れる」「られる」という形を使用していることが分かります。つまり、日本語の場合、直接受身も間接受身も動詞の部分の形に違いはないわけです。次節では、この2種類の受身文を英語にするとどうなるかを見ていきましょう。

● 直接受身と間接受身の英作文

さて、それでは日本語の直接受身と間接受身を英作文する場合どうなるのでしょうか。(7) の英文を見てください。

(7) a. ラジオはジョンに壊された。
The radio was broken by John.
b. 私は姉に髪を切られた。
I had my hair cut by my sister.

(7a) の日本語は「ジョンはラジオを壊した」という対応する能動文があるので、直接受身です。一方で (7b) の日本語は対応する能動文がありませんから、間接受身です。日本語の直接受身は英語にしたときには (7a) のように be 動詞＋過去分詞という形になりやすいのです。一方で、日本語の間接受身は英語にすると、(7b) のように have＋目的語＋過去分詞という形になりやすいのです。日本語の受身文だけ眺めていると、両者には大きな違いがないように思えますが、英語にすると大きな違いが現れます。

さて、この形式を学んだことのない学習者に (7b) のような間接受身の日本語を英作文しなさいという問題を出したとします。もし何も知らなければ、次のような英語を書いてきます。

(8) *I was cut my hair by my sister.

(8) は私が考えたもので、あくまで一例です。ただ注目してほしいのは、動詞の部分です。間接受身の日本語を英作文させると共通して出てくるのは日本語の「れる」「られる」を見て、動詞の部分を be 動詞＋過去分詞にしてくることです。しかし、be 動詞＋過去分詞の形を使う時には対応する能動文が必ずあるのです。日本語の直接受身と同じですね。ここで、先ほどの書き換え問題の登場です。書き換えてみると、まったく対応する能動文になりません。

(9) *My sister cut me my hair.

対応する能動文がないのに，be 動詞＋過去分詞の形を使っていたら，それは間違いです。書き換え問題は，こうした have の構文と be 動詞＋過去分詞の違いを理解する時に使う知識を学ぶのに必要になってくるのです。

ただし，能動文の有無という点に気づかない場合，(7b) などの基本的な例文を暗記し，それで学習が終わってしまいます。その場合は，受身文という単元で学んだことと分詞の単元で学んだ have を使った構文の関連性が見えなくなってしまいます。こうした学び方をした場合は，書き換え問題で学んだ知識を使う場面がないわけですから，書き換え問題での練習は無駄だったといえるかもしれません。

● まとめ

本章では，言語学の知識を使うことで，生徒たちに文法単元ごとの繋がりを見せることができること，そして一見無意味に見える文法問題に意味を与えることができることを示しました。文法問題は，どうしてそのような作業をやらなければいけないのかという点が，すぐには分かりにくいものです。そして必要になるまでは，生徒はその作業の意味を分からなくてもよいのだと思います。教員側がそれを知っていて，生徒が望んだときにすんなりと理解に繋げられるような指導をしておけばよいのだと思います。

また理論言語学の研究成果は，そのままでは教育の役には立たないものがほとんどだと私は感じています。しかしその知識を少し工夫して使えば，ただの暗記に陥りがちな項目を，他の項目と関連付けて理解する項目に変えることもできます。言語学の研究成果は，味気ない文法指導に味付けをする良いスパイスになるのではないでしょうか。

（女子美術大学付属高等学校・中学校）

VI. ことばの音と発音

日本語と英語の音節量

窪薗　晴夫

● do と done

英語を学び始めた子供たちにとって，頭を悩ます問題の一つが英語のつづり字と発音の関係です。中でも *do* [du:] と *done* [dʌn] や *does* [dʌz], *go* [gou] と *gone* [gɔn], *say* [sei] と *said* [sɛd] のように，意味的に関連する単語間で母音の発音が変わってくるのは不思議な現象です。*do* を [du:] と発音するのであれば，*done* も [du:n] と発音するのが自然ではないか，どうして [u:] という長い母音が [ʌ] という短い母音に変わるのだろうという疑問が湧いてきます。*Does he speak English?* という文の *does* を [du:z] と発音する中学生がいても不思議ではありません。同様に，*go* と *say* が [gou], [sei] であれば，*gone* と *said* も [goun], [seid] となるのではないかというのが中学生の素朴な疑問です。

　この疑問を解くカギは音節構造にあります。ラテン語や英語をはじめとするヨーロッパの言語では，強勢のある音節において「**開音節** (open syllable, 母音で終わる音節) では母音を長く発音し，逆に**閉音節** (closed syllable, 子音で終わる音節) では母音を短く発音する」という音変化が起こりました。それぞれ**開音節長母音化** (open syllable lengthening)，**閉音節短母音化** (closed syllable shortening) と呼ばれる変化です。英語ではこの 2 種類の変化が 1 千年以上の長い年月をかけて段階的に起こっています（ドット /./ は音節境界を，母音の上の傍線は長母音を表します。また *nose* と *kepte* (= *kept*) はもともと語末の母音を発音する 2 音節語でした）。

(1) a.　開音節長母音化
　　　　hwa → hwā 'who'
　　　　we → wē 'we'
　　　　no.se → nō.se 'nose'
　　b.　閉音節短母音化
　　　　gōd spell → god.spell 'gospel'

kēp.te → kep.te 'kept'
fīf.ty → fif.ty 'fifty'
gōn → gon 'gone'

 do と *done/does* の違いや *go*—*gone*, *say*—*said* の違いを作りだしたのは，(1b) の最後の変化です。*done* や *does, gone, said* は母音の後ろに [n] や [z], [d] などの語尾がついたことにより閉音節となり，(1b) の変化を受けて母音が短くなりました。一方 *do, go, say* は語尾に子音がつかずに開音節のままなので，長い母音がそのまま残っています。また *done* と *does* の場合には，[u:] が [u] と短くなった後で [ʌ] という音色 (音質) に変わりました。これは 17 世紀以降に起こった別の変化によるものですが，この変化によって *do* と *done/does* は母音の長さだけでなく音色も変わってしまったのです。

 英語では (1) の変化が少なからず例外を許し，また *nose* と *kepte* などの語末母音が落ちるという別の変化も起こったため，「開音節の母音は長く，閉音節の母音は短くする」という目標は完全には達成されませんでした。しかしながら，今でも次のようなペアにその痕跡が残っています。

(2) a. [ai]—[i] w̲ise—w̲isdom, w̲ide—w̲idth, describ̲e—descrip̲tion
  b. [i:]—[ε] met̲er—met̲ric, kee̲p—kep̲t, mee̲t—met̲, hea̲l—heal̲th

 ここでも長い母音と短い母音の間に音色の違いも生じていますが，これは 1400 年頃から起こった**大母音推移**という大規模な音変化によるものです。この変化により [i:] は [ai] へ，[e:] は [i:] へと発音を変えてしまいました。たとえば，*wise* や *wide* の強勢母音はもともと [i:] という発音であり，*wisdom* や *width* の母音と同じ音色を持っていました。大母音推移によって長母音の方だけが発音を変えてしまったため，長い母音と短い母音の間に音色の違いが生じてしまったのです。

● 音節量の変化

 we の母音は開音節長母音化によって長くなり，一方 *done, does, gone* の母音は閉音節短母音化によって短くなったと述べましたが，この 2 つの音変化は実は同じ機能を果たしています。このことを理解するために，**音節量**

(syllable weight) という概念を使って分析してみましょう。

音節量は，音節がその構造によって特定の重さ（長さ）を持つという考え方で，通常は (3) にあげた 3 種類に分類されます。このうち**軽音節** (light syllable) は日本語で指折り数えて 1 つ分の長さを持つ音節，**重音節** (heavy syllable) は 2 つ分の長さ，**超重音節** (superheavy syllable) は 3 つ分の長さを持つ音節です（C は子音を，V は母音を意味します）。母音の後ろの子音は短母音と同じく 1 つ分の重さを持ち，一方，長母音や二重母音は 2 つ分の重さを持つため，音節全体としては CV が 1 つ分の重さ，CVV と CVC が 2 つ分，CVVC が 3 つ分の重さを持つことになります。

(3) a. 軽音節（1 つ分）
　　　/CV/
　　b. 重音節（2 つ分）
　　　/CVV/ または /CVC/
　　c. 超重音節（3 つ分）
　　　/CVVC/

音節量の観点から開音節長母音化と閉音節短母音化の現象を捉えてみると，前者は軽音節 (CV) を重音節 (CVV) に変える変化，後者は超重音節 (CVVC) を重音節 (CVC) に変える変化と解釈することができます。(4) に示すように，両者は音節を 3 段階の中間の重さ（重音節）に統一する機能を持っており，その意味において，コインの裏表の関係にあるわけです。*we* の母音が長くなったのと，*done* や *gone* の母音が短くなったのは無関係ではなく，ともに重音節を目指した変化ということがわかります。

(4) a. 開音節長母音化
　　　CV（軽音節）→ CVV（重音節）
　　b. 閉音節短母音化
　　　CVVC（超重音節）→ CVC（重音節）

● **日本語の長母音化と短母音化**

ところで，日本語は英語をはじめとするヨーロッパの言語とはまったく異なる言語のように思われがちですが，決してそうではありません。日本語に

も軽音節（CV）と超重音節（CVVC）を避けようとする力が働いています。

軽音節を避けようとする力は，かな文字1つで表記される単語に現れてきます。たとえば「手，目，木，毛」などの単語は，関西弁をはじめとする多くの方言で「てー，めー，きー，けー」のように母音を長くして発音されます。また標準語でも，数字の「2」や「5」，曜日の「火」「土」はもともと1つ分の長さですが，実際には次のように「にー，ごー」「かー，どー」と母音が長く発音されます。

(5) a. 5̲15̲ 事件，2̲26̲ 事件，五̲七五̲（俳句のリズム）
    b. 月，火̲，水，木，金，土̲，日

英語と同じように，超重音節を避けようとする力も働いています。日本語にはもともとCVVCという構造がなかったため，この力は働いていないようにも見えますが，外国語が日本語に入ってくる過程を分析すると，そこに英語に似た現象が観察されます。たとえば，次の外来語では，/ein/ /aun/ などの音がそのまま日本語に入らず，母音が短くなる形で借用されました。たとえば *stainless* という英単語は「ステインレス」ではなく「ステンレス」という発音で日本語に入っているのです（*は出現しにくい発音を意味します）。そのまま入ると「テイン（tein）」という3つ分の重さを持つ音節が生じてしまうため，それを避けるために母音を短くしたと考えられます。

(6)　stainless → ステ̲ンレス，*ステ̲インレス
　　 maintenance → メ̲ンテナンス，*メ̲インテナンス
　　 Cambridge → ケ̲ンブリッジ，*ケ̲インブリッジ
　　 foundation → ファ̲ンデーション，*ファ̲ウンデーション

● 日本語の促音

超重音節という重すぎる音節を避けようとする力は，日本語の他の現象にも現れています。英語からの外来語にはしばしば**促音**の「っ」が挿入されますが，これには「前の母音が短い場合」という条件がつきます。*cup* や *hit* のように短い母音（[ʌ], [i]）を持つ単語は「カップ」「ヒット」のように促音が入りますが，*carp* や *heat* のように長い母音（[a:][i:]）を持つ単語には促音は入りません。「カープ」「ヒート」とはならずに「カープ」「ヒート」

という発音で日本語に定着しているのです。「カーッ」「ヒーッ」は長母音の後に子音がついた構造（超重音節）を持っているため，この構造を避けようとして促音が入らなかったのです。一方，cup や hit の母音は短母音なので，促音が入って「カッ」「ヒッ」という2つ分の重さの音節（重音節）を持つようになりました。

(7) a. cup → カップ，*カプ
　　　 hit → ヒット，*ヒト
　　b. carp → カープ，*カーップ
　　　 heat → ヒート，*ヒーット

　このようにみると，「カップ（cup）」や「ヒット（hit）」は促音が入ることによって軽音節（カ，ヒ）が重音節（カッ，ヒッ）に変わり，一方，「カープ（carp）」や「ヒート（heat）」では促音を入れないことによって超重音節（カーッ，ヒーッ）を避け，重音節（カー，ヒー）を作り出していることがわかります。両者は，促音を入れる／入れないという点では逆の効果を持っているように見えますが，音節量という観点からみると「軽音節と超重音節を避けて重音節を作る」という共通の目的を達成しているわけです。
　「軽音節を避ける」という意味では，(7a) の促音を入れる現象は (5) の母音を長くする現象と同じ効果をもたらしています。また「超重音節を避ける」という点では，(7b) の促音阻止の現象は (6) の短母音化現象と同じ役割を果たしています。一見すると異なる現象のように見えても，目指している構造は同じなのです。
　このように見てみると，(5)-(7) に示した日本語の現象は，(1)-(4) で見た英語の開音節長母音化・閉音節短母音化とも同じ効果を持っていることがわかります。日本語の現象と英語の現象は表面的には異なるように見えますが，音節量という点から見ると「軽音節や超重音節を避ける」という共通の原理に支配されているのです。普遍的な力が言語の系統や時代の違いを超えて働いていることがわかります。

参考文献
窪薗晴夫（1995）『語形成と音韻構造』くろしお出版.

（国立国語研究所）

音の世界の不思議
―子どもの脳内スイッチの話― 　　　　　　　　　　山田　英二

● プラトンの問題

　米国の言語学者チョムスキー（Noam Chomsky）は，子どもが，耳にする音声情報自体は極めて限られたものであるにも関わらず，それを遥かに凌駕する言葉の全体系を短期間に習得する不思議に着目しました。これはおよそ2400年もの昔，古代ギリシャの哲学者プラトンが，人間の認識について同じような問いを発していたことから「プラトンの問題」とも呼ばれます。

　このことは，「一般化」「習慣形成」と呼ばれる既成の概念を用いただけでは上手く説明できませんでした。ところが，チョムスキーは，脳内には遺伝子的に言語を「獲得」するための仕組みが備わっており，ヒトの遺伝的特質と言語環境との相互作用により，殊に幼年期に一気呵成にことばが生成されるのではないかと考えたのです。

　この着想の萌芽は，実はすでに1959年には見られます。チョムスキー理論は様々な変貌を遂げてきたというのが通説ですが，この点に関しては，彼の考え方は一貫して変わっていません。

　では，この考え方が正しいとすると，ことばの中のどの部分がヒトとして共通に「遺伝的」で，どの部分が「環境的」なのでしょうか。そして，これらはどのようにことばの中に組み込まれているのでしょうか。

　ここに，生成文法に独特な「原理とパラメータ」という考え方が創案されました。ヒトとして共通な「ことばを生み出す仕組み」の中身は，規則の集合体（規則群）であり，それぞれの規則には，「パラメータ」という「スイッチ」のようなものが未決の部分として組み込まれていて，子どもが聞く音声言語情報（環境）により，その言語に応じてスイッチが入れられていくというものです。

　さらには，言語のそれぞれの部門もこの仕組みを基に成り立っていて，音を取り扱う音韻論という分野にも同じような仕組みがあると考えられました。そこで，ハレとベルニオが，世界の様々な言語の強勢配置に関する共通部分とパラメータを分析し，強勢に関する一つのモデルを提示したのです

(Halle and Vergnaud (1987)))。

　これは画期的な業績でした。それ以前にもすでに活況を呈していた統語論の分野に加えて，音の世界でも遺伝子的共通部分とスイッチの部分が切り分けられることが明快に理論化されたのですから。

● 英語の強勢

　この理論に従えば，世界の様々な言語の差異を担うのは，それぞれのスイッチの入れ具合の相違であるということになります。例えば，英語の強勢配置に関わる主なスイッチとその設定値は，次のようになります。（説明の便宜上，ここでは，彼らの提案を相当に簡略化した表現を使うと共に，本論の説明に必要な部分のみを示します。以下の説明図も同様です。）

(1) a.　基本単位：{音節}
　　b.　名詞韻律外性（循環層において）（< >で表示）：{あり}
　　c.　Line 0 二項構成素形成：{右から左へ}
　　d.　Line 0 二項構成素主要部：{左}
　　f.　Line 1 構成素主要部：{右}
　　g.　循環接辞，非循環接辞の区別：{あり}
　　h.　Line 2 構成要素主要部：{右}
　　i.　非循環層での強勢簡略化 (Line 1, Line 2)：{なし}

このように，スイッチ（{ }で表示）の値が設定され，強勢配置を計算できるようになった英語の規則群を使えば，例えば，*ìnstrumèntálity* という語の強勢配置は，(2)のように計算され，発話されることになります。

(2) a.　　　　　　　　　　　　　b.　. 　. 　* 　. 　.　 Line 3
　　　　　　. 　. 　* 　. 　.　　　　　(* 　. 　. 　*) 　. 　.　 Line 2
　　　　　(. 　. 　. 　*) 　. 　.　　　　(* 　. 　* 　*) 　. 　.　 Line 1
　　　　* 　* 　* (* 　*) 　.　　　　(* 　　*) (*) (* 　*) *　 Line 0
　　　　in stru men ta li <ty> ⟶　in stru men ta li ty
　　　循環層（最終段階を表示。他は略）　非循環層（最終段階を表示）

即（すなわ）ちこの例では，語末から3番目の音節上に縦に4つの＊印が出現し，この部分に一番強い強勢（主強勢）が与えられることになります。

このように，英語の主強勢は，基本的には語末から 3 番目の音節上におかれます。では，我が日本語にはそのような仕組みはないのでしょうか。

● 日本語のピッチアクセント（英語の強勢システムとの類似点）

ここでは日本語の東京方言の例を採り上げて，話を進めます。実は，日本語にも語末から 3 番目の位置に注目するという，英語との近似点があることは以前から指摘されてはいました。

もちろん，日本語は英語と違って，強勢言語（強勢を用いる言語）ではありません。日本語はピッチアクセント言語と言われ，音のピッチ（振動数の高低）が重要になります。高い振動数の部分には「高」（H）という「音調」が，低い部分には「低」（L）という音調が割り当てられ，H から L に変わる部分（「太字の **H**」の位置）に特徴があります。この **H** の部分が，語末から 3 番目になっている場合が多いというのです。

筆者が，このような特徴に注目し，日本語のピッチアクセント配置の仕組みを調べてパラメータ（つまり，スイッチ）の設定を試みたところ，驚くべきことが明らかとなりました。以下（3）がその結果で，詳細は Yamada (1990a, b) をご参照下さい。

(3) a. 基本単位：{モーラ（拍）}
    b. 名詞韻律外性（循環層において）（＜ ＞で表示）：{あり}
    c. Line 0 二項構成素形成：{右から左へ}
    d. Line 0 二項構成素主要部：{左}
    f. Line 1 構成素主要部：{右}
    g. 循環接辞，非循環接辞の区別：{あり}
    h. Line 2 構成要素主要部（接辞付加の場合）：{左}
    i. 非循環層での強勢簡略化（Line 1, Line 2）：{あり}

これを，英語の場合の（1）と比べてみましょう。a から i のうち，b から g までの主要なスイッチの設定値が全く同じなのです。即ち，この肝心な一点において，「英語と日本語の共通性」が立証されたことになるのです。

具体例を見てみましょう。日本語の「蒸気機関車」という語を採り上げます。この語は（LHH**H**LL）という音調パターンを持っています（L＝低音調，H＝高音調，**H**＝太字の **H**）。以下（4）が，その分析です。

(4) a.　　. . . . ＊ . .　　　　　b.　　. . . ＊ . . . Line 2
　　　(. . . . ＊) . .　　　　　　　　(. . . ＊) . . Line 1
　　　＊ ＊ ＊ ＊ (＊ ＊) .　　　　　＊ ＊ ＊ ＊ (＊ ＊) ＊ Line 0
　　　zyo o ki-ki ka n<sya>　→　zyo o ki-ki ka n sya
　　　L H H H **H** L L　　　　　　L H H H **H** L L
　　　循環層（最終段階を表示。他は略）　非循環層（最終段階を表示）

　紙幅の都合上，詳細な説明は省きますが，(4b) に示すように，**H** が語末から3番目の位置にきています。この (4b) と (2b) を比較すると，日本語と英語とのシステム上の共通性がよくわかります。特に，語末から3番目までと Line 0, Line 1, Line 2 上の表示に囲まれた部分が酷似しています。

● 日本語のピッチアクセント（英語の強勢システムとの相違点）
　では，日・英語では，どの点が異なっているのでしょうか。
　もう一度，(1) と (3) を比べてみましょう。a, h, i が異なっていますね。(1a), (3a) において，英語の強勢システムの基本単位は「音節」，日本語のそれは「モーラ（拍）」とされています。これは両言語の大きな違いと言えるでしょう。(1i), (3i) の違いが示すのは，英語には第二強勢や第三強勢などの副次強勢があること，日本語では，副次アクセントはなく，**H** の位置のみが大事で，その位置を基にして全体の音調パターンが決定されるということです。
　では，(1h), (3h) の違いはどのような効果をもたらしているのでしょうか。その差は，以下の (5) に示されています。(5) は2種類の語（日本語は「起伏型」と「平板型」の2種類に分かれます）に，「まで」(-made) という接辞が付加された場合の分析を示しています。詳細は省略しますが，(3i) に加えて，(1h), (3h) の違いにより，(5) に示すように，「起伏型」および「平板型」のそれぞれの型に非循環接辞と言われる -made が付加される際の差異を上手く説明できます。英語にも日本語にも，循環層（一連の規則が循環的に何度も適用され，結果を出す「層」）と非循環層（一連の規則が最後に一度だけ適用される「層」）の二つの層が存在しますが，日本語の各語には，英語にはない「起伏型」「平板型」という大きな区別があり，そのため，日本語は一見するとこのような独特のパターンを示すことになるのです。

(5) a.
```
                                      *           *  . . .    L3
         *    .    * . . . .      (*  . . *  .)  (* . . . .)  L2
        (*)   .    * . . . .      (*)(*. *  .)   (*) . . . .  L1
        (* *) .    * * * * *      (*)(**)(* *)   (*)** * *    L0
        mido<ri>→ midori-made →   midori-made →  midori-made
        起伏型    非循環接辞      非循環接辞     非循環接辞
        循環層    非循環層        非循環層       非循環層
    b.
                                   . . . * .     . . . * .    L3
                                  (.  . . *  .)  (. . . *  .) L2
                                  (*  *. *  .)   (. . . *  .) L1
        . . .      * * *  * *     (*)(**)(**)    * * * (* *)  L0
        sakura  →  sakura-made → sakura-made  → sakura-made
        平板型     非循環接辞     非循環接辞     非循環接辞
                   非循環層       非循環層       非循環層
```

● まとめ

　以上のように規則中のパラメータを設定することで，世界の様々な言語間の共通点と相違点を理論的に解明し，プラトンの問題にも答えることができるようになるわけです．筆者自身，子どもの奇想天外な思いつきには，しばしば意表をつかれ，彼らの頭の中には小宇宙が存在しているのだなと思ったものです．万国の幼子の脳内で，このような複雑にして深遠な過程を経て，言語獲得が恐るべき短期間に，それも無意識に行われるという事実には，まさに驚嘆の想いを禁じ得ません．

参考文献

Chomsky, Noam (1959) "Review of *Verbal Behavior*, by B. F. Skinner," *Language* 35, 26-58.
Halle, Morris and Jean-Roger Vergnaud (1987) *An Essay on Stress*. MIT Press.
Yamada, Eiji (1990a, b) "Stress Assignment in Tokyo Japanese (1), (2)"『福岡大学人文論叢』21, 1575-1604; 22, 97-154.

（福岡大学）

「ユーキ」は「勇樹」か「由紀」か
――日本語と英語の長さ感覚――　　　　　　　　　　　　川越　いつえ

●「勇樹君」と「由紀さん」

　ある英会話クラスでのこと。アメリカ人講師に「ユーキ」と名前を呼ばれて二人の顔があがりました。男性と女性です。男性は「勇樹君」、女性は「由紀さん」。ここで、アメリカ人講師の発音をじっくり聞いてみると、「ユゥキ」のように言っています。つまり、「ユーキ」ほど「ユ」が長くないし、「ユキ」ほど短くないのです。この長さはいつも同じではありません。もっと長く「ユーゥキ」のような場合もあるし、「ユッキ」のように短いこともあります。どの場合にも「勇樹」と「由紀」の区別はありません。同様に、「飯田」と「井田」、「大原」と「小原」なども英語では区別しません。

　どうして英語では「勇樹」と「由紀」の区別がないのでしょうか。これは英語が母音の長さで意味の区別をしないためです。つまり、英語では長母音の「ユーキ」も短母音の「ユキ」も意味の区別がないのです。英語母語話者たちは母音の長さを区別して発音しないし、長さの違いを聞き取ることも困難です。これは日本語がRとLで意味の区別をしないのと似ています。日本語の「リス」をRで発音してもLで発音しても、「リス」は「リス」で意味が変わりません。こうした日本語の音体系を母語としていると、RとLを聞き分けたり、発音し分けることが難しくなります。これは当然です。日本語では必要のない識別ですから、識別能力が身につかないわけです。英語ではそれが母音の長さにおきるので、「勇樹」と「由紀」が識別できないわけです。

　英語は語強勢のあるところを強く長く発音する言語です。Americaは「me」に語強勢があるので、「アメーリカ」のように発音します。「Yuki」も語強勢のある第1音節が長めになります。ただし、「長め」といっても日本語とは感覚が違います。日本語では「勇樹」の「ユウ」は2拍分、「由紀」の「ユ」は1拍分です。日本語には各拍は同じ長さで発音するという拍感覚があるので、「ユウ」と「ユ」では2対1の長さになります。実際の発話で厳密に2対1になるわけではありませんが、同じ長さにしようとする感覚が

あります。これは英語にはないリズム感覚です。英語の場合は語強勢のある音節(「Yuki」の「Yu」)が強くなり，それに伴って長めになるだけです。

ひょっとすると，「Yuki」というローマ字の綴りに長さの区別がないので，英語母語話者は区別ができないのだと思っている人がいるかもしれません。確かに，現在一般に使用される通用ヘボン式(パスポート式とも呼ばれる)ローマ字では長音と短音の区別がありません。しかし，この文字のために英語母語話者の発音識別能力が失われたわけではありません。むしろ反対です。英語が母音の長短の区別をしない言語だということを反映して通用ヘボン式ローマ字では長短の区別を表記しないのです。ただし，正式なヘボン式ローマ字や小学校で教える訓令式ローマ字では，長音に「Yūki」のように符号をつけて区別します。ここでは，母音の長さの区別が日本語の基本的な要素だという日本語の特徴を反映した表記になっているわけです。

●「プール」と「プル」，「ピール」と「ピル」

ここまで，英語では母音の長短の区別がないということを見てきました。しかし，カタカナ英語を考えると「プール」(水泳場)と「プル」(引く)，「ピール」(皮)と「ピル」(薬)のように母音の長短の違いで意味が変わります。本当に英語には長短の区別がないのでしょうか。

まず，カタカナ英語に対応する英単語の発音表記を見てみましょう。実は発音記号は辞書によって多少違います。とくに母音を示す記号は各辞書の編纂意図による違いがでています。初心者向けの辞書であれば，分かりやすさを重視することになります。ここでは世界的権威の『ロングマン発音辞典』をみます。

　　プール pool [uː]　　プル pull [ʊ]
　　ピール peel [iː]　　ピル pill [ɪ]

カタカナ英語で長母音をもつ場合は，発音記号でも [ː] という長音記号がついています。そこで英語にも長短の区別があるように思えますが，よく見ると母音を示す文字が [uː] と [ʊ]，[iː] と [ɪ] のように違います。これは pool と pull，peel と pill の母音が長さだけでなく，母音の音質が違うことを示しています。[uː] と [ʊ]，[iː] と [ɪ] は，発音するときの口構えが違います。長さも違いますが，本質的な違いは音質です。長さは2次的なのです。知

り合いの音声学者が pool と peel の母音部分を短く加工して聞かせてくれました。それは pull と pill には聞こえないのです。あくまでも pool と peel に聞こえるのです。母音の長さではなく，音質が長母音と短母音の識別の基本だということが分かります。

　日本の英和辞典ではどのような発音表記でしょうか。『ジーニアス英和辞典』と『ヴィクトリー・アンカー英和辞典』を見ると，どちらの辞典でも pool [uː], pull [u], peel [iː], pill [i] です。長母音にも短母音にも，同じ母音文字 [u] と [i] を使っています。これは学習者が [ʊ] や [ɪ] のような新しい記号で混乱しないように配慮したものと思われます。しかし，この発音記号では，pool と pull, peel と pill は同じ音質で長さだけが違うと思ってしまいます。英語の長母音と短母音は違う音質だという基本情報が伝わらないことになります。

　英語母語話者の発音する six が，sex に聞こえてびっくりした経験はありませんか？ これは six の短母音 [ɪ] が，長母音の [iː] とは違う「エ」に近い音質だから起きるのです。日本語で「エ」と「イ」が違う音質であるように，英語では短母音 [ɪ] と長母音 [iː] は違う音質をもっています。単に長さの違いととらえるのは日本語的なとらえ方なのです。

● 「大原」と「小原」対「コースト」と「コスト」

　英語母語話者には「勇樹」と「由紀」の区別がないように，「大原」と「小原」の区別もありません。ローマ字表記するとどちらも「Ohara」で，発音すると「オーハラ」のように初めの母音が長音に聞こえます。英語は単語の第1母音に語強勢をつける傾向があり，その母音を強く長く発音するからです。語強勢のある第1母音を，短母音「オ」で「オハラ」と発音するのはむずかしいのです。

　では，英語には語強勢のある短母音「オ」はないのでしょうか。カタカナ英語を考えると「コースト」(coast) と「コスト」(cost) のように長母音の「オー」と短母音の「オ」があります。この2語に対応する英単語の発音表記をみてみましょう。話を簡略化するために，以降では，『ジーニアス英和辞典』の表記に絞ります。

　　　コースト coast [koust]　　コスト cost [kɑːst]（米音）[kɔːst]（英音）

coast の母音は二重母音「オゥ」で，cost の方は北米発音では「アー」に似た母音 [ɑ:]，英発音では「オー」に似た [ɔ:] です。そこで，この2語の違いはカタカナ英語にみるような長母音と短母音の違いではなく，母音の音質の違いだということが分かります。

カタカナ英語「ホール」を考えてみましょう。これには3つの意味があります。1つは「穴」(hole)，もう1つは「会場」(hall)，さらに「全部」(whole) という意味もあります。「ホールトマトの缶詰」といった表現で使われます。発音表記をみると，hole と whole は同じ発音で [houl]，hall は [hɑ:l]（米音）か [hɔ:l]（英音）です。日本語ではどれも同じ母音「オー」でカタカナ化されますが，借用元の英語音ではまるで違う母音です。一方は二重母音の [ou]，もう一方は長めの母音 [ɑ:] です。英語では [ou] か [ɑ:] かで意味が違います。ここでも違いは長さではないことが分かります。

hall（ホール）の母音 [ɑ:] は cost（コスト）の母音と同じです。ほかにこの母音で発音する単語には，hot（ホット）や spot（スポット），ball（ボール）などがあります。英語では同一の母音 [ɑ:] ですが，カタカナ英語になると「オー」の場合と「オ」の場合があります。カタカナ英語でみる母音の長短と，英語本来の母音の長さが一致しないことがあるわけです。

ここで扱った英語の母音 [ou] と [ɑ:] を整理しておきます。

[ou]　coast　hole　whole　　　　カタカナ英語では「オー」
[ɑ:]　cost　hot　spot　hall　ball　　カタカナ英語では「オ」と「オー」

● **bag**（バッグ）と **back**（バック）

英語の母音は「イー」と「イ」，「オー」と「オ」のような長短の対ではないという話をしてきました。「強勢のある母音は長めになる」というのが英語のルールです。さて，英語の母音の長さを決めるのは強勢だけではありません。次にくる子音が有声音だと母音は長めになります。表題の bag（バッグ）と back（バック）を発音表記すると，bag [bæg] と back [bæk] です。最後の子音以外は同じ発音表記ですが，英語母語話者の発音を測ってみると，前者の母音が後者より倍ほども長いのです。日本人の耳には「バーグ」と「バック」と聞こえてもおかしくないほど長さが違うわけです。同じような対語を掲げます。

母音長め　cab [kæb]　bed [bed]　pig [pɪg]　bead [bi:d]
母音短め　cap [kæp]　bet [bet]　pick [pɪk]　beat [bi:t]

　母音長めの語群と短めの語群の違いは何でしょうか。発音表記をみると，最初の子音と母音は同じで，違いは最後の子音です。母音の長い方は語末子音が [b], [d], [g] で，短い方は [p], [t], [k] です。つまり，有声子音の前では母音が長くなるのです。この長母音化は対語でなくても起こります。また，どの母音でも起こります。たとえば，job の母音（[ɑ:]）は top の母音（[ɑ:]）よりだいぶ長めです。

　面白いのは，発音表記では boot [bu:t] の母音は [u:] で長音記号がつき，hood [hud] の母音は長音記号なしですが，実際に発音すると長さはほぼ同じです。hood の語末子音が有声音 [d] のために長音化するからです。カタカナ英語では「ブーツ」と「（上着の）フード」で，どちらも長母音「ウー」です。この2語についてはカタカナ英語が英語音の実際の長さ比にあっているわけです。

● まとめ

　母音の長さには，日本語と英語の本質的な違いがみえます。それはリズム感覚の違いです。日本語には「イー」は「イ」の2倍の長さだという拍感覚があります。「いつもイー子」といった句の拍を数えれば，誰がやっても「イー」は2拍，「イ」は1拍です。現実の発音で「イー」が「イ」の2倍になるかどうかとは別に，日本語には拍のリズム感（長さ感覚）があります。一方，英語は強勢リズム（強さ感覚）の言語です。強勢のある音節が強く長めになりますが，2倍になるといった長さ感覚はありません。日本語と英語は異なるリズム感覚をもっているのです。「Yuki」と英語母語話者が日本語を発音するときや，日本語母語話者が coast と cost を母音の長さで区別して発音するとき，日本語と英語のリズム感の違いが母音の長さに現れているのです。

参考文献
今井邦彦（2007）『ファンダメンタル音声学』ひつじ書房.

（京都産業大学）

日本語と英語の音節頭部
—似たモノ同士は並ばない—
本間　猛

● 音のしくみ：共通点と相違点

　日本語と英語の音のしくみには，共通しているものとかなり違うものとがあります。例えば，日本語にも英語にも（他の言語にも）「子音と母音がある」という点では，共通です。一方，「どんな子音が区別されているか」とか，「どんな母音が区別されるか」などは，言語ごとにかなり違います。例えば，母音については，日本語では，「アイウエオ」の5つの区別がありますが，英語では，20以上の区別が必要だと考えられています。

　子音や母音の区別の数以外にも，日本語と英語の音のしくみには，多くの相違点があります。単語の先頭（専門的には音節の先頭）の子音の連鎖のことを音節頭部（英語では onset）と呼ぶことにします。以下では，日本語と英語の音節頭部について考えてみます。

● 日本語の音節頭部

　日本語の音節頭部は，1つまたは2つの子音でできています。母音で始まる単語では，第1音節に音節頭部がないことになります。単語をローマ字で書いたときに，母音の文字（a, i, u, e, o）以外で始まっているものが，音節頭部を持つことになります。いわゆる直音で始まると，音節頭部は，1つの子音からなり，拗音で始まる単語の場合は，2つの子音からなる音節頭部を持つと言うわけです。(1) に例を示しました。（ちなみに，拗音の場合も子音の連鎖ではなく，子音が1つであると考える研究者もいます。）

　(1) a.　蟻 (ari)，椅子 (isu)，（母音で始まる。子音がゼロ個の場合）
　　　b.　柿 (kaki)，先 (saki)，（直音。子音が1つの音節頭部）
　　　c.　客 (kyaku)，種類 (syurui)，（拗音。子音が2つの音節頭部）

● 英語の音節頭部

　では，英語の場合は，どうでしょう？　英語では，音節頭部が，子音1個

の場合から 3 個の場合まであるようです。日本語では，基本，子音が 1 個までなのに対して，だいぶ複雑です。以下の議論では，つづり字ではなく，発音に注目してください。

● 1 子音の音節頭部

まず，音節頭部が子音 1 つである場合では，基本的に英語で使うことのできる子音ならどれでも，音節頭部に使えます。(2) に英語の子音を示します。このうち，[ŋ] だけが音節頭部には使えません。(1 つのセルに 2 つの記号が入っている場合，左側が無声子音で，右側が有声子音です。ただし，[l] と [r] は，ともに有声音です。)

(2)

	英語の子音	唇音	歯音	歯茎音	後部歯茎音	軟口蓋音	声門
阻害音	閉鎖音	p b		t d		k g	
	摩擦音	f v	θ ð	s z	ʃ ʒ		h
	破擦音				tʃ dʒ		
共鳴音	鼻音	m		n		ŋ	
	流音			l, r			
	渡り音	w			j		

(2) の表の縦軸は，調音方法（＝呼気の流れがどのように妨げられるか）に基づく区別であり，横軸は，調音位置（＝呼気がどこで妨げられるか）によるものです。表で使われている専門用語は，紙幅の関係で割愛しますが，詳細は窪薗・本間（2002）などを御覧ください。

● 3 子音の音節頭部

次は，2 つの子音からなる音節頭部と行きたいところですが，3 つの子音の場合を，先に考えてみます。この場合は，(3) に示したものに限られます。(3) の表は，英語の 3 子音の音節頭部が [sp], [st], [sk] のいずれかに，[l, r, w, j] のいずれかが後続した連鎖であることを示したものです。そのような音節頭部を持つ単語が見つからないセルが 3 カ所あります。[spw] と [stl] については，後で述べる 2 子音の音節頭部との関係で，説明が付きそうですが，[stw] については，なぜ，見つからないのか謎です。

(3)

	sp	st	sk
l	[spl] split	[stl]---	[skl] sclerosis
r	[spr] spring	[str] strike	[skr] scream
w	[spw]---	[stw]---	[skw] square
j	[spj] spew	[stj] stew	[skj] skew

● **2子音の音節頭部：[s] で始まる場合とそうでない場合**

いよいよ，2子音の音節頭部です。2つに場合分けします。[s] で始まる場合と，それ以外です。まず，[s] で始まる場合は，(4) の表にまとめることができます。ちなみに，[sj] は，イギリス英語では，良く聞かれますが，アメリカ英語では，あまり聞かれません。また，shrimp の先頭の子音は，この表の他の単語の先頭の子音とだいぶ音色が違いますが，ここでは，これらを同じ子音と見なします。専門的には，「これら2つの子音 [s] と [ʃ] が語頭（音節頭部）の子音連鎖において中和する」ということができます。

(4)

[sp] speak	[st] state		[sk] sky
([sf] sphinx)			
[sm] small	[sn] snow		[sŋ]
	[sl] slow, [ʃr] shrimp		
[sw] sweet		[sj] suit	

ところで，(4) の表をその気になってよく見ると，(2) の表とよく似ていることに気がつきませんか？ 太い線より下の共鳴音（＝呼気の妨げが少なく，良く響く音）のグループの音はどれも，[s] の次に使えることが分かります。[sŋ] は，音節頭部には現れませんが，これは，そもそも，[ŋ] が単独であれ [s] に後続する場合であれ，音節頭部に使えないのだと理解することができます。

太い線より上では，[sp], [st], [sk] の3種類の連鎖が見つかります。他のセルには，見つかりません。[sf] については，sphinx などの例に見つかりますが，それほど多くは見つかりません。また，そのような語は，多くが，ギリシャ語に起源があるなど，英語本来の単語ではないようです。

さて，(4) の表を「何があるか」という見方ではなく，「何がないのか」という視点から見ると，面白いことに気がつきます。まず，太い線より下，つ

まり,共鳴音のグループに属する音では,基本的に [s] に後続して,2子音の音節頭部になることができます。「すべてある」ということです。一方,太い線より上,つまり,阻害音に属する音の場合には,「すべてある」とは,言えません。では,「何がない」のでしょうか？ まず,摩擦音と破擦音は,基本的に全滅です。なぜでしょう？ それは,「英語の音節頭部では,摩擦のある音(摩擦音と破擦音)同士を並べて使えないのだ」と理解することができます。では,残りの阻害音,つまり,閉鎖音は,どうでしょうか？ [sp, st, sk] は,使えるのに,[sb, sd, sg] が使えないのは,なぜでしょう？ これは,「英語では,阻害音が連鎖する時には,有声性が一致する(つまり,無声同士もしくは有声同士でなければならない)」と理解することができます。(5) にまとめておきます。

(5) a. 英語の音節頭部では,摩擦のある音同士は,隣接しない。
　　b. 英語の音節頭部では,阻害音の連鎖は,有声性が一致する。

では,次は,[s] 以外の子音で始まる2子音の音節頭部について考えます。次の (6) のような表にまとめることができます。紙面の都合で,具体例を単語で示すことを省略します。皆さん,ご自身で探してみてください。ちなみに,斜線の入っているセルの連鎖は,英語では,見つかりません。

(6)

	p	b	t	d	k	g	f	θ	s
w	p̸w̸	b̸w̸	tw	dw	kw	gw	f̸w̸	θw	sw
j	pj	bj	tj	dj	kj	gj	fj	θj	sj
l	pl	bl	t̸l̸	d̸l̸	kl	gl	fl	θ̸l̸	sl
r	pr	br	tr	dr	kr	gr	fr	θr	sr (ʃr)

(6) の表の縦軸の子音 [w, j, l, r] には,見覚えがあるはずです。上の (3) で3子音からなる音節頭部の3子音目に現れた音のグループ(共鳴音の中で鼻音ではないもの)です。横軸は,阻害音です。

(6) の表についても,「何があるか」ではなく,「何がないか」という見方をしてみましょう。第1子音には,基本的に阻害音(閉鎖音,摩擦音,破擦音)が現れます。しかし,破擦音 [tʃ, dʒ] は,使えません。摩擦音については,無声のもの [f, θ, s] は,使えますが,有声のもの [v, ð, z] は,使えません。これは,無声のものと有声のものが中和して,無声のものだけが現れ

ると見ることができます。閉鎖音は，無声でも有声でも使えます。さらに，[w] の行を見ると，[pw, bw, fw] の 3 種類の連鎖が，使えないことが分かります。これは，「英語の音節頭部では，唇が関わる音同士を並べて使えない」と理解することができます。[l] の行を見ると，[tl, dl, θl] が使えないことが分かります。この 3 種類の連鎖が見つからないことの説明は，一筋縄では行きませんが，[l] が [t, d, θ] となんらかの点で類似していると考えると「似ているモノ同士が隣接できない」という線で理解することが可能になります。(7) にまとめておきます。

(7) 英語の 2 子音からなる音節頭部における制限
    a. 摩擦音は無声に限る。（摩擦音は無声音に中和する。）
    b. 唇音同士は隣接しない。
    c. [t, d, θ] は，[l] と隣接しない。

● まとめ：似たもの同士は並ばない

　この章では，言語の音のしくみ，とりわけ，日本語と英語の音節頭部について考えました。音のしくみでは（もしかしたら他の認知的なしくみでも）類似しているモノが隣接することを嫌うことがあるようです。ところで，英語の 3 子音からなる音節頭部について論じた際，[spw] と [stl] が存在しないことについて触れました。このことは，どのように説明されるか分かりましたか？

参考文献
窪薗晴夫・本間猛 (2002)『音節とモーラ』研究社．

（首都大学東京）

濃厚味アイスクリームのネーミングの秘訣
—Frish or Frosh?—

遊佐　典昭

● 濁点と擬声語・擬態語

　以前に，『ことばのびっくり箱』を毎日小学生新聞に数年間連載しました。以下は，1997年6月23日に掲載されたものを長くなりますが引用します（毎日小学生新聞より引用許可済み）。本文の登場人物は小学生の想定です。

● 夏の暑い日，麻友子ちゃんと太一君は遊園地で，ソフトクリームを食べていました。「お兄ちゃん，きったない食べ方。ベロベロなめないでよ。ソフトクリームはペロペロと食べるものよ」

　「うっせーな。ペロペロもベロベロも同じだろう。おいしけりゃいいんだよ」と，太一君。

　麻友子ちゃんは，濁点のことが気になりました。「ペロペロが，濁点をつけてベロベロになると，意味が変わる気がするんだけど」。

　その日の夜です。麻友子ちゃんは, 日記をつけていました。「今日，遊園地で夜，花火を見ました。最初は，ポンポンと小さな花火でしたが，そのうちボンボンと大きいのがあがり，とてもきれいでした」麻友子ちゃんは，自分でも知らないうちに「ポンポン」と，濁点を使った「ボンボン」の違いを区別していることに気がつきました。

　「お父さんがオナラをプーとした」より，「お父さんがオナラをブーとした」ほうが，音が大きくて，くさそうだわ。「ペチャクチャしゃべる」より，「ベチャクチャしゃべる」のほうが，うるさいわ。「ポロポロこぼす」より「ボロボロこぼす」ほうが，こぼす量が多いわ。

　麻友子ちゃんは，どうやら，濁点をつけると，程度が大きいことを表すのではないかと気づきました。「トントン戸をたたく」を強めるには，「ドンドン戸をたたく」にすればいいんだ。

　次の日のお昼です。お弁当を食べていたら，手から，おにぎりを落としてしまいました。「あっ，おにぎりがコロコロ転がって行く」と思わず言いました。そうだ。コロコロをゴロゴロにしてみよう。「おにぎりがゴロゴロ転

濃厚味アイスクリームのネーミングの秘訣　　227

がった。なんだか，大きな岩のようなおにぎりみたい」と，麻友子ちゃんは，思いました。

　音楽の時間です。「春の小川はサラサラ行くよ」とみんなが歌っています。麻友子ちゃんは，ここでも，ことば遊びをしています。「春の小川はザラザラ行くよ。気持ち悪い」麻友子ちゃんは，また不思議に思いました。なぜ，濁点を付けると悪い意味がでることがあるんだろうか。

　その日の夜，また日記をつけています。今日はきびしい暑さの一日でした。「太陽が，」と書いて考えました。「そうだ。『キラキラかがやいて』でなく，『ギラギラかがやいて』のほうがいいわ。『シットリ汗ばみました』より『ジットリ汗ばみました』のほうが感じがでるわ。そうか，濁点をつけると，程度が強まり，悪い意味になることもあるんだわ」

　日記を書く手を止めて，窓から外を見上げると，星がきれいです。「星がキラキラかがやく」はいいけれど「星がギラギラかがやく」は，おかしいなと思いました。

　そこへ，お父さんが帰ってきました。「お父さん，お願いだから，そのガニまた歩き，やめってばア。せめて『カニまた歩き』ぐらいにしておいてよ」。そういわれて，ふと立ち止まったお父さんは，次の一歩をどうふみ出してよいのやら分からず，片足を宙に上げたまま，固まってしまいました。（「毎日小学生新聞」1997 年 6 月 23 日号を一部修正）

●15 年後，太一君は，濃厚アイスクリームのネーミングを検討するチームの一員に抜擢されました。太一君は，ブランドネームの音の響きには関心があるものの，大学で履修した言語学入門の講義で，音と意味の間には関連性がないと教わったことが頭から離れません。その講義では，赤い果物を日本語で「りんご」，英語で apple と呼ぶのは，音と意味の間には必然的な関係がないためで，この「恣意性」が人間言語の重要な特徴で，言語学の基本原理だと習いました。確かに，音と意味の間に関係があれば，赤い果物は全ての言語で全て同じ名前になるはずです。日本語で「りんご」と呼ぶのは，日本語社会の約束事でしかなく，「ごりん」となった可能性もあります。しかし，小学生の時に，麻友子ちゃんに言われたオノマトペ（擬声語・擬態語）では，音と意味の間に何らかの関係があることが頭から離れません。

　先日，太一君がテレビを見ていたら，ラーメンズというお笑いコンビの

「名は体を表す」のコントの中に、次のような台詞があり驚きました。「マシュマロと煎餅がならんでいて、マシュマロと煎餅のことを知らない人に見せて、どちらがマシュマロで、どっちがセンベイでしょうかと聞いたら、どうだ？　フワフワでころころと白いのがマシュマロで、硬くてバリバリで平べったく茶色いのがセンベイって感じするだろう。」確かに、マシュマロの「マ（ma）」に含まれる [m] は、柔らかさを感じるような気がします。それに対して、センベイの「ベ（be）」に含まれる [b] は、破裂するようなイメージがあります。調べてみると、これは「音象徴」を利用したコントであることに気づきました。「音象徴」とは、特定の音が特定のイメージを引き起こす現象のことです。以前に、ロボット、怪獣の名前には濁音が多く用いられているということを聞いたことがあります。確かに、「ガンダム」「ゴジラ」の濁点をとり、「カンタム」「コシラ」としたら弱々しく感じられます。これは、濁点を用いると、大きさ、力強さが想起されるからで音象徴の一例です。さらに、宮沢賢治の『風の又三郎』を初めて読んだときに、冒頭部分の「どっどど　どどうど　どどうど　どどう」で、地響きのような風の強さを強烈に感じたことを思い出しました。風が「ピューピュー」ではなく、濁音を用いたところに風の強さが感じられます。そう言えば「鉄人28号」の歌は、「ビルの街にガオ〜（バンガオ〜）、夜のハイウェイにガオ〜（バンガオ〜）、ガガガガガ〜ンと弾が来る、バババババ〜ンと破裂する、ビューンと飛んでく鉄人28号」と、濁音の連続だったな。「バンガオ」は、鉄人28号の雄叫びだけれども、濁音が強さを想起させていると思いました。

　濁音に関しては、日本語で単語を二つ組み合わせて複合語を作ると、後ろの単語の語頭が濁音化する連濁という現象があります。例えば、「はる」と「かすみ」を組み合わせると「はるがすみ」となります。しかし、日本酒の中には、濁音が濁りを連想させるために、銘柄名に連濁を使用するのを意識的に避けるものもあります。例えば、浦霞（うらかすみ）、日高見（ひたかみ）、賀茂鶴（かもつる）、春霞（はるかすみ）などがそうです。

　音象徴は無意識的に用いられることも多く、英語で癌治療薬のネーミングを調べた研究によると、明るさや軽やかさを想起する無声子音が、有声子音よりも多いことが示されているそうです。

　母音も音象徴に関係ありそうです。目の前に小さなテーブルと大きなテーブルがあり、mil と mal という名前を付けるとします。英語母語話者は、

母音の [a] を含む mal を，[i] を含む mil よりも「大きい」と結びつけるとのことですが，日本語や他の言語を用いても同じような結果がでることが明らかになっています。そう言えば，『風の又三郎』の「どっどど」は，「じぃじじ」や「でぃでで」に変えたら，風の強さが伝わりません。「どっどど　どどうど」は，オ段音とウ段音から成り立っています。どうも，オ段音，ウ段音には，「大きい，強い」と関連があるようです。

　それでは，アイスクリームのブランド名として「フリッシュ（Frish）」と「フロッシュ（Frosh）」で，どちらがクリーミーで濃厚なアイスと感じるでしょうか。英語母語話者は Frosh と答えるということですが，日本人も恐らく，「フロッシュ」と答えた人が多いのではないでしょうか。二つのブランド名は，母音だけが異なります。i は舌の位置を口の前方に置き発音し，一方 o は舌を後方に下げて発音します。これらは，それぞれ前舌母音，後舌母音と呼ばれています。多くの言語で，「イ，エ」などの前舌母音は小さな物，軽い物，鋭角なもの，「ウ，オ」などの後舌母音は大きな物，重い物，丸いものを喚起することが明らかになっています。従って，濃厚なアイスを連想させるブランド名は，後舌母音を用いた「フロッシュ（Frosh）」が相応しいことになります。同様に，Dotil と Ditil をビール名につけるならば，黒ビールは Dotil，ライトビールは Ditil が相応しいと思いませんか。

　逆に，クラッカーのような軽い食べ物は，前舌母音の「イ，エ」を用いたブランド名が適していることになります。実際，アイスクリーム名には，パルム，クロキュラー，Almond Fudge, Rocky Road のように後舌母音を含み，クラッカー名には，チョコプレッツェル，Ritz, Cheese It などのように前舌母音を含むことが多いようです。

　それでは，どうして前舌母音は「小さいもの，軽いもの」，後舌母音は「大きいもの，重いもの」という音象徴と結びつくのでしょうか。つまり，音が，「大きさ」という視覚情報とどのように結びつくのでしょうか。一つは，母音を発音するときの調音器官がつくりだす空間の相対的な大きさが，視覚的大きさと関係するという考えです。例えば，後舌母音の「あ」[a] を発音すると，前舌母音の「い」[i] よりも，顎が大きく動き，口の中の空間が大きくなります。また，濁音を含め有声子音を発音するときは，口の中が拡張すると言われています。この空間の大きさが，「大きい」という音象徴と関連する可能性があります。もう一つの可能性は，[i] は [a] よりも高い周波数

で発音されます。[i] を発音するときは，舌が口の前方の高い位置にあり小さな空間を作り，小さな空洞の場合は高い音が共鳴します。周波数は，母音 [i] が最も高く，[e] [a] [u] [o] の順に低くなります。動物は，相手を威嚇する場合には周波数の低い音を用いて自分を大きく見せ，友好関係を示すときには高周波数の音を用いることが知られています。私たちも，暗いところで「ぐー」という鳴き声を聞いたら大きな動物を，「ぎー」と聞いたら小さな動物を連想するのではないでしょうか。つまり，高周波数の前舌母音は「小さく」，低周波数の後舌母音は「大きい」と本能的に結びつけるのです。前舌母音と「小ささ」や，派生的に「かわいらしさ」「親しみやすさ」の関連は，doggie (dog)，duckling (duck)，Betty (Elizabeth) などに見られる，小さなものを表す「指小辞」にも見ることができます。ここで，周波数の高い音は，周波数が低い音よりも波長が短く，これが「小ささ」や「尖った」イメージと結びつく可能性があります。「マシュマロ」に含まれる共鳴音の [m] は，「煎餅」に含まれる破裂音の [b] よりも波長が長く，したがって丸みのあるイメージと結びつくのかもしれません。

　最後に，アメーバ状の曲線図形と，尖った線の図形を見て，どちらが「ブーバ」で，どちらが「キキ」と呼ばれるか考えてみて下さい。曲線の図形をブーバ，ギザギザのある図形をキキと呼んだのではないでしょうか。この結果は，2 歳児でも，母語が英語，日本語，スエーデン語，ナミビア語まで多くの言語で一致し，音象徴の普遍的特質を示しています。それでは，甘いミルクチョコと苦みのあるダークチョコを食べその味が，ブーバとキキのどちらかに相応しいのかを考えてみて下さい。ミルクチョコがブーバで，ダークチョコがキキと思いませんでしたか。しかし，この説明は，ナミビアの遊牧民には当てはまりません。ここに音象徴の個別性があります。

参考文献

Jurafsky, Dan (2014) *The Language of Food: A Linguist Reads the Menu.* W. W. Norton & Company.

川原繁人 (2015)『音とことばのふしぎな世界』岩波書店.

篠原和子 (2015)「オノマトペと認知科学」『日本語学』vol. 34:11, 44-54.

Yorkston, Eric and Geeta Menon (2004) "A Sound Idea: Phonetic Effects of Brand Names on Consumer Judgment," *Journal of Consumer Research* 31, 43-51.

（宮城学院女子大学）

はなの精からの伝言
──櫻の色の不思議・櫻のうたの不思議──

平賀　正子

「心で見なくちゃ，ものごとはよく見えないってことさ。
かんじんなことは目に見えないんだよ」

（『愛蔵版　星の王子さま』（1962: 99））

　私は櫻（はな）の精です。日本の皆様が櫻をことのほか尊び，生活習慣においても，うたの中でも，古来より優しく接して下さっていることを嬉しく思っております。櫻の精を見た方は誰もおりません。それでも私どものことに思いをはせてくださった方々は，枚挙に暇がないほどおられます。誠にありがたいことです。そうした中で，目に見えない私どものことを目に見える形で世に示してくださったお二人の方々への思いを綴らせていただきます。

● 櫻の色の不思議

　2015年の文化勲章は，人間国宝の染色織物作家である志村ふくみさんが受章されました。巧みなエッセイによって，染め物の櫻色がどこから来るのかということを世の中に教えて下さいました。櫻の場合，花びらからではあのほのかで麗しい色がでないということを，ご存じの方は少ないでしょう。志村さんも最初は花びらを使って櫻色を染めようとなさったのだそうです。しかし染め上がった色は灰色だったそうです。やがて試行錯誤を続けるうちに，私たち櫻が開花の季節の前になると，木の皮も樹液も枝の隅々まで使って，あの色を作っていることに気づいてくださいました。でもこれは京都小倉山での出来事なのです。

　櫻の木が育つ土壌，枝や樹皮を採取する時期によってその色は個々に異なっており，どれもがいわゆる櫻色ではないのだそうです。群馬県藤原，3月初めの雪深い里の櫻の枝で染めた糸は，黄色だったのです。この様子を見ていた中学生が「本当の桜はどんな色ですか」と志村さんに問うと，「これが桜の色です，藤原の桜の色です」（志村（1998: 118））というお答え。木々が厳しい自然の中で，誰にも気づかれずに春の芽吹きの準備をしていること

を誰よりも知っていて，心の底から慈しんでおられる方だからこそ，どの色も櫻の色だという確信を得られるのでしょう。私ども櫻を愛おしみ全霊をかけて糸を染めて下さっている志村さんの叡知に，深い感動を覚えます。

　櫻色に染めるとはどういうことかというこのお話は，詩人の大岡信さんが志村さんと対談したことを綴った「言葉の力」というエッセイ（後に，中学国語検定教科書『国語2』（光村図書出版）に掲載）で有名になりました。その中で大岡さんは次のように言います。「言葉の一語一語は桜の花びら一枚一枚だといっていい。一見したところぜんぜん別の色をしているが，しかし，本当は全身でその花びらの色を生み出している大きな幹，それを，その一語一語の花びらが背後に背負っているのである。(中略) そういう態度をもって言葉の中で生きていこうとするとき，一語一語のささやかな言葉の，ささやかさそのものの大きな意味が実感されてくるのではなかろうか。」（大岡 (1978: 27-28))

　言葉を櫻の花びらに喩え，それらを生み出しているのは背後にあって目には見えない大きなものなのだということを，詩人のやわらかい感性に満ちた平易な表現で述べています。言葉はそれだけで意味をなしているわけではないのです。言葉を紡ぐひと一人一人の世界をまさに映し出しているのです。言葉の美しさも正しさも，もともとあるのではなく，言葉の営みの全体に照らして，導かれていくものなのです。

● 櫻のうたの不思議

　1,000年以上も前，言葉の世界から櫻の精の心が見えるばかりでなく，聞こえるように描いてくださった方がおられます。平安時代を代表する歌人の紀友則さんです。

　　　　　桜の花の散るをよめる　　　紀　友則
　　ひさかたの光のどけき春の日に静心なく花の散るらむ

　このうたは友則さん自身も撰者をつとめた勅撰和歌集の『古今和歌集』（小沢 (1962 [905]: 89)) に収録され，後に「百人一首」にも加えられて，今日でもよく知られることになりました。

　櫻の花が日本でこのように好まれる理由の1つは，その命がはかないところにあるのではないかと私は常々感じてきました。櫻が樹木全体を使って

花びらの色を作り出し，一輪一輪とつぼみを開花させ満開を迎えても，盛りは数日に過ぎません。アッという間に散ってしまうからです。同じような宿命にある蝉も同様に，文学に度々登場しますが，やはり櫻が一番でしょう。友則さんのうたは，この散りゆく花を詠んだ傑作です。陽光あふれるのどかな春の日，静かな心がないかのように，ああ櫻の散り急いでゆくことよ。

　もちろん櫻の精の心もこのうたに詠まれているように静かではないのです。友則さんのお心も静かではなかったと推察します。しかし，私どもには涙もありませんし，声もありませんから，ひたすら散りゆくあわれを花びらで示すほかないのです。友則さんはこのような私どもの心を驚くほどの精緻さをもって詠んでおられるのです。それをお示しいたしましょう (cf. 平賀 (1988))。

　このうたの音韻的・意味的・統語的構造を細かく見てゆくと，およそ次のようなことが指摘できます。第1に，言語構造にみられる様々な形式的特徴そのものがこのうたの意味構造と深く連関し，両者は分かちがたい一体をなしていること。第2に，音韻的な繰返しの型から，このうたの主要な語が「はな」と「こころ」であり，それらの語がいかに特徴的にこのうたの言語構造の中で働き，櫻の精の心（つまりは，短歌における物心合一観）を暗示しているかということです。

　まず，このうたを下記の様に音素表記してみましょう。

1　hisakata no
2　hikari nodokeki
3　haru no hi ni
4　ʃizukokoro naku
5　hana no tʃiruramu

すると，第4行「しずこころなく」がこのうたの他の詩行と異なっているということに気づきます。行頭の音に注目すると，第4行だけが [ʃ] で，他は全て [h] です。また，各行における初出の名詞と次の音節とのつながりかたをみると，第4行だけが [na] につながっており，他の行は全て [no] につながっています。さらに，このうたで使われている名詞についてみると，第4行目で使われている「こころ」という名詞を除いて，全ての名詞は [h] では

じまる名詞なのです。

　第4行がこのようにある種の形式的規則性を欠いているのは，そこで詠まれている「静かな心がない」という意味内容と呼応しているということではないでしょうか。櫻の心に歌人の心が合一し，この詩行に見事に示されていると思わざるを得ません。

　では，第2の点に話を移し，このうたの中に現れる子音の分布を見てみましょう。

行	阻害音							共鳴音				
	t	d	s	z	ʃ	tʃ	ⓚ	m	ⓝ	ⓡ	ⓗ	
1	1	0	1	0	0	0	1	0	1	0	1	hisakata no
2	0	1	0	0	0	0	3	0	1	1	1	hikari nodokeki
3	0	0	0	0	0	0	0	0	2	1	2	haru no hi ni
4	0	0	0	1	1	0	3	0	1	1	0	ʃizukokoro naku
5	0	0	0	0	0	1	0	1	2	2	1	hana no tʃiruramu
	1	1	1	1	1	1	⑦	1	⑦	⑤	⑤	
	13							18				

　上図の通り，なんと4種類の子音—[h], [n], [k], [r]—のみが繰り返し，のべ24回使われており，他の7音は全て異なる子音がもちいられているではありませんか。これら4種の子音はその使用頻度の多さからみても，特別な役割をはたしていると考えられます。どのような順序で表れているかを調べると，驚くべきことがわかります。

　[h] と [n] は1〜3行目では [h]-[n] という順序で規則的に繰り返されます。[h] と [n] は始めは遠く隔たっていますが，だんだん近づいていき，4行目ではこの規則性が一度途絶え，最後の第5行で [hana] として収斂(しゅうれん)します。ここから，[h] と [n] は「はな」の隠れたメロディーを奏でており，それはうたの進行とともに段々強くなり，最後の行の「はな」というところでクライマックスをむかえますが，「散る」に呼応して消えてしまうと解釈することができるのではないでしょうか。

　同様に，[k] と [r] の分布は，[k]-[k]-[r] という順序で規則的に展開し，各音のへだたりも先の「はな」のメロディーと同じく，うたの進行にともなってせばまり，第4行の「こころ」において語として収斂しています。そ

の後は，意味に呼応し，「こころなく散って」しまうのです。「はな」と「こころ」のメロディーはまさに花びらが舞うように互いにからみあいながら，櫻のあわれを奏でているのです。

　友則さんは意図的にこのように音を組み合わせたのでしょうか。歌人としての直観なのでしょうか。無意識のなせる技なのでしょうか。私どもが言えることは，ただ1つ。このうたを詠まれた時に，その場にいた櫻の精が友則さんのお心に忍び入り，こうした規則性や配列を体現させていただいたのだということです。声をもたない櫻の精は，こうして音を紡いでもらい，後世に至るまで，はなのあわれを詠いながら舞っているのです。

参考文献
大岡信（1978）『ことばの力』花神社.
小沢正夫（1971 [905]）『古今和歌集』小学館.
サン＝テグジュペリ，内藤濯（訳）（1962）『愛蔵版 星の王子さま』岩波書店.
志村ふくみ（1998）『色を奏でる』ちくま書房.
平賀正子（1988）「短歌のポエティクス——友則の桜の歌に関する構造的分析を中心に」『記号学研究』8, 141-153.

（立教大学）

索　引

1. 日本語は五十音順に並べてある．英語（などで始まるもの）はアルファベット順で，最後に一括してある．
2. 数字はページ数を示す．

[あ行]

曖昧さ　176
アウトプット仮説　163
アジア圏英語学習者コーパス　196
足場掛け　163
後舌母音　229
一文字一音　171
一般アメリカ語（General American; GA）　97
遺伝学的証拠　86
イベント性　49
意味解釈　68
依頼表現　135
韻文　169
ウェルニッケ　77
受身文　203
運動制御起源仮説　92
英語ライティング教育　199
園芸自動詞　28
オノマトペ（擬声語・擬態語）　227
音韻的な繰り返し　233
音韻頭部　221
音象徴　228
音声言語　3-6
音節量　207

[か行]

開音節長母音化　206
外的要因　29
係り結びの消失　96
書きことば　180
隠れたメロディー　234
過去形　108
過去時制　181
過剰一般化　59
過剰規則化　59
語り　130
仮定法現在（Subjunctive Present）　98
カテゴリー化　22
可能表現　50
漢語　43
干渉（transfer）　49
漢数字　43
間接受身　201
間投詞　37-38
完了相　48, 181
関連性理論　38
疑似項　100
疑問詞　74
強勢　212
強勢リズム　220
欽定英訳聖書　98
くびき語法　17

237

繰り返し 234
グリムの法則（Grimm's Law） 111
経済性の原理 74
形式的特徴 233
敬称 136
形容詞の限定用法 190
形容詞の順序 190-191
原型言語 91
言語獲得 215
言語処理ツール 197
言語中枢 77
言語の階層性 78
言語の起源・進化 91
言語文化 123
現在時制 181
原理とパラメータ 211
項 113, 115
考古学的・古人類学的証拠 86
高コンテクスト（High Context）文化 23
構文文法（Construction Grammar） 187
コーパス 140, 196
語義 18
古今和歌集 232
国語 146
呼称表現 136
ことばの起源 85
ことばの素 84
子どもの言語表現 120
コミュニケーション 7, 9-11
コミュニケーション・ツール 166

[さ行]

散文 169
算用数字 42
恣意性 14

子音 43
ジェンダー 144
しか〜ない 63
時制 181
事態把握 120
失語 78
実行機能 71
視点 120
社会文化理論 163
ジャクソン 79
終止形・連体形合一化 96
出アフリカ 86
手話 113-116
瞬間動詞 49
状況 177
状態動詞 48
上代日本語 6
情報量 180
書記言語 3-6
書記は言語ではない 4-5
所有者効果（possessor effect） 187
真偽値判断法 63
進行相 48, 181
親称 136
スモール・ストーリー 133
スル動詞 28
相 181
創造性 14
想像力 180
促音 174, 209

[た行]

態度価値 167
第二言語 148
大母音推移（Great Vowel Shift） 109, 207
多義性 17

索　引

だけ　63
他者化　133
ために　53
段階的形容詞　191
単語連鎖　198
単純相　181
地域の学校としての教育活動　168
注意力　180
中間言語（interlanguage）　49, 149
調音位置　222
調音方法　222
直示（ダイクシス，deixis）　24
直接受身　201
津波体験作文　168
定冠詞 the　176
ディクトグロス　161
低コンテクスト（Low Context）文化　23
動詞句削除　76
とりたて詞　63

[な行]

内発的な力　28
ナラティブ　131
ナル動詞　28
二重分節　14
二重目的語構文　186
日本語　146
日本語との比較の視点　174
日本語の表記法　2-3, 5-6
人間中心　125
ネーミング　22
ネガティブポライトネス　136
能格動詞　102
のに　53
ののしり語　39-40

[は行]

場　122
排除　130
ハイブリッド化　114-116
拍のリズム感　220
場中心　125
発話行為　33
発話態度　40-41
話しことば　177
話し言葉の優先　3
場の状況　125
波紋説　94
比較歴史言語学　94
非項　100
非段階的形容詞　191
ピッチアクセント　213
「人」を主体とした表現　126
非人称動詞　99
表意文字　2, 8-9, 11
表音文字　2, 8
標準語　95
非連続性　13
フォーカス・オン・フォーム　161
複言語主義（plurilingualism）　150
複雑系理論　151
複雑動的体系理論　154
物心合一観　233
普遍数量詞　68
プラトンの問題　211
ブローカ　77
文化（culture）　22
文法化　100
文法指導　200
閉音節短母音化　206
閉音節の発音練習　174
併合　89
米語に残存した統語論（文法）　98

米語の語彙　97
米語の発音　96
変種　95
母音　44
母音の長さ　216
方言　95
方言周圏論　95
母語　148
母国語化（nativization）　112
ポジティブポライトネス　136

[ま行]

前舌母音　229
巻き舌のr　96
万葉仮名　6
明示的な指導　193-194
命令的仮法（Mandative Subjunctive）　98
目的文　53
文字　2-6, 180
本居宣長　95

[や行]

柳田國男　95
大和言葉　43
優位半球　78
有声化　59
ように　52
容認発音（Received Pronunciation; RP）　97
与格交替　186

[ら行・わ行・ん]

劣位半球　78
レトリック　17, 140
連濁　228
私の碑　169
「ん」の発音　172

[英語]

achievement verbs（達成動詞）　49
Amazing Grace　104
began　106
begin　106
begun　104
CHILDES database　63
learner autonomy　156
Learning Communities　159
Learning Strategies　157
MLU　75
oh/ah　38-39
pedagogy　159
self-access　158
Time Schemata　54
to 前置詞句構文　186
William Shakespeareの時代　96
yes/no　40-41

〈不思議〉に満ちたことばの世界（上）

編　者	高見健一・行田　勇・大野英樹
発行者	武村哲司
印刷所	日之出印刷株式会社

2017 年 3 月 25 日　第 1 版第 1 刷発行Ⓒ

発行所	株式会社　開 拓 社	〒113-0023 東京都文京区向丘 1-5-2 電話　（03）5842-8900（代表） 振替　00160-8-39587 http://www.kaitakusha.co.jp

JCOPY ＜(社)出版者著作権管理機構 委託出版物＞　　ISBN978-4-7589-2238-8　C3080

本書の無断複写は，著作権法上での例外を除き禁じられています．複写される場合は，そのつど事前に，(社)出版者著作権管理機構（電話 03-3513-6969, FAX 03-3513-6979, e-mail: info@jcopy.or.jp）の許諾を得てください．